a Lecture on Korean History

대학생을 위한
한국사
강의

✿ 책머리에

　대학 강단에서 한국사 강의를 하면서 첫 수업시간에는 항상 학생들에게 "한국사 관련 수업을 선택한 이유가 무엇이고, 한국사를 얼마나 이해하고 있는가?"라는 질문을 던진다. 전공으로 한국사를 선택한 학생들이야 자신이 선택한 진로이니만큼 흥미와 열의를 가지고 수업에 임하는 것이 당연하지만, 교양 과목으로 한국사를 선택한 학생들의 경우에는 사정이 달랐다. 역사에 관심을 가진 학생도 있는 반면 졸업을 위해 각종 시험에 대비할 목적으로 한국사 수업을 선택한 학생들도 있었기 때문이다. 졸업을 위해 어쩔 수 없이 한국사를 선택한 학생들은 수업에 크게 흥미를 느끼지 못하는 경우가 많다. 그이유는 초등학교부터 고등학교까지 획일적인 틀 안에서 이루어진 한국사 교육이 대학의 교양 수업에서도 반복되기 때문이다. 여기에 더해 학생들은 한국사 공부를 위해 자신에게 맞는 개설서를 찾지만, 시험에 대비하기 위한 수험서 역할을 하는 책들이 절대 다수를 차지하고 있는 현 상황은 한국사를 고리타분한 과거 사실을 암기하는 과목으로 전락시키고 있다.

　이 책을 저술한 필자들은 오랫동안 대학 강단에서 학생들과 수업을 진행하면서 역사적 사실을 인과적으로 설명하고, 다양한 관점과 해석을 제시할 때 학생들이 역사에 관심을 가진다는 사실을 경험했다. 따라서 각종 시험에 나올 법한 복잡하고 어려운 정치·경제적인 암기 위주의 수험서가 아니라, 대학생들이 강의실에서 스스로 한국사를 공부하기 위한 개설서를 상정해 만들었다. 한국사의 전체적인 흐름과 역사적인 사건들이 일어나게 된 배경, 그리고 당시를 살아간 사람들의 생활상에 관심을 기울여 기술했기 때문에 기존의 획일적인 주입식 수험서들보다 훨씬 더 풍부하고 알찬 내용을 담고 있어서 독자들이 한국사를 공부하는 재미를 한층 더해줄 것이다. 이를 위해 기존의 한국사 개설서에 비해 고대사 부분에 소홀하지 않도록 한국사 전체의 흐름을 균형감 있게 파악할 수 있도록 했고, 최근 학계에서 주목하여 논의하는 부분도 같이 살펴볼 수 있도록 차별점을 두었다.

이 책은 우리 역사를 총 20강(고대 4강, 고려 4강, 조선 4강, 근대 4강, 현대 4강)으로 구성했는데, 1~8강은 주홍규, 9~12강·17~20강은 방기철, 13~16강은 김인경이 집필했다. 고대사는 문헌기록과 고고학 자료를 충실히 반영해 고대학적 관점에서 기술했다. 연구자들의 견해 차이로 다양하게 해석되는 부분을 종합적으로 해설하기 위해 노력했다. 고려시대는 『고려사』를 중심으로 역사적 흐름과 고려사회의 조직과 운영을 파악함과 동시에, 최근 논쟁이 되고 있는 고려의 유적과 유물도 같이 살펴보았다. 조선시대는 왕과 민의 생활이라는 측면에 중점을 두고 사회변화의 양상을 기술했다. 시대적 흐름을 파악하기 위해 조선시대를 개관한 후, 왕실과 민의 생활 모습이 연상될 수 있도록 생활사와 문화사 면에 중점을 두었다. 근대사는 개화기부터 일제강점기에 이르기까지 시간적 흐름에 따라 주요 사건을 중심으로 기술했다. 단순한 사건 나열에만 그치지 않고 당시의 역사와 관련된 공간에 대한 해설을 가미해 풍부한 현장감이 느껴지도록 했다. 현대사는 해방 이후부터 지금의 대한민국이 있기까지의 주요 사건들을 통시적인 관점에서 해설했다. 교양인으로서 반드시 숙지해야 할 사건을 중심으로 민주주의 사회로의 변화, 발전해가는 대한민국의 역사를 기술했기 때문에 독자들이 현대사를 보다 쉽게 이해할 수 있을 것으로 기대한다.

현재 대학에서 한국사 연구와 강의를 하고 있는 필자들이 시대별 주요 사건과 역사 해석에서 요구되는 사실을 중심으로 이 책을 엮은 만큼, 역사관이나 전공의 세부적인 차이로 일관성이 다소 부족할 수도 있다. 하지만 오히려 보다 다양한 관점을 독자들에게 제공할 수 있다는 장점이 있다. 이 책을 집필하면서 필자들이 가장 주안점을 둔 것은 역사적인 사실을 단순히 나열하는 것이 아니라 인과관계를 설명해야 한다는 점과 사실을 해석하는 다양한 관점이 존재한다는 점이다. 한국사와 관련된 논문이나 저서를 작성하면서 역사에 정답은 없고 해석만 존재할 뿐이라고 항상 느껴왔던 것이 이 책에도 투영되어 있다. 지면 관계상 풍부한 내용과 설명이 이루어지지 못한 점에서 아쉬움이 남지만, 강의실에서 한국사를 강의하는 마음으로 학생들이 꼭 알아야 할 필수지식을 담은 교양서라고 자부한다. 『대학생을 위한 한국사 강의』가 한국사에 흥미를 가지고 공부하는 학생들의 지침서 역할을 충실히 할 수 있기를 간절히 기대해본다.

이 책은 공동 집필자인 교수님들의 열의와 한올출판사의 노력으로 탄생할 수 있었다. 불초한 본인이 머리글을 쓰게 되어 송구스럽지만 관계자 여러분의 노고와 관심에 다시 한번 머리 숙여 깊이 감사드리는 것으로 감사의 마음을 갈음하고자 한다.

2023년 2월
필자들을 대신하여 주홍규

✿ 차 례

1강

고조선의 건국과 발전

2강

고대국가의 성립과 발전

고대인의 생활

통일신라와 발해

고려의 건국과 정치운영

6강 고려시대 국왕

7강 고려의 문화유산

8강 고려 후기 사회의 변화

조선의 건국과 정치운영

조선시대 국왕

조선시대 민과 여성

조선 후기 사회변화와 서민문화의 발달

제국주의세력의 침략과 조선의 대응

근대국가 수립을 위한 움직임

일제강점과 민족해방운동

일제강점기 생활상

해방과 정부수립

이승만 정부와 4·19혁명

5·16군사정변과 10월유신

신군부세력의 집권과 6월민주항쟁

1

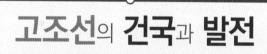

고조선의 **건국**과 **발전**

1강 ● 고조선의 건국과 발전

① 역사기록과 고조선

우리는 고조선을 한족(漢族)이 중심인 중원세력이나 시베리아 계통의 세력과 차별화되는 한국 역사상 최초의 국가로 인식하고 있다. 고조선이라는 명칭은 이성계(李成桂)가 건국한 조선과 구별하기 위해 사용된 것으로 보기도 하지만, 고려 후기 일연(一然)이 저술한 『삼국유사(三國遺事)』에 이미 등장한다. 일연은 기자조선·위만조선 등과 구별하기 위해 고조선이라는 용어를 사용한 것으로 보인다.

『삼국유사』보다 앞서 편찬된 중국의 사서인 『산해경(山海經)』·『관자(管子)』·『사기(史記)』·『삼국지(三國志)』 등에도 고조선과 관련된 기록들이 확인되는데, 여기에서 고조선을 지칭하는 명칭은 조선이다. 중국의 사서에는 간략하지만 고조선의 위치와 세력의 축소 및 멸망 과정 등을 추정할 수 있는 기술이 확인되므로, 고조선을 둘러싼 당시의 역사적인 정황을 살펴볼 수 있게 해준다. 예를 들어 『산해경』에 "조선은 열양(列陽)의 동쪽에 있고, 바다 북쪽 산의 남쪽에 있다. 열양은 연(燕)에 속한다"라고 기록되어 있다. 연나라는 지금의 허베이성(河北省)과 랴오닝성(遼寧省) 일대를 세력으로 한 춘추시대 주(周)의 제후국이다. 한편, 기원전 7세기경 편찬된 것으로 추정되는 『관자』에서는 산둥성(山東省) 일대를 세력으로 삼은 춘추시대 제(齊)나라와 조선이 교역한 기술이 확인된다. 전한(前漢)의 역사가인 사마천(司馬遷)이 저술한 『사기』에서는 연나라 문후(文侯)에게 합종연횡(合從連橫)이라는 전략을 권한 소진(蘇秦)이 "연의 동방에는 조선요동이 있고"라고 설명하고 있다. 이러한 내용들을 볼 때 고조선은 연나라의 동쪽에 위치하고, 제나라와 멀지 않은 곳에 존재했던 것을 충분히 유추해볼 수 있다.

여기에 더해 『사기』 조선열전(朝鮮列傳)에는 위만조선의 성립에서부터 한무제(漢武帝)의 침입에 의해 우거왕 대에 멸망하기까지의 내역이 기술되어 있다. 또한 서진(西晉)의 역사가인 진수(陳壽)가 저술한 『삼국지』에서는 『위략(魏略)』이라는 책을 인용하고 있는데, 여기서 연나라 장수 진개(秦開)의 동방원정으로 인한 고조선의 세력 저하 및 영역 변화를 확인할 수 있다. 이처럼 고조선이 중국의 역사서에서 등장하는 것은, 중국의 역사가들이 기록으로 남겨 전해야 할 만큼의 실체를 가진 세력이었음을 반증해준다.

한편, 위만조선이 한무제에 의해 멸망당한 이후, 고조선의 땅에는 군현이 설치되었다. 중국을 통일한 한나라가 고조선의 땅에 직접 군현을 설치한 이유는 정치·경제적인 여러 이점들 때문이었겠지만, 중원의 세력이 무시할 수 없을 정도로 고조선의 수준이 높았음을 추정케 해준다. 중원세력이 자신들의 손으로 멸망시킨 먼 변방을 통치하기 위해 군현을 설치하는 것은 상당한 위험부담을 가지는 일이었을 것이다. 그럼에도 불구하고 군현을 설치했다는 것은 위험부담보다 큰 실익이 있었고, 이를 상쇄할 수 있을 정도의 수준을 가진 지역이었기 때문이었다. 고조선의 사회·경제·문화수준이 중원의 세력과 견줄 수 있을 정도였음을 충분히 짐작해볼 수 있다.

② 단기 2333년과 10월 3일

대한민국에서는 기원전 2333년에 단군왕검(檀君王儉)이 고조선을 건국한 것을 기념하기 위해 10월 3일을 국경일인 개천절로 지정하고 있다. 그런데 이러한 개천절은 앞서 역사기록에서 등장하는 고조선이나 위만조선과 얼마나 관련성이 있을까? 또 단군이 즉위해 조선을 개국한 기원전 2333년을 단군기원(檀紀)으로 하는 연대관은 어떻게 성립된 것일까?

우선 결론적으로 말하자면 10월 3일에는 어떠한 역사적인 의미도 부여할 수 없으며, 고조선과의 직접적인 관련성 또한 찾을 수 없다. 일제강점기에 민족의식을 고취시킨 대종교(大倧敎)의 기여도를 감안해, 종교행사가 매년 거행되던 10월 3일을 국경일인 개천절로 지정했을 뿐이다.

기원전 2333년이라는 고조선의 개국연대 또한 고려
시대 이후에 정립된 것으로 보인다. 『삼국유사』에는
『위서(魏書)』를 인용해 "지금부터 2,000년 전에 단군왕
검이 있어 아사달(阿斯達)에 도읍을 정하고 나라를 열어
조선이라고 불렀으니, 바로 요임금과 같은 시기이다"라
는 고조선의 개국연대에 대한 개략적인 연대관이 기술
되어 있다. 그런데 『삼국유사』에서는 다시 『고기(古記)』
를 인용해 "당요(唐堯)가 즉위한 지 50년이 되는 경인년
(庚寅年)[당요가 즉위한 원년이 무진년이니, 50년은 경인년이 아니라 정사년(丁巳年)
이므로 아마 사실이 아닌 듯하다]에 평양성에 도읍을 정하고 비로

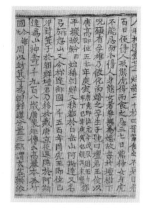

● 고조선의 건국연대와 관련된 『삼
국유사』의 기록(국사편찬위원회
한국사 데이터베이스 활용)

소 조선이라고 불렀다"라고 기술되어 있다. 이처럼 『삼
국유사』의 저자인 일연 스스로도 고조선의 개국시기가 요 임금이 즉위한 해인지,
아니면 그보다 50년 후인지를 명확히 결론짓지 못하고 있다. 일연이 생각한 고조선
의 개국연대는 중국에서 태평성대를 일컫는 요순(堯舜)시대의 요 임금 때에 맞춰져
있다는 정도에 그쳤다. 그런데 요 임금의 시기가 언제인지조차 불명확한 현시점에
서, 고조선의 개국연대를 정확히 규정하기는 쉽지 않다.

『삼국유사』보다 구체적인 고조선의 개국연대는 이승휴(李承休)의 『제왕운기(帝王韻紀)』
에서 확인되는데, "을미년의 한겨울에 우리 태조께 조하(朝賀)하였도다[우리 태조 18년으로
단군 원년 무진년으로부터 이때까지 모두 3,288년이었다]"라고 기술하고 있다. 이승휴에 의하면 단군기
원은 3,288년에서 신라가 멸망한 935년을 뺀 기원전 2353년이 되므로 우리가 알고
있는 기원전 2333년과는 차이가 있다. 조선 초기에 편찬된 『고려사(高麗史)』 열전 백
문보(白文寶) 조에 "우리 동방은 단군부터 지금까지 이미 3,600년이므로 주년(周年)의
기회가 된다"라고 기술되어 있다. 여기서 말하는 지금이란 1362년[공민왕 11]을 가리키
므로 기원전 2239년에 해당한다. 이 역시 단기(檀紀)인 2333년과는 차이가 있다.

그렇다면 단기(檀紀) 2333년이라는 개념은 언제, 어디에서 나온 것일까? 이것은 조
선시대에 정립된 개념이다. 세종 때에 서거정(徐居正)이 편찬한 『동국통감(東國通鑑)』에서

"지금 살펴보건대 요 임금이 즉위한 것은 상원갑자(上元甲子) 갑진(甲辰)에 있었던 일이며, 단군이 일어난 것은 그 후 25년 무진(戊辰)의 일이니, 요와 같이 세워졌다는 것은 그릇된 것이다"라고 기술된 것이 최초이다. 이 책에서는 북송(北宋)의 소옹(邵雍)이 저술한 『황극경세서(皇極經世書)』의 해석에 따라 요 임금의 즉위년인 갑진년을 2357년으로 보고, 이를 기준으로 무진년을 계산해 기원전 2333년이라는 연대가 탄생한 것이다. 이 연대관은 이후 조선시대에 거의 정설화되는 경향을 보인다. 그러나 『황극경세서』 또한 요 임금이 즉위한 해를 2357년으로 단정 지은 정확한 근거가 없어서, 단기 2333년이라는 연대를 고조선의 개국연대로 판단하기 위해서는 보다 객관적인 증거가 필요하다. 이처럼 단군신화로 우리에게 익숙한 고조선이지만 시작과 성립 과정을 파악하는 것은 쉽지 않은 일이다.

③ 고조선의 위치와 세력의 변화

『삼국유사』에는 단군이 도읍한 곳이 평양성으로 기술되어 있지만, 고려시대 당시의 서경(西京)인 평양지역이 고조선의 발상지라는 학술적 근거는 확인되지 않는다. 전술한 중국의 문헌에서 확인되는 고조선의 위치 또한 연나라 동쪽에 인접한 세력으로 인식할 수 있을 뿐이다. 따라서 이처럼 한정된 문헌기록보다 다양한 유적과 유물을 중심으로 연구가 진행되는 고고학이 최근 고조선 연구에서 각광받고 있다.

고조선과 관련된 유물로는 지석묘(支石墓: 고인돌), 중국의 고대 악기에서 명칭을 따온 비파형동검, 위아래를 잘라버린 표주박 모양의 호(壺: 소형 항아리)에 손잡이가 횡방향으로 달린 미송리형토기, 2개 이상의 꼭지가 달린 다뉴경(多紐鏡) 등이 있는데, 이를 중심으로 연구가 계속되고 있다. 이러한 유물들은 중원문화권이나 초원지대의 북방문화권에서 유행하던 물질자료들과는 성격을 달리한다. 우리나라와 중국의 랴오닝성 일대에 폭넓게 분포하는 이와 같은 고고학 자료들을 통해 고조선의 발상지와 건국시기, 고조선의 세력권과 문화권을 설정할 수 있을 것으로 기대하고 있다.

이 문제에 관해 우리 학계보다 발 빠르게 움직인 것은 북한이었다. 1990년대 초까지 북한 학계에서는 랴오둥(遼東)반도의 강상(崗上)·러우상(樓上)묘 등을 근거로, 랴오닝성 일대와 지린성(吉林省) 일부 및 한반도 서북부지역까지를 고조선의 강역으로 보았다. 하지만 북한 학계에서는 1993년에 평양에 소재한 단군릉의 발굴조사 및 1994년의 단군릉 재건을 기점으로, 고조선의 중심을 중국의 랴오둥이 아닌 평양으로 파악한 대동강문화론을 정설화시켰다. 대동강문화론은 세계의 4대 문명과 비견되는 위대한 문화가 평양지역을 중심으로 존재했고, 단군을 역사화해 우리 민족의 중심 거점이 평양 일대였음을 강조하는 것이다. 그러나 그 근거가 되는 단군릉의 무덤 내부구조가 고구려식이라는 점, 단군릉에서 출토된 인골을 분석해 피장자의 생몰연대를 추정한 북한의 자연과학적 분석방법의 신뢰성에 문제가 있기에 북한의 주장을 그대로 받아들이기 어렵다.

한편, 우리 학계는 1980년대 중반 이전까지 고조선 평양 중심설이 주류를 이루고 있었는데, 단군신화나 기자조선을 부정하고 연맹 상태의 부족국가 단계에 머무르고 있던 고조선은 전국시대(戰國時代) 이후인 기원전 4세기 이후 성립된 것으로 보는 입장이 강했다. 고고자료에 대한 북한과 중국의 성과를 접하기 어려웠던 한국의 시대상황에 의한 결과였다. 그런데 북한 학계의 고조선 랴오둥 중심설이 차츰 소개되기 시작하면서 평양 중심설, 랴오둥 중심설, 중심지 이동설에 대한 논의가 새롭게 시작되었다.

당시 한국의 랴오둥 중심설은 랴오시(遼西)지역의 이른 단계의 청동기시대를 대표하는 유적 중 하나인 샤자뎬(夏家店) 하층문화를 고조선의 문화로 해석해, 고조선을 남만주 일대에 광대한 제국을 형성한 노예제 사회로 규정하고자 했다. 이는 북한학계의 입장을 어느 정도 견지하면서 단군신화를 역사적인 사실로 인지하고자 한 것이다. 그런데 랴오시지역의 샤자뎬 하층문화는 농경문화를 기반으로 한 것으로 현재는 청동기를 기반으로 하는 조선의 성립이나 세력과 직접적으로 연관시킬 수 없다고 본다. 그보다는 랴오닝성의 자오양시(朝陽市)에 있는 십이대영자(十二臺營子) 유적에서 기원전 9~8세기에 해당하는 비파형동검과 다뉴세문경이 출토되는 점에서, 고조선의 성립을 이 지역으로 보려는 학계의 주장이 보다 힘을 얻고 있다. 아직 단정 지을 수는 없지만 십이대영자 유적이나 센양(瀋陽)의 정가와자(鄭家窪子) 유적 등을 포함시켜, 기원전 10세기보다 늦은 기원전 9~8세기 단계에 고조선이 성립된 것으로 보고자 하는 것이다. 여기에는 특정한 몇몇의 유물만으로 이야기하기보다는, 전체적인 출토유물의 세트관계를 바탕으로 고조선을 이해하려는 경향이 엿보인다. 즉, 단순히 고조선의 표지 유물로 보는 비파형동검이나 다뉴경과 같은 개별 유물만이 출토된다고 해서 고조선의 성립을 논할 것이 아니라, 청동무기류와 토기류, 지석묘 등의 공반 양상을 함께 검토해 발전된 청동기시대에 등장하는 고조선이라는 세력의 실체를 파악하려는 것이다. 하지만 역시 그 중심에는 비파형동검과 다뉴경이라는 청동기 유물이 있다.

검신과 손잡이를 따로 만들어 결합하는 특징을 가지는 비파형동검은 중원지역에서 유행하는 검신과 손잡이가 일체형인 중원계 동검[소위 도씨검]이나, 동물문양 등의 화려한 손잡이 장식의 북방초원계통인 오르도스식 동검과는 구별되는 특징을 보인다. 또한 거울 뒷면의 중앙에 원형의 꼭지가 하

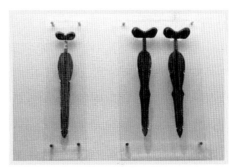

○ 랴오닝성 박물관 소장 비파형 동검

나만 붙어 있는 중국식 청동거울과 달리, 꼭지가 여러 개 붙어 있는 다뉴경은 비파형동검의 분포권역과 궤를 같이한다. 따라서 고인돌로 잘 알려진 지석묘가 랴오허(遼河)를 기점으로 동쪽에 집중하는 양상을 보이는 반면, 비파형동검과 다뉴경은 랴오시지역 일대를 포함하고 있어서 지석묘의 분포범위보다 광범위한 점에서 크게 주목받지 못했던 것이 이제는 오히려 전세가 역전된 것이다. 이전에는 랴오허 동쪽을 중심으로 고조선의 성립을 파악하고자 했다면, 이제는 랴오허의 서쪽에 있는 다링허(大凌河) 일대가 관심의 대상으로 떠올랐고, 고조선의 성립시기에 관한 논의가 기원전 10~9세기 무렵까지 올라간 상태라고 할 수 있다.

이상과 같은 고조선의 기원과 발상지에 대한 관심 이외에도, 대중국과 투쟁을 벌

였지만 결국 밀려나는 형상 속에서 한반도에 영향을 끼치는 고조선의 양상 또한 학계의 관심사 중 하나이다. 『삼국지』위서동이전의 한(韓)조에는 왕을 칭하던 조선후(朝鮮侯) 준(準)이 연의 망명객인 위만에 의해 쫓겨났다는 사실이 단 한 줄로 기록되어 있다. 그런데 『삼국지』를 저술한 진수는 이 기사에서 『위략』을 인용해 "연은 장군 진개(秦開)를 파견하여 2천여 리의 땅을 빼앗아 만번한(滿番汗)에 이르는 지역을 경계로 삼았다. 마침내 조선의 세력은 약화되었다"라고 기록했다. 위만이 고조선에 망명하기 이전인 연나라 소왕(昭王) 대인 기원전 4~3세기경에 연과의 전쟁에서 결과적으로 고조선의 세력이 서쪽 2천여 리의 땅을 뺏기고 동쪽으로 밀려난 것으로 이해할 수 있다. 이러한 역사적인 정황들을 고고학 자료로 뒷받침할 수 있는데, 기원전 4~3세기경에 노노아호산 일대에서 고조선 관련 유물들이 잘 확인되지 않고, 명도전(明刀錢)이나 전국식(戰國式)의 철기와 같은 연나라의 급격한 문화양상이 등장한다. 또한 평양 일대를 중심으로 한 한반도의 서북부지역에서는 세형동검을 표지유물로 하는 문화양상이 기원전 3세기를 전후한 무렵에 출현한다. 이를 고조선의 중심세력이 요서지역에서 동쪽으로 이동하게 됨에 따른 세력 교체로 이해해볼 수도 있다. 연나라의 장수 진개와의 전쟁 이후 주변의 정세가 고조선에 유리하게 흘러가지 않고 있었던 것은 분명해 보인다. 이러한 상황 속에서 기원전 2세기 말에는 외부세력에 의한 고조선의 새로운 재편이 일어나게 된다.

④ 위만조선의 성장

위만(衛滿)은 고조선의 역사에서 실명으로 등장하는 몇 안 되는 인물이다. 『사기』조선열전에는 조선의 왕인 만(滿)으로만 기록되어 있지만, 『삼국지』의 위서동이열전 한(韓)조에서 위만이라는 이름이 확인된다.

위만조선의 성립배경에는 진한(秦漢)에 의한 중국의 통일이라는 역사적 사건이 자리 잡고 있다. 한 고조 유방(劉邦)은 중국을 통일한 후 휘하 제후들에게 지방을 분봉해 통치하는 군국제(郡國制)를 실시했다. 그런데 군국제의 이면에는 공을 세운 제후들을 숙청해 한(漢) 제국을 공고히 할 목적이 다분했다. 유방이 사망하고 난 이후에는 여태후(呂太后)가 집권하면서 봉국의 왕으로 임명된 제후들이 느낀 위험은 더 커졌다. 연왕(燕王) 노관(盧綰) 또한 신변에 위기감을 느끼고 반란을 꾀하다 실패해 흉노로 도망쳤는데, 이때 위만은 1천여 명의 사람들을 모아 동쪽으로 도망쳐 패수(浿水)를 건너 상하장(上下障)에 정착했다. 연나라 장수 진개의 침공으로 큰 변화를 겪은 고조선사회에 연나라 출신의 유이민 세력이 기원전 194년에 새롭게 등장한 것이다. 이러한 위만 세력이 고조선에 망명할 당시의 행색이 "상투에 오랑캐 복장[魋結蠻夷服]"이었다는 기록과, 준왕 세력을 몰아낸 후에도 조선이라는 나라 이름을 그대로 사용하고 그 체제 또한 큰 변화가 없었다는 점 등에서 위만이 원래 고조선 출신의 인물이라는 견해도 있다. 하지만 이를 망명객이 재지의 세력들과 보다 친밀도를 높이기 위한 고육책이었다고 본다면 위만의 출신을 선뜻 결론짓기도 곤란하다.

중국에서 난을 피해온 위만을 고조선이 쉽게 받아들인 점은 매우 흥미롭다. 여기에는 당시 발달한 철기문화를 소유한 위만 세력의 이용 가능성을 염두에 둔 고조선의 정치적인 의도를 추정해볼 수 있다. 철광석이나 사철 등에서 탄소의 양을 조절해 철 성분을 뽑아내는 철기제작의 기술은, 기존의 석기나 청동기의 문화와는 생산력의 증대나 전쟁 등 모든 면에서 유리하다는 점에서 근본적으로 큰 차이를 보인다. 철기문화에 익숙한 위만 세력과 기존의 고조선 세력은 동상이몽(同床異夢)을 가지고 있었을 가능성이 높은데, 결과적으로 발달한 철기문화를 가진 외래세력에 의해 고조선의 왕조 교체가 이루어진다.

고조선으로 망명한 위만 세력이 준왕(準王)이 다스리던 고조선을 찬탈하는 과정은 『삼국지』 위서동이전의 한(韓)조에 자세히 전한다. 망명한 위만 세력은 고조선의 서쪽 변방에 거주할 수 있도록 준왕에게 요청했고, 준왕은 이를 받아들였다. 그 이후 중국에서의 망명자들을 유인해 세력을 키운 위만은 준왕을 몰아내고 결국 고조선의 왕실 교체를 이끌어내게 된다. 이러한 위만 세력의 고조선 찬탈 과정을 한반도 서북부 일대뿐만 아니라 그 주변지역까지 중원의 철기문화가 본격적으로 확산하는 계기가 되었다고 보기도 한다.

고조선은 그 후 어떻게 되었을까? 이에 대해 『사기』 조선열전에는

❖

> 이때는 마침 孝惠·高后의 시대로서 천하가 처음으로 안정되니, 요동태수는 곧 滿을 外臣으로 삼을 것을 약속하여, 국경 밖의 오랑캐를 지켜 변경을 노략질하지 못하게 하는 한편, 모든 蠻夷의 군장이 들어와 천자를 뵙고자 하면 막지 않도록 했다. 천자도 이를 듣고 허락했다. 이로써 만은 군사의 위세와 재물을 얻게 되어 그 주변의 소읍들을 침략하여 항복시키니, 眞番과 臨屯도 모두 와서 복속하여 사방 수천리가 되었다.

❖

라고 기록되어 있다. 고조선과 중원에서 새롭게 등장한 신세력 간의 무력충돌은 더 이상 일어나지 않았고, 오히려 위만조선을 인정했던 것이다. 이로써 위만조선은 한나라와의 우호관계를 강화시키며 세력을 확장시켰고, 주변지역 소국들에 강한 영향력을 끼칠 수 있는 발판을 마련할 수 있게 되었다.

⑤ 위만조선의 멸망과 고조선의 사회상

『사기』 조선열전에는 위만의 손자인 우거왕(右渠王) 때의 정황을 상세히 기술하고 있다. 기록에 의하면 3대째를 맞이한 위만조선은 한 제국에 대해 독자적인 행보를 보였고, 결국 이는 전쟁으로 이어지게 된다. 고조선과 한나라의 전쟁은 위만조선이 점차 세력을 키우면서 주변국과의 교역 독점에 대한 중원세력의 불만과, 한무제 대의 변경지역 세력들에 대한 토벌이 완료된 것에서 기인한다. 『사기』 조선열전에는 '유인하다 혹은 유혹하다'라는 의미의 '유(誘)'라는 글자를 사용하여 고조선이 한에서 많은 망명자들을 포섭했고, 고조선의 최고 권력층이 한나라에 입조(入朝)를 거부하였을 뿐만 아니라 주변국들이 한나라와 통교하는 것을 방해하는 양상을 묘사하고 있다.

고조선의 세력이 확장되는 것을 더 이상 그냥 두고만 볼 수 없게 된 한 제국의 입장에서는, 마침 한무제의 주변세력 토벌의 완성에 발맞추어 이제 그 창끝을 고조선으로 돌렸다.

기원전 109년, 한나라는 진번 등 주변 여러 나라들과의 직접 교통을 고조선이 방해한 점, 고조선의 입조 거부, 고조선에 파견되었던 사신 섭하(涉河)의 살해 등을 명분으로 고조선을 침략했다. 그러나 이러한 것들은 표면적인 이유이며, 그 이면에는 한 제국 주변의 잠재적 적대세력들에 대한 소탕과, 특산물의 원활한 공급루트의 확보를 위한 목적이 있었던 것으로 보인다. 고조선과 한의 전쟁은 기원전 109년 가을에 시작해 다음 해인 기원전 108년 여름에 끝이 난다. 전쟁 초반에는 고조선이 승리하기도 했지만, 고조선이 만만치 않음을 인지한 한나라는 고조선을 회유시키려는 모습을 보였고, 고조선 또한 화해를 받아들였다. 그러나 화친을 위해 한나라 진영으로 향하던 고조선의 태자가 패수(浿水)를 건너려고 할 때, 무장해제를 요구하는 것을 의심해 돌아가면서 전쟁이 재개되고 말았다.

고조선은 왕검[험]성을 중심으로 한나라의 공세를 1년여 동안 막아냈지만, 결국 최고층 내부의 분열과 배신으로 인해 멸망하게 된다. 이때 등장하는 고조선의 최고 권력층은 한나라에 항복하기를 주장한 주화파와 끝까지 항쟁해 나라를 지키려는 주전파로 나눌 수 있다. 상 로인(相路人), 상 한음(相韓陰), 니계상 참(尼谿相參), 장군 왕겹(將軍王唊), 최(最), 장항(長降) 등은 한나라에 항복할 것을 주장했다. 반면 대신 성기(大臣成己)는 항쟁을 지속하려 했다. 여기에서 우리는 상 혹은 니계상, 장군, 대신 등과 같은 위만조선 대의 관직명을 확인할 수 있다. 특히 『사기』에는 "니계상 참이 사람을 시켜 조선왕 우거를 죽이고 항복했으나 왕검[험]성은 함락되지 않았다"라고 기술되어 있어서, 니계상은 상 중에서도 높은 지위에 있었던 관직명일 가능성도 생각해볼 수 있다.

『한서(漢書)』 지리지에는 낙랑조선(樂浪朝鮮)의 민(民)이 금지하는 8가지의 범죄 중 3가지가 기록되어 전한다. 우리에게 잘 알려져 있는 소위 '8조금법(八條法禁)'으로, 상대방을 죽인 자는 사형에 처한다, 상대방에게 상해를 가한 자는 곡물로 배상한다, 상대방의 물건을 도둑질한 자는 남녀 모두 노비로 삼는데 속죄자는 50만으로 갚는다 등이 그것이다. 이를 두고 고조선사회에서 화폐제도가 실시되었다거나, 노예제도를 기반으로 사유재산권이 확립된 고대사회로 보기도 한다. 이에 반해 이 시기의 고조선은 화폐제도나 사유재산권의 분화가 확립되기 어려운 단계로서 『한서』 자체의 고증에 문제가 있다고 보는 입장도 있다. 『삼국지』 위서 동이열전의 예(濊)조에는 "옛날 기자가 조선에 가서 8조의 교법을 만들어 가르쳤기 때문"이라는 기사만 확인된다. 『한서』보다 늦게 지어진 『삼국지』에 구체적인 법 조항이 확인되지 않는 점에서도 고조선의 8조법 중에서 구체적인 3가지 조항을 얼마나 신뢰할 수 있는가에 대한 문제가 있다는 것이다.

고조선 관련 또 하나의 논쟁거리는 왕성이 어디에 있었는가에 대한 것이다. 지금까지의 발굴조사에서는 고조선의 왕성으로 추정할 수 있는 유적이 확인되지 않아서 문헌기록을 통해 중심지를 추정하고 있는 실정이다. 여기에서 등장하는 키워드에는 아사달·패수·상하장·왕검[險]성 등이 있다. 『삼국유사』에는 『위서』를 인용해 단군왕검이 아사달에 도읍을 정했다는 것과, 『전한서』의 조선전을 인용해 위만이 패수를 건너 상하장에 살다가 왕검[險]성에 도읍한 것이 기술되어 있다. 그리고 『사기』 조선열전에서는 왕검[險]성이 점령되므로 고조선이 멸망한 것을 확인할 수 있다. 『삼국유사』에서 단군왕검이 도읍한 아사달의 위치는 궁금증을 자아낼 뿐이다. 또한 『삼국유사』가 인용한 『위서』가 도대체 어떤 책이었는지도 불분명한데, 현존하는 『위서』에는 위만조선의 역사만 기록으로 남아 있기 때문이다.

그 외 지명들에 관해서는 기록들을 종합해보면, 패수는 한과 조선의 경계이고, 위만이 조선의 땅에 처음으로 정착한 상하장은 패수에서 멀지 않은 동쪽에 위치하며, 수도였던 왕검[險]성은 패수나 상하장보다 먼 동쪽이나 동남쪽에 위치했던 것으로 생각할 수 있다. 하지만 패수를 지금의 랴오허·압록강·청천강 등으로도 다양하게 해석하고 있어서 정확한 위치를 판단하기 힘들다. 왕검[險]성도 지금의 평양지역으로 간주하는 입장이 주류를 이루지만, 이조차도 위만조선 최후의 항전지가 왕검[險]성이

지, 조선의 중심지는 다른 곳이라는 견해도 있다. 고조선의 정치·행정상의 중심이었던 고조선의 왕도가 지금의 평양지역 일대인지, 혹은 중국 동북부지역 일대인지에 대한 논쟁은 앞으로 계속될 것으로 보인다.

⑥ 고조선 유민과 낙랑·삼한

기원전 108년, 한나라는 고조선의 땅에 낙랑(樂浪)·진번(眞蕃)·임둔(臨屯)을, 그리고 이듬해인 기원전 107년에는 현도(玄菟)라는 군(郡)을 설치했는데, 이를 한사군(漢四郡)이라 한다. 한사군의 위치에 관해서는 불명확한 점이 많지만, 황해도 남부지역 일대에 진번이, 함경남도 지역 일대에 임둔이, 압록강 유역 일대에 현도가 위치한 것으로 추정한다. 하지만 진번·임둔·현도 등은 설치된 지 30년 이내에 소멸되거나, 서북쪽으로 이전한 것으로 추정한다. 이에 반해, 낙랑은 2세기 후반에 공손씨(公孫氏) 세력에 의해 낙랑과 대방(帶方)으로 분할되는 변화를 겪기도 하지만, 고구려의 미천왕 대인 313년까지 약 400여 년이라는 오랜 기간 동안 존속했다.

낙랑의 위치에 관해서는 왕검[험]성의 위치비정과 연계되어 지금의 대동강 유역과 평안도 지역 일대로 여겨지고 있다. 반면, 낙랑이 한반도 내에 존재하지 않았다는 사이비역사학자들의 견해가 있는데, 문헌상의 기록뿐 아니라 고고학상의 증거도 낙랑의 위치가 평양지역 일대를 가리키고 있어서 신뢰하기 어렵다.

평양지역 일대에 낙랑이 존재했다는 예로는 대동강의 남안(南岸)에 낙랑의 치소로 보는 낙랑토성이 있다. 낙랑토성의 서·남·동쪽인 석암리, 정백동, 오야리, 장진리, 남정리, 도제리, 장매리, 노매동 등에는 약 3천여 기의 목관묘(木棺墓: 나무로 관을 짠 무덤)·목곽묘(木槨墓: 나무로 곽, 실을 짠 무덤)·전실묘(塼室墓: 벽돌로 방을 만든 무덤) 등이 분포하고 있고, 낙랑 관련 각종 유물들이 출토되었다. 특히 '낙랑예관(樂浪禮官)'이 확인되는 수막새, '낙랑태수장(樂浪太守章)'·'낙랑대윤장(樂浪大尹章)' 등의 봉니(封泥: 문서의 보관을 위해 인장을 찍은 진흙덩이), '영광 3년'이 쓰인 효문묘동종[孝文廟銅鐘: 기원전 41년 한고조 유방의 넷째 아들인 한문제(漢文帝)를 모신 사당에 사용한 제사 용기, 기원전 45년에 낙랑군 25현의 호구에 관해 작성된 '낙랑군초원4년현별호구다소집부(樂浪郡初元四年縣別戶口多少集簿)'가 정백동 364호 무덤에서 출토된 사례 등은 낙랑이 대동강을 중심으로 한 평양지역 일대에 위치했음을 분명하게 보여준다.

○ '낙랑예관'이라는 명문이 확인되는 수막새

평양지역이 낙랑의 중심거점 지역이었다 해도 이 지역을 단순히 한나라의 식민지배지로 치부하거나, 한국의 역사가 아니라고 보는 것은 바람직하지 않다. 비록 한나라의 군현이 설치되면서 중원 계통의 사람들이 이입되었다고는 하지만, 평양지역 일대에 거주한 다수의 사람들은 여전히 고조선 이래로 그곳에서 전통을 지키며 살아온 우리 역사의 일부이기 때문이다. 만약 낙랑을 한국사에서 배제시킨다면 약 400여 년에 걸친 한반도 서북부지역 일대의 역사에 공백이 생기게 된다. 아픈 역사라고 해서 일제강점기를 한국사에서 떼어낼 수 없듯이, 낙랑으로 대표되는 한사군의 역사 또한 한국사의 일부로 파악해야 할 것이다.

고조선의 땅에 한군현이 설치되었지만, 상당수의 고조선 유민들은 자신들의 지역에 계속 존속했던 것으로 보인다. 앞서 언급했던 '낙랑군초원4년현별호구다소집부'에 의하면 한인(漢人)은 약 3만 8천 명이고, 그 7배가 넘는 약 28만 명의 고조선 사람들로 구성되어 있는 점이나, 평양지역 일대의 지배층 무덤에서는 비파형동검에 후행하는 세형동검이 지속적으로 부장된 양상도 확인할 수 있기 때문이다. 이뿐만 아니라 『후한서』의 순리열전(循吏列傳)에는 낙랑군 출신 인물인 왕경(王景)을 설명하면서, 25년 토인(土人) 왕조(王調)가 군수인 유헌(劉憲)을 죽이고 스스로 대장군 낙랑태수를 칭한 난에 대해 기술하고 있는데, 난의 주동자인 왕조를 토인으로 표현한 점에서 평양지역 일대에 존속하던 고조선 이래의 후손들 중에는 낙랑 내에서 영향력 있는 인물로 성장한 토착세력의 사례도 있었던 것으로 추정해볼 수 있다.

고조선 멸망 후 새로운 지역으로 옮겨간 세력들도 있었다. 『삼국지』의 동이전에 위만조선이 고조선의 신세력으로 역사에 등장할 때 기존의 중심세력이었던 준왕은 나라를 뺏기고 한(韓)의 땅으로 옮겨 한왕(韓王)이라고 칭한 기사나, 조선상(朝鮮相) 역계경(歷谿卿)이 우거왕을 배반하고 2천여 호의 민(民)을 이끌고 진국(辰國)으로 망명한 기사, 『삼국사기(三國史記)』의 신라본기에 조선의 유민들이 신라 땅에 들어와 나뉘어 육촌(六村)을 형성하고 살았다는 전승의 기사 등을 통해 유추해보면, 시기적으로는 차이가 있겠지만 고조선의 유민들이 한반도로 밀려온 것으로 볼 수 있다. 이러한 사서의 내용을 뒷받침하듯이 한반도의 호서지역에서는 서북부지역과의 관련성을 추정해볼 수 있는 세형동검이나 청동제의 의례용 기물들이 발견된다. 또한 경주지역 일대에서는 기존의 지석묘 전통에서 벗어난 목관묘라는 새로운 묘제가 등장하고, 영남지역 일대에서는 청동기와 철기문화의 유입이 급격히 증가한다. 다량의 청동기·철기를 바탕으로 한 소규모 정체세력들이 한반도 동남부지역 곳곳에 등장하는데, 이는 여러 지역으로 흩어진 고조선 유민들이 어떠한 형태로든 각지에 영향을 끼쳤던 것을 추정케 한다.

고조선에서 발달한 금속기문화가 한반도로 유입되면서 마한(馬韓)·변한(弁韓)·진한(辰韓)이라는 삼한(三韓)사회의 생산성 증대와 사회적 분화를 가속화시켰다. 고조선의 붕괴는 중국 동북부지역뿐만 아니라 한반도의 중·남부지역에 이르기까지 새로운 세력의 성장에 기여하게 되었고, 이는 곧 삼국시대로 불리는 고대국가로의 성장과 변화로 이어지게 된다.

❋ 참고문헌

• 강종훈, 『사료로 본 한국고대사』, 지성과인성, 2020.

• 김기섭, 『21세기 한국고대사』, 주류성, 2020.

• 송호정, 「미송리형 토기문화에 대한 재고찰」, 『한국고대사연구』 45, 한국고대사학회, 2007.

• 송호정, 「고고학으로 본 고조선」, 『한국사 시민강좌』 49, 일조각, 2011.

• 이주헌, 「경주지역 목관·목곽묘의 전개와 사로국」, 『문화재』 45, 국립문화재연구소, 2009.

• 이청규, 「靑銅器를 통해 본 古朝鮮과 주변사회」, 『동북아역사논총』 66, 동북아역사재단, 2005.

2

고대국가의 성립과 발전

2강 ○ 고대국가의 **성립**과 **발전**

① 고대국가의 탄생

1. 고구려

『삼국사기』에는 고구려가 졸본(卒本)에서 국내(國內)로, 국내에서 다시 평양(平壤)으로 천도한 기사가 확인된다. 이에 따르면 고구려는 수도를 2번 이상 옮긴 것이 되는데, 졸본에 도읍한 시기를 고구려 전기로, 국내성이 위치한 지린성(吉林省)의 지안(集安)지역을 중심으로 한 시기를 고구려 중기로, 지안지역에서 평양지역으로 천도한 427년부터 고구려가 멸망하는 668년까지를 고구려 후기로 시대구분을 할 수 있다. 현재 학계에서는 고구려 전기 왕성의 위치나 고구려 중기에 도성으로 천도한 시기, 고구려 후기 왕성의 위치 등에 관해 다양한 견해가 제시되어 있지만, 관련된 문헌과 고고자료가 빈약해 쉽게 결론에 도달하기는 어렵다.

부여 출신의 남하한 이주민 집단이 졸본지역에서 주도세력으로 자리 잡은 후, 고구려는 주변국과의 끊임없는 항쟁 속에서 강력한 고대국가로 성장한 것으로 알려져 있다. 그런데 고구려 초기의 위세가 주변국들에 비해 어떠했는지를 가늠해볼 수 있는 기사가 부자지간의 비극과 연관되어 확인된다. 『삼국사기』에 의하면 유리왕은 황룡국(黃龍國)과의 관계를 염려해 해명태자(解明太子)를 자결케 한 비정한 아버지였다. 나라를 지키기 위한 고육지책이었겠지만 왕이 앞날이 창창한 아들을 죽여서라도 주변국의 눈치를 봐야 할 정도로, 초창기 고구려의 세력은 주변국을 압도할 정도는 아니었다. 하지만 신(新)을 건국한 왕망(王莽)이나 부여와의 지속적인 전쟁, 그리고 태조왕대 서안평(西安平) 공격 등의 관련 기사를 통해, 차츰 고구려의 세력이 확대되고 강해졌던 것으로 이해할 수 있다.

졸본지역에서 국내성으로 천도한 시기에 대해서는 유리왕 대, 태조왕 대, 신대왕 대, 산상왕 대 등 다양한 견해가 제시되어 있지만, 현재 한국의 학계에서는 유리왕 대 또는 산상왕 대에 천도한 것으로 보는 입장으로 크게 나뉘어 있다. 유리왕 대 설은 3년[유리왕 22]에 도읍을 옮기고 위나암성(尉那巖城)을 쌓았다는 『삼국사기』의 기사를 통해 볼 때, 지금의 지안시로 고구려가 천도한 것은 1세기라는 입장이다. 반면, 산상왕 대 설은 209년[산상왕 13]에 환도로 도읍을 옮겼다는 『삼국사기』의 기사나, 『삼국지』 위서 동이전의 고구려 관련 기사에서 산상왕이 새로 나라를 건설했다는 신국(新國) 관련 기사를 근거로 삼는다. 앞으로도 고구려 중기의 시작을 둘러싼 논쟁은 계속될 것이다.

미천왕은 313년에 낙랑을, 314년에 대방을 멸망시키고 평양지역 일대를 고구려의 세력으로 만들었다. 하지만 그로부터 얼마 지나지 않은 4세기 중엽의 고국원왕 대에 이르러 선비족과 백제와의 전쟁으로 고구려가 큰 혼란을 겪기도 했다. 국가의 큰 위기를 무사히 넘긴 고구려는 400년[광개토왕 10]에 금관가야를 공격했고, 427년[장수왕 10]에는 평양으로 천도한다. 고구려 중기의 가장 큰 특징은 동북아시아의 강력한 고대국가로 성장해 본격적인 정복전쟁과 남진정책을 벌인 것이라고 할 수 있다.

평양 천도 이후 고구려는 장수왕~문자왕 대에 전성기를 거쳤다. 이후 안원왕 사후의 왕위 계승 문제나 돌궐의 위협, 신라의 성장, 내부의 권력 분쟁 등으로 인해 차츰 세력이 약화되어 결국 고구려는 나당연합군의 침공으로 멸망하게 된다.

2. 백제

『삼국사기』에 의하면 기원전 18년에 건국한 백제는 660년에 나당연합군에 의해 멸망할 때까지 31명의 왕이 약 700여 년 동안 재위한 고대국가이다. 백제도 고구려처럼 몇 차례에 걸쳐 천도를 하게 되는데, 이 중에는 자신들의 순수 의지가 아닌 전쟁과 관련이 있다는 점에서 차이를 보인다. 한성에서 웅진, 다시 사비로 천도하게 되는 양상에서 각각 도성의 명칭을 부가해 한성기 백제, 웅진기 백제, 사비기 백제로 시기구분을 한다.

　백제의 시조로 등장하는 온조(溫祚)는 고구려에서 넘어온 이주세력으로, 이들이 재지세력과 결합해 백제가 성장한 것으로 본다. 백제가 건국되기 이전에 이미 한반도의 서남쪽을 주영역으로 삼은 마한에는 50여 개의 소국들이 있었는데, 한강 유역 일대를 거점으로 삼은 백제가 이러한 마한의 여러 소국들을 병합해가는 과정에서 고대국가로 성장한 것으로 이해할 수 있다. 하지만 온조의 세력들이 처음으로 정착한 곳이 어디인지, 임진강 유역에서 발견되는 돌무지무덤(積石冢: 적석총)을 백제 초기의 것으로 볼 수 있는지 등과 같은 해결되지 않은 문제들이 아직도 많다.

　백제가 고대국가로 성장한 시기를 고이왕 대로 보는 것이 일반적이다. 고이왕은 낙랑을 공격해 영토를 확장했고, 16관등제도를 정비했으며, 6좌평의 설치와 율령반포 등을 통해 발전된 통치조직을 갖추었다. 이후 근초고왕 대에는 전라도 지역의 마한 세력을 백제에 통합시켰고, 고구려의 고국원왕을 물리쳐 황해도·경기도·충청도·전라도 일대에 이르는 넓은 영토를 확보해 백제의 최전성기를 이룬 것으로 본다. 하지만 근초고왕 대에 전라도 전역이 백제의 세력하에 놓였는지에 대해서는 아직 학계에서 견해가 첨예하게 대립하고 있다. 즉,『삼국사기』의 기록을 신뢰해 백제가 마한을 완전히 정복한 것을 근초고왕 대인 4세기로 봐야 한다는 입장이 있는 반면, 영산강 유역 일대에서 확인되는 마한의 전통이 5세기 단계에도 지속되는 점에서 백제가 마한을 완전히 종속시킨 것은 6세기 이후로 볼 수밖에 없다는 입장도 있다.

　475년에 고구려와의 전쟁에서 개로왕이 전사하고 도성이 함락되자, 백제는 국가 재건을 위해 웅진[지금의 공주시]으로 천도했다. 새로 왕위에 오른 문주왕은 웅진지역의 세력과 왜에서 귀국한 곤지(昆支)의 도움을 받았지만, 귀족세력들의 내분으로 왕위에 오른 지 3년 만에 살해당했다. 문주왕의 어린 아들 삼근왕도 재위 3년 만에 사망해 또다시 백제는 혼란 속에 빠지게 된다. 이 위기를 극복한 것이 동성왕인데 그는 고구려에 맞서기 위해 신라와 혼인동맹을 맺었고, 중국의 남제(南齊)와 통교를 재개해 위기의 백제를 구하게 된다. 하지만 동성왕 또한 자객에게 피살되고, 한국 고대사에서 유일하게 왕릉의 주인공에 이견이 없는 무령왕이 뒤를 이어 즉위해 백제의 왕권을 안정시켰다. 이처럼 웅진기 백제는 연속된 내우외환의 혼란 속에서도 부단히 국가 재건을 이루고자 노력한 시기라고 할 수 있다.

◆ 무령왕릉의 왕 묘지석(국립공주박물관 소장)

무령왕의 뒤를 이은 성왕은 왕권의 강화와 백제의 중흥을 위해 538년에 사비[지금의 부여군]로 천도했다. 사비천도는 웅진의 지리적 불리함을 극복하고 왕권을 보다 강화시키려는 목적이었던 것으로 보인다. 결국 성왕은 551년 신라 진흥왕과 연합해 고구려 세력을 몰아내고 일시적으로 자신들의 고토(故土)였던 한강 유역을 회복했다. 하지만 신라가 백제와의 동맹을 파기하고 한강 유역 일대를 점령하자, 신라와 전쟁 중인 554년에 성왕이 전사하고 만다. 이후 백제는 신라와의 치열한 전쟁을 이어갔다. 백제의 마지막 왕인 의자왕은 귀족세력을 약화시키고, 왕권중심의 정치운영체제를 확립했으며, 고구려·왜와 관계를 수립해 신라에 대항했지만 결국 660년에 나당연합군에 의해 멸망당했다.

3. 신라

『삼국사기』에는 고조선의 유민들이 6촌을 이루고 있었다는 기사가, 『삼국지』위서 동이전에는 진한의 땅에 진(秦)의 망인(亡人)들이 살고 있었다는 기사가 확인된다. 이를 근거로 경주 일대에 외래세력들의 정착을 추정해볼 수 있고, 이들이 신라의 근간이 되었을 가능성도 배제하기 어렵다. 『삼국사기』는 박혁거세 탄생신화를 기술하면서 신라의 건국을 기원전 57년으로 적고 있다. 하지만 혁거세 탄생신화를 역사적인 사실로 받아들이기보다는 진한의 여러 소국들을 병합한 신라라는 정치체가 경주지역을 중심으로 빠르게 성장한 후 고대국가로 발전한 것으로 보는 것이 보다 합리적이다.

신라가 고대국가로 기틀을 다지고 국제사회의 일원으로 등장하는 시기를 내물마립간기부터로 볼 수 있다. 이때 고구려의 주선으로 전진(前秦)에 사신을 파견함으로써 신라가 국제무대에 등장하는데, 통치질서가 확립된 내물마립간대에 신라가 고대국가로서의 확고한 기틀을 다진 것으로 보인다. 한편, 고고학에서는 돌무지덧널무덤(積石木槨墓: 적석목곽묘)의 출현을 통해 신라의 고대국가 성립을 이야기하기도 한다.

신라는 내물마립간대인 4세기에 박·석씨의 세력을 물리치고 김씨가 왕위계승을 독점하기에 이르렀지만, 여전히 가야·백제와 연결된 왜의 침입이 지속되는 위기상황이 이어지고 있었다. 결국 스스로의 힘으로 극복하기 힘들다고 판단한 신라는 고구려에 구원을 요청하게 되는데, 고구려의 강력한 정복군주로 잘 알려진 광개토왕이 낙동강 유역의 금관가야와 왜를 물리치면서 대외적인 위험요소를 제거할 수 있었다. 하지만 그 반대급부로서 신라에 대한 고구려의 간섭이 더욱 심해졌는데, 눌지마립간 이후에 신라는 백제와의 친선을 도모하면서 차츰 고구려의 영향에서 벗어나게 된다.

신라는 고구려나 백제보다 늦은 6세기에 비로소 강력한 정복국가로 변신한다. '신라'라는 국호를 확정하고 중국식의 왕호를 정한 지증왕, 율령의 반포와 불교를 공인한 법흥왕 대를 거쳐, 진흥왕 대에는 한강 유역을 차지하면서 중국과의 직접 교류가 가능한 교통로를 확보했다. 또한 562년에 고령지역을 근거지로 하고 있던 대가야를 정복함으로써 가야를 역사 속으로 사라지게 만든다. 이후 김춘추·김유신·문무왕의 시대에 신라는 당과 연합해 백제와 고구려를 차례로 무너뜨리고 삼국통일의 대업을 이룩했다.

4. 가야

『삼국지』위서동이전에는 낙동강 하류 유역에 발달한 철기문화를 가진 변한 12소국이 존재하고 있었다고 기록되어 있다. 김해지역의 구야국(狗邪國), 함안지역의 안라국(安羅國), 고성지역의 고자국(古自國) 등의 소국들은 낙동강과 남해안을 활용할 수 있다는 지리적 이점에 제철기술을 매개로 정치체로 성장했다. 특히 구야국을 중심으로 한 전기가야 연맹체는 낙랑이나 왜와의 원거리 교역을 통해 세력이 확장되었다.

변한사회는 지역별로 다양한 가야의 세력이 존재했지만 특히 김해지역을 배경으로 한 금관가야가 전기 연맹체의 핵심세력으로 존재감을 드러냈다. 하지만 전기가야 연맹체는 400년에 있었던 광개토왕의 남정(南征)을 기점으로 낙동강 수계의 교역 루트를 상실하면서 세력이 와해된다. 김해지역의 가야 연맹체 최고수장층의 무덤인 대성동고분군이 5세기 초 이후에 급격히 축소되는 양상을 보이는데, 이는 고구려의 침입에 의한 금관가야의 몰락이 반영된 것으로 여겨진다.

이후 가야 세력은 5세기 중엽에 고령의 대가야를 중심으로 새롭게 재편된다. 기존의 낙동강과 남해안을 중심으로 한 해상세력이 아닌, 섬진강이나 남강의 수계를 이용하는 내륙의 세력이 중심이 된 것이다. 이들은 호남의 동부지역까지도 자신들의 세력권으로 포섭했을 뿐만 아니라, 기존의 백제나 왜와의 연결고리를 복구해 후기가야 연맹체로 발전했다. 이 시기에 가야는 국제사회의 일원으로 등장하기도 하는데, 중국의 역사서인 『남제서(南齊書)』에 479년에 조공해온 가라국왕(加羅國王) 하지(荷知)에게 보국장군본국왕(輔國將軍本國王)의 작호를 하사한 기록이 확인된다. 하지만 후기가야 연맹체는 계속되는 백제와 신라의 압박 속에서 결국 532년에 금관가야가, 562년에는 대가야가 신라에 차례로 멸망당함으로써 역사 속으로 사라지게 된다.

② 도성

1. 고구려의 도성

『삼국사기』 지리지에는 주몽이 흘승골성(訖升骨城)에 도읍을 세웠고, 그로부터 40년이 지난 3년[유류(리)왕 22]에 국내로, 427년[장수왕 15]에 평양으로, 586년[평원왕 28]에 장안성(長安城)으로 도읍을 옮겼다고 기록되어 있다. 이처럼 고구려 도성에 관한 문헌기록은 간단명료해 보이지만 의외로 그 실상은 아주 복잡하다.

우선 고구려의 시조인 주몽이 졸본천에 이르러 비류수(沸流水)가에 초막을 짓고 살았다는 『삼국사기』의 기사와, 비류곡의 홀본(忽本) 서쪽 산 위에 성을 쌓고 도읍했다고 기록된 광개토왕비에서 확인되는 졸본(卒本) 혹은 홀본이 어디인지는 명확하지 않은데, 학계에서는 랴오닝성의 환런(桓仁)지역 일대로 보는 경향이 강하다. 그 이유는 환런 일대에서 평지성터로 알려진 하고성자(下古城子) 성터와, 방어성의 기능을 한 것으로 추정되는 오녀산성(五女山城), 그리고 주변 일대에 망강루(望江樓) 고분군이나 상고성자(上古城子) 고분군 등이 존재하기 때문이다.

● 관구검기공비(중국 랴오닝성 박물관 소장)

즉, 평지성과 방어성, 최고 권력층 무덤군이 조합된 양상을 통해 고구려 전기의 도성을 환런지역 일대로 규정하려는 것이다. 하지만 여기에 반론도 제기되고 있어서 고구려 전기의 도성을 특정하는 데 견해차를 보이고 있다.

고구려를 침략한 위나라 장수 관구검의 전공을 기록한 관구검기공비(毌丘儉紀功碑)의 발견으로 3세기 중엽 지안지역 일대에 고구려 중기의 도성이 있었다는 점은 분명하다. 국내성의 배후 약 2킬로미터 북쪽에는 환도산성(丸都山城)이 자리 잡고 있는데, 고구려가 평상시에는 평지성을 중심으로, 위급 시에는 산성을 중심으로 태세전환을 이루고자 했던 것으로 이해하고 있다. 이와 같이 평지성과 방어성으로 구성된 고구려 도성의 양상은 평양으로 천도한 이후까지도 이어지는 것으로 본다. 하지만 앞서 언급한 바와 같이 지안지역으로 천도한 시기를 둘러싼 견해차는 상당하다.

평양으로의 천도가 장수왕 대에 이루어진 것에 이견이 없지만, 당시의 왕성이 어디인지는 논의의 여지가 많다. 고구려 중기와 마찬가지로 후기에도 평지성과 산성의 조합으로 이루어진 도성체제를 유지했다고 보고, 배후산성으로 대성산성(大城山城)을 지목하는 데에는 큰 무리가 없다. 하지만 평지성의 경우에는 양상이 다른데, 대성산성 남쪽에 위치한 안학궁(安鶴宮)이나, 대성산성 서남쪽 대동강변에 위치한 청암리토성(淸巖里土城), 지금의 평양 시가지로 보는 견해 등으로 나뉘어 있어서, 쉽게 결론짓기 어려운 상황이 지속되고 있다.

고구려의 마지막 도성은 586년에 완성된 후기 평양성으로도 불리는 장안성(長安城)이다. 축성과 관련된 각성석(刻城石)이 발견된 현재의 평양성 일대를 장안성으로 보는데에는 큰 무리가 없다. 하지만 왕성의 흔적이 확인되지 않아서 외성·중성·내성·북성으로 구성된 평양성의 어느 곳에 고구려의 왕이 살았던 궁궐이 존재했는지는 아직 명확하지 않다.

2. 백제의 도성

◆ 공산성

백제 최초의 도성을 하남 위례성(河南慰禮城)으로 보는 것이 일반적이다. 하지만 『삼국사기』에는 한산(漢山) 아래의 위례성에서 옮겨왔다는 기사도 확인되고 있다. 이런 이유로 한강 이북 삼각산 동쪽, 서울 강북지역, 세검정, 중랑천 일대 등에서 지금의 풍납토성(風納土城)으로 옮겼다고 보기도 하지만, 현재로서는 백제의 최초 건국지가 어디인지는 명확하지 않다. 한편, 한성기 백제는 풍납토성과 몽촌토성(夢村土城)을 중심으로 운영된 것으로 여겨지고 있다. 하지만 이 두 성이 언제부터 왕성으로 기능했는지, 어느 쪽이 왕성으로서의 기능이 더 강했는지, 혹은 풍납토성에서 몽촌토성으로 이전된 것인지 아니면 그 반대의 양상이었는지, 한성기 백제의 도성 방어 시스템이 어떠했는지 등에 관한 논의가 계속되고 있다. 백제 초기의 도성에 대해서도 여전히 해결해야 할 과제가 많다.

고구려 장수왕의 침략으로 한성이 함락된 후 백제는 급하게 웅진으로 도성을 옮겼다. 방어에 유리한 군사적 거점성인 공산성(公山城) 일대로 천도한 것으로 여겨지는데, 공산성 내부에 다양한 건물지와 큰 규모의 저장시설 등이 확인되었기 때문이다. 하지만 비록 전쟁 중 옮겨온 임시적인 도성이라 하더라도 공산성 내부라는 한정되고 좁은 지역으로만 왕성을 한정시키기는 어렵다는 견해도 있어서, 웅진기 백제의 도성에 관한 공간구조의 문제 역시 향후 논의가 계속될 것으로 보인다.

60여 년간의 웅진기에서 벗어나 백제는 538년에 사비로 도성을 이전했다. 천도의 원인은 지형적 한계와 잦은 풍수해, 좁은 도시 공간 등을 들 수 있다. 그런데 사비로 천도할 당시의 왕성이 어디인지, 그 범위와 규모가 어떠했는지 등을 밝히기 위한 노력이 이어지고 있다. 부소산성(扶蘇山城) 바로 남쪽의 관북리 일대에서 높은 관청을 뜻하는 수부(首府)라는 글자가 새겨진 기와가 출토된 점과 30미터 이상의 대형 건물터가 발견된 점, 사방으로 뻗어 있는 도로와 수리시설 등이 확인된 점에서 이 일대에 왕궁터가 존재했을 가능성이 높다. 사비기 백제의 도성 운영에 관한 큰 특징은 삶과 죽음의 공간을 명확히 구분하고 있는 점이다. 부여 나성(羅城)의 바깥에 왕릉급 무덤들이 모여 있는 능산리(陵山里) 고분군을 비롯한 죽음의 공간이 배치되어 있는 점에서, 당시 백제인들의 도시 공간에 대한 계획성을 유추해볼 수 있다.

한편, 익산시에 있는 왕궁면(王宮面)에는 왕궁리유적이 있다. 지명과 연관되어 백제의 무왕 혹은 보덕국의 안승(安勝), 후백제의 견훤(甄萱)이 경영한 궁궐터 등으로 다양하게 해석되었다. 하지만 일본 교토(京都) 쇼오렌인(靑蓮院)에서 발견된 『관세음응험기(觀世音應驗記)』에 쓰인 "백제의 무광왕이 지모밀지로 천도하고"라는 기록에서 무광왕을 무왕으로, 지모밀지를 익산으로 해석하고, 대형의 건물지와 정원시설, 관청터, 수부가 새겨진 기와, 화장실 유구 등을 통해 사비기 백제 무왕 대에 건설된 궁성터로 본다. 그렇다고 하더라도 무왕 대에 실제로 부여에서 익산지역으로 천도를 했는지, 혹은 별도(別都)를 경영했는지에 관한 논의도 계속 진행 중이기 때문에 다양한 역사 해석에 관심을 가지고 지켜보는 것도 흥미로울 것이다.

3. 신라의 도성

『삼국사기』에는 기원전 39년[혁거세 21]에 궁성을 쌓고 금성(金城)이라 불렀으며, 101년[파사왕 22]에는 금성의 동남쪽에 축성하고 월성(月城) 혹은 재성(在城)으로 부른 기록이 있다. 앞서 살펴본 고구려나 백제와 달리 신라는 고구려나 왜의 침입에 위기감을 가지고 신라가 일시적으로 인근의 명활성(明活城)으로 옮겨 대비하는 기사 이외에는 특별히 천도와 관련된 역사기록이 확인되지 않는다. 경주시에 '신라 천년의 고도(古都)'라는 수식어가 따라다니는 이유가 바로 이것이다.

◐ 신라의 왕성인 월성의 성벽과 해자

그 중심에는 현재 반월성 혹은 월성으로 불리는 유적이 있다.

월성유적은 남쪽으로 흐르는 남천(南川)을 천연의 해자로 삼고, 흙과 돌을 이용해 성의 동·서·북쪽을 축성했다. 성벽 밑으로는 해자, 성 내부에는 누각이나 관청, 왕궁 관련 건물터로 추정되는 유구들이 다수 확인된다. 해자 주변에는 왕궁과 관련된 관청이나 제사의식을 행했던 것으로 추정되는 건물터가 존재하는 만큼 시기 차이를 두고 월성의 규모가 차츰 확장되었을 가능성도 있다.

월성유적이 신라의 왕성으로 기능한 시기 문제에 관해서는 역사서와 발굴성과에 괴리가 있다. 즉, 앞서 살펴본 『삼국사기』의 기술과는 달리, 발굴조사를 통해 확인된 월성의 축조시기는 4~5세기경으로 여겨지고 있기 때문이다. 또한 혁거세서간 대의 금성의 실체가 무엇이었는지, 경주를 둘러싼 정치세력이 바뀔 때마다 교대로 월성을 장악한 문헌기사가 가지는 의미가 무엇인지 등에 대해서는 다양한 해석들이 존재하고 있어서 지속적으로 관심을 가지고 지켜볼 필요가 있다.

최근에는 월성의 성벽 축조의 특성을 파악하기 위해 서쪽 성벽을 절개하던 중 인골들이 발견되어 고대사회의 인신공양에 대한 의심을 불러일으켰다. 성벽 축조 과정에서 인신공양을 한 것은 중국 상나라에서 행해진 것으로 알려져 있었지만, 이것이 실제로 발굴조사에서 확인된 것이다. 향후 성벽 축조에 관한 고대인의 인식에 대한 다양한 해석이 나올 것으로 예상된다.

4. 가야의 도성

가야의 도성은 왕의 존재 유무에 따라 서로 달리 해석하게 된다. 만약 가야에 왕이 존재하지 않았다면 왕성이나 도성이 불필요하지만, 반대로 왕이 존재했다면 그에 상응하는 왕궁이나 도성이 필요했을 것이기 때문이다. 가야사회에서 왕을 어떤 존재로 받아들여야 할지에 대해서 이론이 있을 수 있지만, 적어도 중국에서 왕의 작호를 하사받은 사례나, 가야토기 중에는 '왕(王)'이라는 글자를 새겨 넣은 유물이 존재하므로 가야사회에도 왕 혹은 그에 버금가는 정치체가 있었다고 볼 수 있고, 그 실체를 파악하기 위한 노력도 계속되고 있다.

현재 가야의 왕궁터로 추정하는 곳들은 아래의 표와 같다.

🏺 표 1_ 가야의 추정 왕성터

지역	성의 명칭	입지	해발(미터)	규모	인접 고분
김해	봉황토성	해반천변	40	1.5킬로미터	대성동 고분군
함안	가야리토성	신음천변	56	1.9킬로미터	말이산, 남문외 고분군
합천	성산토성	황강변	53	1.1킬로미터	옥전 고분군
고령	연조리성지	대가천변	47	560미터	지산동 고분군

가야의 왕성으로 여겨지고 있는 이와 같은 유적들은 모두 교통과 물자 운반에 유리한 강을 끼고 있고, 왕성터로 추정되는 곳들은 모두 약간 높은 대지상에 위치하며, 주변에는 거대 고분군들이 밀집해 있다는 공통점을 가진다. 향후 이 유적지들이 가야의 왕성터로 인정받을 지에 대해 관심을 가지고 지켜볼 필요가 있다.

🔺 일제강점기에 촬영된 대가야의 추정 왕궁지(공공누리 제1유형 국립중앙박물관 공공저작물 이용)

③ 왕과 왕릉

우리가 일반적으로 떠올리는 고대국가의 왕들은 막강한 힘을 과시한 정복군주, 내우외환의 특별한 사건사고가 있었던 왕, 그리고 왕조의 멸망이라는 비운을 맞이한 왕이다. 그들의 모습은 『삼국사기』·『삼국유사』 등에서 확인되는 기사를 통해 쉽게 이미지화된다. 하지만 삼국시대의 특정한 왕의 무덤, 즉 왕릉으로 특정 가능한 무덤들은 삼국을 통틀어 보더라도 매우 극소수에 지나지 않는 것을 알 수 있다.

고구려의 경우 시조인 동명성왕, 가야와 백제를 제압한 광개토왕, 재위기간이 가장 길면서 고구려의 최전성기를 구가한 장수왕, 나당연합군에 의해 멸망당한 후 낙양으로 끌려가 죽음을 맞이한 보장왕 등이 잘 알려져 있다. 하지만 이처럼 익숙한 왕들의 무덤조차도 어떤 것인지를 확정하기 어렵다. 이러한 현상 속에서 쉽게 이미지를 떠올리지 못하는 왕들의 무덤은 두말할 필요조차 없다.

🐚 표 2_ 고구려의 왕릉으로 논의되는 무덤

	고구려의 왕릉으로 추정 가능한 무덤(피장자의 논쟁)
환런지역	망강루 1·2·3·4·5·6호분
지안지역	마선 626호, 서대총(미천왕), 천추총, 태왕릉(고국양왕 또는 광개토왕), 장군총(광개토왕 또는 장수왕), 우산 2110호, 칠성산 211호, 칠성산 871호
평양지역	경신리 1호(장수왕 또는 문자왕), 전동명왕릉(장수왕 또는 문자왕), 강서삼묘

그나마 상기의 표에서 제시된 무덤들이 고구려의 왕릉으로 비정할 수 있는 무덤이거나, 무덤의 주인공으로 특정 왕이 논의되고 있는 것들이다. 그럼에도 불구하고 중국의 학계에서는 동북공정의 일환으로 대부분의 고구려 왕릉이 지안지역에 있다고 보고, 그 무덤의 주인공들도 확정하려는 시도가 이어지고 있다. 무덤의 주인공 혹은 어떤 무덤을 고구려의 왕릉으로 확정할 수 있는 단서가 매우 희박한데도 불구하고, 정치적 논리에 역사를 결부시키려 한다는 점은 경계할 필요가 있다.

백제의 경우에는 시조인 온조왕, 고구려의 고국원왕을 전사시키고 백제의 최전성기를 구가한 근초고왕, 장수왕과의 전쟁에서 패배하고 죽음을 맞이한 개로왕, 도굴되지 않은 왕릉의 주인공인 무령왕, 천도를 통해 백제의 부흥을 이끈 성왕, 서동요 관련 설화로 유명한 무왕, 백제의 마지막 왕인 의자왕 등이 우리에게 친숙하다.

현재 백제의 왕릉으로 추정하는 무덤들은 서울의 석촌동고분군, 공주의 송산리고분군, 부여의 능산리고분군 등에 존재한다. 여기에 더해 2개의 무덤으로 이루어진 익산의 쌍릉도 백제의 왕릉으로 비정하고 있다. 이 중에서 피장자에 대해 논쟁의 여지가 없는 무덤은 무령왕릉이 유일하다. 각각 523년과 526년에 무덤의 주인공이 사망했던 사실이 적혀 있는 왕과 왕비의 지석(誌石)이 발견되었기 때문이다. 최근에는 익산의 쌍릉 중 인골이 발견된 북쪽의 대왕묘를 무왕의 왕릉으로 보려고 하는 경향이 강하다. 그 이외의 백제 무덤군에 위치한 대형의 무덤들은 왕릉인지 혹은 왕족의 무덤인지조차 불분명한 경우가 많다.

신라의 경우에는 시조인 혁거세거서간, 김씨 세습을 이룩한 내물마립간, 우경을 실시했고 순장을 금지했으며 중국식 왕호를 처음으로 사용한 지증왕, 한강 유역을 점령하는 등 정복군주로 저명한 진흥왕, 신라 최초의 여왕이자 황룡사9층목탑을 건립한 선덕여왕, 삼국 통일의 기틀을 다진 무열왕 등이 저명하다.

경주를 여행하게 되면 역사유산과 관련된 갈색 표지판을 많이 볼 수 있다. 그 중에는 탈해왕릉·지마왕릉·일성왕릉·내물왕릉·법흥왕릉·진흥왕릉·진평왕릉·진덕여왕릉 등으로 지정된 무덤들도 쉽게 찾아볼 수 있다. 하지만 이 무덤들의 대부분은 피장자 비정에 근거가 부족하고 발굴조사도 이루어지지 않아서 주인공이 불명확하다. 현재 신라 통일기 이전의 왕릉으로 논의되고 있는 것들은 대부분 대릉원(大陵園) 일대에서 확인되는 봉분의 규모가 크거나 화려한

◎ 황남대총의 전경

출토유물이 발견되는 무덤들로, 황남대총(皇南大塚)·봉황대(鳳凰臺)·서봉황대(西鳳凰臺)·금관총(金冠塚)·서봉총(瑞鳳塚)·천마총(天馬塚)·식리총(飾履塚) 등을 왕릉의 후보군으로 보고 있지만, 이 무덤들 또한 피장자나 무덤의 축조시기 및 순서 등에 대해 연구자들마다 견해를 달리하고 있어서, 백제의 무령왕릉처럼 주인공을 특정할 수 있는 것은 현재 없는 상태이다.

④ 정치와 사회

고대국가의 정치제도는 중앙과 지방의 관제가 정비된 관료제로 운영된 것으로 본다. 고구려는 수상격인 국상 아래로 14등급으로 구성되어 있었던 것으로 추정한다. 지방에는 5부를 두고 그 하부에 중국식 군현을 두었으며, 각 부에는 지방관으로 욕살(褥薩)을 파견했다. 백제는 6명의 좌평(佐平)이 업무를 관장했는데 관등은 16관등으로 이루어져 있었으며 자색·적색·녹색 등의 복식으로 차등을 두었다. 지방제도는 여러 차례에 변화했으나, 사비기에는 5방제를 기본으로 삼았다. 신라는 최고 관직인 상대등(上大等)을 비롯하여 17관등의 관료제로 이루어졌고, 자색·비색·청색·황색 등으로 복식에 차등을 두었다. 태생에서부터 차별화되는 골품제를 두고 출세나 생활에 제약을 가했다. 지방은 주-군-성[촌]으로 구성되어 있었고, 각 주의 장관으로 군주가 파견된 것으로 알려져 있다.

고구려의 제가회의, 백제의 정사암회의, 신라의 화백회의는 국가의 중대사를 귀족들의 합의기구에서 결정했음을 보여준다. 절대왕권에 의해 운영되는 고대사회였지만, 귀족세력 또한 왕권이 무시하기 어려운 권위를 가지고 있었을 가능성이 높다.

교육기관의 경우 고구려는 372년[소수림왕 2]에 태학(太學)을 설립한 기사가 확인되고, 『한원(翰苑)』의 고려기에 "국자박사와 태학박사가 있어"라는 기사를 통해 볼 때, 국가에서 운영한 태학과 국자학이 있었던 것으로 추정되지만, 교육기관으로서의 구체적인 내용에 관해서는 명확하지 않다. 지방에는 경당(扃堂)이라는 교육기관이 곳곳에 설립되어 운영된 것으로 추정된다. 반면 백제나 신라의 교육기관에 대한 사료는 확인되지 않지만, 백제에 박사라는 관직이 존재하는 점에서 상당한 수준의 교육행위가 이루어지고 있었음을 감지할 수 있다. 다양한 박사들이 연구 및 교육 등을 담당했을 것으로 추정되는 만큼, 백제 역시 국가 주도의 전문적인 학교가 운영되었을 가능성이 높다. 통일기 이전의 신라에는 자생적 집단교육체제인 화랑도가 존재했다. 세속오계(世俗五戒)에 의한 교육과 불교 사상적인 교육 및 애국심의 고취는 신라가 삼국을 통일하는 데 기여했다.

지금은 남아 있지 않지만 고구려·백제·신라는 모두 역사서를 편찬한 것으로 전한다. 고구려는 600년[영양왕 11] 100권의 『유기(留記)』를 요약해서 『신집(新集)』 5권을 편찬케 했다. 그렇다면 고구려는 7세기 이전에 이미 역사서가 존재했음을 추정케 한다. 백제는 375년[근초고왕 30]에 박사 고흥(高興)으로 하여금 『서기(書記)』를, 신라는 545년[진흥왕 6]에 거칠부(居柒夫)로 하여금 『국사(國史)』를 편찬케 했다. 자국의 역사서를 남겼다는 것은 그만큼 자신들의 정통성과 권위를 내세우기 위한 노력이 이루어지고 있었던 것을 의미하므로, 고구려·백제·신라인들의 문화적 자존감이 높았다는 것을 알 수 있다.

삼국사회에서는 사회복지와 관련된 구제책들이 존재한 것도 유추해볼 수 있다. 고구려의 진대법(賑貸法)은 춘궁기에 나라의 곡식을 빈민들에게 빌려주고 추수가 끝난 후 상환하도록 하는 제도였다. 백제나 신라 역시 기근이 들면 창고를 개방해 빈민을 구휼하고, 홍수와 같은 자연재해가 발생한 경우에는 세금감면 조치와 기민대책(饑民對策)을 행했다. 이러한 사실은 고대국가 단계에 이미 민생안정대책이 구비되어 있었음을 알려준다.

한편, 고구려에는 형사취수(兄死娶嫂)라는 제도 내지는 풍습이 존재했다고 알려져 있다. 형사취수제란 유목민족의 습속으로 동생이 형의 사후에 재산을 물려받은 형수와 재혼해 재산이 유출되는 것을 막기 위한 것으로, 이러한 풍습이 고구려에서도 통용되었다는 것이다. 그러나 이와 관련된 것으로 볼 수 있는 내용은 197년[산상왕 원년]

의 기록에서 단 한 번만 등장한다. 따라서 형사취수라는 것이 고구려사에서 일반화된 풍습이었는지는 명확하지 않다. 고구려가 유목민의 전통에서 세워진 고대국가라는 선입견이 작용하고 있는 것은 아닌지 다시 한번 생각해볼 필요가 있다.

✿ 참고문헌

- 고려대학교 한국사연구소, 『한국사』, 새문사, 2014.
- 김기섭, 『21세기 한국고대사』, 주류성, 2020.
- 동북아역사재단 북방사연구소, 『동북아시아 고고학 개설』 II, 동북아역사재단, 2021.
- 주홍규, 「고구려 기와로 본 경신리 1호분(소위 '한왕묘')의 조영연대와 피장자 검토」, 『한국사학보』 68, 고려사학회, 2017.
- 주홍규, 「고구려 문자명왕릉 연구」, 『고문화』 93, 한국대학박물관협회, 2019.
- 주홍규, 「고구려의 왕릉 조영 인식에 관한 연구 - 집안(集安)지역 소재 고구려 왕릉을 중심으로」, 『민족문화논총』 80, 영남대학교 민족문화연구소, 2022.
- 주홍규, 「무덤 자료를 통해 본 4~5C 한반도 서북부지역의 양태 - 한군현 멸망에서 고구려 평양천도 이전 시기까지를 중심으로」, 『고조선단군학』, 47, 고조선단군학회, 2022.

3

고대인의 생활

3강 ○ 고대인의 생활

① 의생활

고대사회의 복식에 대해서는 문헌기록, 고분벽화, 양나라에 사신으로 파견된 삼국의 사신들을 묘사한 그림, 토기 등에 표현된 형상 등을 통해 유추할 수 있다.

고구려인의 의생활에 관해서는 지안과 평양 등지에서 발견된 4~5세기의 벽화고분들을 통해 당시 사람들이 어떤 복식을 하고 있었는지를 보다 시각적으로 파악할 수 있다. 덕흥리고분(德興里古墳)·무용총(舞踊塚)·쌍영총(雙楹塚)·각저총(角抵塚)·오회분(五恢墳) 등에 묘사된 고구려인의 복식을 살펴보면 관·바지·저고리·치마·모자·신발·허리띠·각종 장식 등으로 구성되어 있다. 바지와 저고리는 모두 소매가 넓게 묘사되어 있어 활동하기에 용이했던 것으로 보인다. 고구려의 무덤에 그려진 벽화 이외에도 외국사람들이 고구려인을 묘사한 그림도 존재한다. 둔황(敦煌)의 막고굴(莫高窟) 220·335호 석굴이나 당나라 장회태자(章懷太子) 이현(李賢)의 무덤에 그려진 벽화에서 보이는 조우관(鳥羽冠)을 쓴 인물, 양직공도(梁職貢圖)나 우즈베키스탄 사마르칸드 아프라시압의 소그드왕국 궁전 벽화에 등장하는 조우관을 쓴 인물들을 고구려 사신으로 이해하고 있다. 이처럼 고구려인들이 그린 벽화뿐만이 아니라 주변국에서 고구려인을 묘사한 그림에 조우관이 등장하는 점에서, 고구려인들이 조우관을 자신들의 정체성을 나타내주는 상징물처럼 인식했을 가능성을 엿볼 수 있다.

◑ 덕흥리고분벽화에서 묘사된 고구려의 복식

한편, 『삼국지』 위서동이전에는 고구려인들이 공식적인 모임에 비단을 수놓은 의복을 입고 금·은으로 장식하고, 신분에 따라 고깔 모양의 책(幘)과 절풍(折風)을 구분해 쓴 것으로 기술하고 있다. 따라서 고구려에서는 신분이나 지위에 따라 옷차림과 모자를 구분했을 가능성이 높다.

백제인의 복식을 파악할 수 있는 사례는 526~536년경 양나라로 파견된 외국 사신을 그림으로 그려 해설한 양직공도가 유일하다. 이 그림에서 백제 사신의 모습을 머리에는 관을 쓰고 저고리와 바지 위에 중국의 것보다 길이가 짧은 겉옷인 포(袍)를 착용한 것으로 묘사하고 있다.

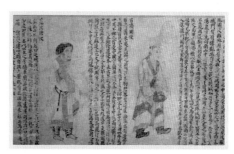

◑ 양직공도의 백제사신(오른쪽)

『삼국사기』에는 고이왕 대에 16관등제를 제정하고, 이를 다시 3등급으로 나누어 관인의 복색과 관식을 정한 것으로 기록되어 있다. 왕과 관인의 의관에 구분을 두었고, 왕은 관에 금화(金花)를, 6품 이상의 관인은 관에 은화(銀花)를 착용케 하여 신분에 따라 차등을 두었던 것으로 추정한다. 실제로 무령왕릉에서 왕과 왕비의 금제관식이 각각 1쌍씩 출토되었고, 부여·논산·익산·남원·나주 등지의 무덤과 석탑에서 은제관식이 출토되어 문헌기록의 신뢰성을 뒷받침해주고 있다. 특히 백제의 은제관식은 금제 귀걸이나 금동제 신발(飾履), 중국제 청자 등과 함께 중앙의 강한 정치적 영향력이 지방에까지 미치고 있었음을 보여주는 유물로 파악한다. 한편, 금동관모가 경기도 화성과 전남 길두리 등 백제의 각 지역에서 출토되었는데, 현재 출토지를 특정할 수 없는 2점을 포함해 총 11점이 발견되었다. 이 이외에도 경북 의성의 대리리 46-1호분, 경남 합천의 옥전 23호분, 일본 구마모토현(熊本県)의 에다후나야마고분(江田船山古墳)에서 출토된 금동관모도 백제의 위세품(威勢品)으로 본다. 이와 같은 금동관모들은 나주 신촌리 9호분과 나주 시종면의 내동리에서 출토된 사례를 제외하면 모두 띠

모양의 대관(帶冠) 없이 고깔 모양의 관모만으로 되어 있는 특징을 보인다. 백제는 이러한 금동관모를 위신재(威信財)로 이용해 국내외의 정치행위를 한 것으로 생각된다.

『수서(隨書)』에는 신라의 의복이 고구려·백제와 유사하다고 기술되어 있고, 고구려의 비석인 충주고구려비에는 고구려에서 신라의 당시 최고 통치자였던 매금(寐錦)에게 상·하의 의복을 하사한 글귀가 새겨져 있다. 이를 통해 신라의 복식이 고구려와 상당히 유사성을 가지고 있었다고 유추해볼 수 있다. 하지만 법흥왕 대의 관제정비에 따라 신라에서는 의복제도를 다시 정하게 된다. 17등급의 관제에 맞춰 1~5등급은 자색, 6~9등급은 비색, 12~17등급은 황색으로 구분했는데, 이는 중국의 사색공복제도를 모방한 것으로 보인다. 한편, 당시 신라인들이 실제로 사용한 의복의 실물이 발견된 사례가 있는데 천마총에서는 비단이, 경산의 임당고분군에서는 삼베와 모시가 확인되었다.

신라의 무덤에서는 금관이 출토되는데, 현재까지 금관이 발견된 사례는 황남대총(皇南大塚) 북분·금관총(金冠塚)·서봉총(瑞鳳塚)·천마총(天馬塚)·금령총(金鈴塚) 등이 있고, 무덤의 출토가 명확하지는 않지만 교동에서 출토된 것으로 전하는 금관의 사례도 있다. 희소성과 화려함 때문에 우리는 금관이 발견되는 무덤을 왕의 무덤으로 보려는 경향이 있다. 하지만 신라의 사례를 통해 볼 때, 금관이 반드시 왕을 상징하는 물건이라고 단정 짓기는 어렵다. 여성의 무덤으로 추정하는 황남대총 북분, 미성년의 무덤으로 여겨지는 금령총에서도 금관이 발견되었기 때문이다. 최근에는 금동관의 발굴 사례를 참고로 금관의 부장 용도가 머리에 씌우기 위한 목적이었는지, 얼굴을 가리기 위한 데스마스크(death mask)인지에 대한 논의도 이루어지고 있다.

신라의 무덤에서는 복식 관련 장신구와 신라인들의 복식을 추정하게 해주는 상형토기들이 출토되었다. 금령

◎ 금령총 출토 기마인물형토기

총에서는 국보로 지정된 2점의 기마인물형 토기가 발견되었는데, 당시 신라인의 얼굴 형태나 옷차림을 매우 사실적으로 담고 있다. 이 토기에서 가장 주목하고 있는 점은 고깔 모양의 관을 머리에 얹은 듯이 표현한 점인데, 당시 신라사회에서 관모의 착장형태가 어떠했는지 가늠하게 해준다는 점에서 중요하다. 이후 신라의 복식은 중국의 문화를 전면적으로 수용하게 되면서 차츰 당나라풍으로 변해갔던 것으로 이해한다.

가야의 복식에 대한 연구는 실제로 가야인들의 모습이 묘사된 그림이나 형상화한 유물이 발견되지 않기 때문에 여타의 삼국과 비교해볼 때 애로점이 많다. 그런데 가야지역에서는 백제나 신라와 다른 형태의 금동관이 출토된 사례가 있어서, 이러한 위신재를 이용한 대내외적인 정치행위가 이루어지고 있었던 것으로 유추해볼 수 있다. 하지만 앞서 신라의 사례에서 살펴본 바와 마찬가지로 가야의 무덤에서 금동관이 출토되었다고 해서 왕릉 혹은 왕릉급 무덤으로 볼 수는 없다. 지산동 30·32호분과 같이 왕릉급의 규모가 아닌 소규모의 무덤에서 발견되는 사례가 있기 때문이다. 이러한 가야의 금동관과 유사한 형태의 유물은 일본 후쿠이현(福井縣)의 니혼마츠야마고분(二本松山古墳)에서 발견된 사례가 있어서, 5~6세기에 가야와 왜가 금동관을 외교관계에 이용한 양상을 추정해볼 수 있다.

② 식생활

고대인의 음식과 식재료는 대부분 부패해 남아 있지 않고, 식생활 등에 관한 문헌 기록은 매우 한정적이다. 그러나 고분벽화의 내용이나 식기류에서 출토된 동식물의 잔해, 화장실 유구에서 발견되는 기생충 등을 통해 고대인들의 식생활 모습을 유추할 수 있다.

『삼국지』위서동이전에서 고구려는 부지런히 농사를 지어도 충분한 식량이 생산되지 않아 음식을 아껴 먹는 습속이 있다고 기술되어 있어 고구려의 땅이 척박해 절약하는 식문화가 반 강제되었음을 유추해볼 수 있다. 또 같은 책에서 고구려인들이 잘 만든다[善藏釀]고 표현한 발효식품, 송(宋)나라 때 이방(李昉)이 편찬한 『태평어람(太平御覽)』에서 곡아주(曲阿酒)의 유례가 고려라는 기사, 요동태수의 침입을 지주(旨酒: 맛 좋은 술)로 물리쳤다는 28년[대무신왕 11]의 『삼국사기』 기사 등을 종합해보면, 고구려인에게 술은 일상생활에서뿐만 아니라 접대용으로도 중요했음을 알 수 있다.

한편, 『삼국사기』에는 미천왕이 재위에 오르기 이전 시절에 봉상왕을 피해 민간에 숨어 살며 소금행상을 한 사실이 기록되어 있다. 이는 고구려인들에게 소금이 중요한 식재료로서 일반 대중에게도 필수불가결한 것이었음을 알려준다. 그 외 고구려의 고분벽화에서는 아궁이와 고깃간, 우물에서 물을 긷는 모습, 음식을 하거나 음식상을 내오는 모습, 사냥, 디딜방아로 곡식을 찧는 모습 등이 그려져 있다. 또한 소반·탁자·쟁반·국자·병·완·주전자 등의 개인용 식기, 저장용기인 항아리, 끓이거나 익힐 수 있는 용기인 자비기(煮沸器) 등도 확인된다. 이를 통해 적어도 고구려의 귀족층 이상은 개인용 식기가 올라간 상을 이용하는 식문화를 공유하고 있었고, 고기를 걸어놓은 고깃간의 벽화를 통해서 육식이 일상적이었음을 알 수 있다.

이처럼 벽화 속에서 확인되는 고구려의 음식문화는 발굴조사에서 출토된 유물을 통해 검증이 가능하다. 양평역전 2실분에서 확인되는 디딜방아와 유사한 사례가 서울의 아차산 3보루에서 발견되었다. 비록 공이는 발견되지 않았지만 곡식을 넣고 공이의 힘을 받아 낟알을 벗기는 방아확을 통해 볼 때, 현대인들과 별로 차이 나지 않는 탈곡의 기술을 고구려인들이 이용하고 있었던 것을 추정해 볼 수 있다. 매우 드문 사례이지만 탄화미·탄화조가 연천의 무등리보루에서 확인되었는데, 이러한 곡식을 생산하기 위한 보습·호미·낫·쟁기 등의 철제 농구나, 어로에 사용되던 철제 낚싯바늘과 토제 어망추 등도 발견되었다. 고구려인은 농경 외 사냥과 어로 활동을 통해 다양한 식재료를 획득해 섭취하고 있었던 것이다.

◐ 안악 3호분에 묘사된 고깃간의 모습

고구려의 유적과 유구에서는 호, 시루나 철제 솥과 같은 취사용기들이 출토되었는데, 식재료를 넣은 자비기를 직접 가열해 음식물을 조리하는 방법 이외에도, 철제 용기와 시루를 결합해 음식을 쪄 먹는 식문화도 확인된다. 이처럼 고구려인들의 취사법은 지금과 큰 차이가 없었던 것이다.

백제는 근초고왕의 아버지인 비류왕 대에 건설된 것으로 추정하는 벽골제(碧骨堤)를 건설한 기록을 통해 볼 때, 수전 농경에서 비약적인 발전이 이루어지고 있었음을 알 수 있다. 그 외에도 각종 유적에서 식문화 관련 유물이 출토되기 때문에 당시 백제인들의 식탁에 오른 식품을 유추해볼 수 있다. 예를 들어 몽촌토성과 풍납토성 등에서 조개류, 민물고기와 바닷물고기, 사슴·소·말·돼지 등의 유체가 발견된 만큼 백제인들이 이러한 식품을 조리해 섭취했음이 명확하다. 또 동물뼈를 분석해본 결과 조·기장 등의 잡곡류 성분이 다량으로 검출된 만큼, 백제인들이 식재료로 삼기 위해 가축을 길렀음을 알 수 있다.

풍납토성에서는 호·시루 등의 토기류 이외에도 돌절구, 원주 반곡동유적에서 목제의 시루 뚜껑 등이 출토되었다. 그렇다면 백제 역시 고구려와 마찬가지로 용기를 가열하거나 찌는 방법을 이용해 식재료를 조리했던 것을 유추해볼 수 있다. 또 석촌동 고분, 공산성, 부여의 쌍북리·궁남지·관북리·나성·가탑리·구아리 유적 등에서 목제 식기류가, 무령왕릉에서 청동제 수저와 완 등이 출토된 것으로 보아, 토제·목제·금속제 등 다양한 종류와 형태의 식기를 사용했음을 알 수 있다.

앞서 살펴본 식재료의 흔적 이외에도 백제인들의 화장실이 발견되어 식생활뿐만이 아니라 당시 사람들의 질병과 감염원인 등도 알 수 있게 되었다. 대표적인 사례로 익산 왕궁리유적을 들 수 있는데, 북서쪽에서 발견된 대형 화장실 유구에서는 회충·편충·간흡충 등의 기생충 알이 검출되었다. 회충과 편충은 오염된 채소류 섭취, 간흡충은 민물고기 생식이나 담수의 섭취와 관련이 높다. 따라서 백제인들은 채소를 재배하기 위해 인분(人糞)을 비료로 삼았을 가능성이 높고, 강에서 잡은 물고기를 충분히 조리하지 않았거나 생식(生食)했을 가능성을 유추해볼 수 있다.

신라와 가야의 식문화 또한 고구려나 백제와 비교해볼 때 큰 차이가 없었던 것 같다. 조·보리·콩·벼 등과 같은 재배곡물을 주식으로 하고, 사냥이나 가축의 사육을 통해 육류를 섭취했으며, 복숭아·살구·참외·밤·잣 등의 다양한 과실류와 해양생물 또한 식재료로 삼고 있었던 사실을 발굴조사를 통해 확인할 수 있다.

금관가야의 무덤군인 대성동고분군에서는 상어 이빨을 이용해 만든 화살촉이 발견되었다. 경주 대릉원에 있는 서봉총과 금령총 등에서는 거대한 호에 어패류가 담긴 채 발견되어, 무덤 주변에서 제사를 지낸 양상이 확인된다. 경상북도 경산시의 임당·조영유적은 무덤과 생활유구로 이루어져 있는데, 여기에서도 살구씨와 복숭아씨, 조개류가 담긴 장경호, 개·돼지·꿩·상어·방어·복어·잉어뼈 등이 출토되었다. 이처럼 경주와 경산 등의 내륙에서 해양어류나 조개가 다량으로 발견되는 점으로 미루어 볼 때, 내륙과 해안의 활발한 교환 경제 활동이 이루어졌던 것을 알 수 있다.

◉ 서봉총 출토 대형호 속의 각종 어패류

◉ 함안 말이산 75호분 출토 청자

신라와 가야인들은 곡물류·과실류·민물과 바다어패류·육류 등 다양한 식재료를 이용하는 음식문화를 영유하고 있었던 것이다. 특히 상당수의 유적 발굴에서 출토되는 상어뼈는 신라와 가야인들이 실생활 혹은 제사음식으로 상어고기를 선호하였던 것을 유추해볼 수 있다. 지금도 경북 내륙지역에서는 돔베기 또는 돈베기로 불리는 상어고기를 제사음식으로 올리는 풍습이 이어지고 있다.

삼국시대의 식문화를 이야기할 때 빠질 수 없는 것이 중국에서 수입된 초기 청자류이다. 주로 저장성(浙江省)을 중심으로 한 중국 남방지역에서 생산된 청자류는 고구려·백제·신라·가야에서 모두 출토되었다. 이러한 청자류는 고대국가 단계 취향위층의 식기나 용기로 사용되었지만, 단순히 음식을 위한 용도에 그치지 않고 중앙의 정치세력이 지방세력에 사여(賜與)나 분배(分配)하는 정치적인 의도가 다분히 내포된 유물로도 볼 수 있다.

③ 주거생활

고대의 주거문화는 도성유적을 중심으로 연구가 진행되었기 때문에 민의 거주환경, 주거지의 규모와 구조 등에 대해서는 그 실체를 확인하기 어렵다. 왕실이나 사찰 관련의 문헌기록, 왕성의 내부에 잔존하는 건축 유구의 형태와 특징, 벽화고분에 묘사된 주거의 형태, 지붕과 바닥에 사용된 기와와 전돌, 건물의 초석 등을 통해서 최고위층 사람들의 주거생활에 대한 유추가 어느 정도 가능할 뿐이다.

『삼국지』와 『구당서』에 의하면 고구려인들은 산과 계곡에 거주하며, 온돌을 만들어 난방을 했고, 궁궐·사원·관아에만 기와를 올린 지붕의 건물을 세웠다고 한다. 따라서 기와가 출토되는 고구려유적의 대부분은 왕실과 관련이 있거나 사원유적으로 판단할 수 있다. 기와가 출토된 삶과 관련된 고구려유적은 평양 일대에 소재하는 청암리·원오리·상오리·정릉사·청오리 등의 사원터와, 국내성의 동쪽에 위치하는 동대자(東臺子)유적, 한강과 임진강 및 중국 동북지역에서 발견된 고구려의 산성과 보루 등이 있다. 이러한 고구려의 건물지 중 일부에서는 'ㄱ'자형으로 온돌을 깔아 난방을한 흔적들이 확인된다. 이처럼 온돌을 깔게 되면 부뚜막을 설치해 조리공간을 구성했을 가능성이 높다. 고구려의 부뚜막 모형은 지안과 평양지역 일대 고구려고분에서출토된 사례가 있어서, 당시 사람들의 식문

● 지안에서 출토된 부뚜막 모형

화뿐만 아니라 주거환경을 추정하는 것도 가능하다.

덕흥리고분의 벽화에는 묘주가 휘장을 친 방에서 신을 벗고 가부좌를 튼 모습이 묘사되어 있어서, 좌식(坐式) 위주의 생활을 했을 가능성도 있다. 한편, 고구려의 건물 터에서 발견되는 온돌시설을 염두에 두면 최상위층의 실내생활은 지금의 우리와 크게 다르지 않았던 것으로 보인다. 고구려 벽화고분에 묘사된 건물들은 주로 기와를 올린 지붕과 담장·회랑(回廊) 등으로 이루어져 있는데, 실제로 고구려의 건물지에서는 암키와·수키와·수막새·착고·망와(望瓦)·전돌(塼) 등이 발견된다. 이처럼 기와나 전돌을 사용해 지어진 건물은 방수성과 내화성이 강할 뿐만 아니라 건물 외관의 미적인 아름다움과 권위를 과시할 수 있다. 시기적인 차이를 보이지만 건물지에 기와나 전돌을 사용하는 양상은 백제와 신라에서도 확인된다. 반면 가야의 경우 지붕에 기와를 올린 건물이 존재했는지에 대해서는 논쟁이 이어지고 있다.

백제의 주거 관련 기록도 매우 빈약하지만, 최근의 발굴성과를 통해 조금씩 그 양상이 드러나고 있다. 백제의 경우 땅에 기둥을 세우고 그 위에 높은 공간을 만드는 고상식(高床式)주거와, 구들이 있는 움집형주거가 주를 이루고 있다. 몽촌토성에서는 모서리를 둥글게 다듬은 네모 모양의 말각방형(抹角方形)과 네모반듯한 방형(方形)의 평면구조를 가지는 주거지가 저장시설과 같이 검출되었는데, 여기에서 아궁이·온돌·굴뚝시설 등이 확인되는 만큼, 한성기 백제 단계에 난방시설이 겸비된 주거지를 사용하고 있었음을 알 수 있다. 부소산성에서 발견된 주거지에서도 온돌·굴뚝·아궁이 등의 시설이 검출되었다. 한편, 아산 갈매리유적이나 무안 양장리유적에서는 바닥이 높은 고상식주거지가 확인되어, 백제의 주거지가 상당히 다양하다는 점을 상기시켜준다.

고구려와 마찬가지로 백제에서도 왕실 관련 건축지와 사원터 등에서 기와와 전돌이 출토되지만, 그 특징에서 일련의 차이를 보인다. 고구려의 수막새는 매우 다양한 문양적 속성이 확인되는 반면, 백제는 웅진기에서 사비기로 이어지는 수막새가 대부분 연꽃문양으로 제작되는 점에서 다른 양상을 보인다. 전돌의 경우 고구려는 문양적 속성이 단순하고 종류도 다양하지 않지만, 백제는 매우 화려하고 속이 빈 공심전

(空心塼)도 발견된다. 또 백제의 기와와 전돌은 고구려에 비해 매우 가벼운 특징도 보인다. 중국의 문헌에는 백제의 문화가 고구려와 거의 비슷하다고 기술되어 있지만, 거주지를 구성하는 세부적인 특징에서 고구려와 백제는 분명한 차이가 있었던 것이다.

『삼국유사』에는 신라 도성에 금입택(金入宅)이 있었다고 기록하고 있고, 또 계절마다 머무는 집인 사절유택(四節遊宅)에 대한 기사도 확인된다. 헌강왕 때에는 도성 안에 초가집은 하나도 없고, 처마와 담이 이웃집과 서로 붙어 있다는 기사를 통해 볼 때, 통일 후 신라의 수도는 매우 발전된 주거환경이 조성되어 있었음을 알 수 있다. 하지만 통일기 이전의 신라사회 속 주거지에 대한 양상은 명확하지 않은데, 주로 5~6세기에 제작된 것으로 여겨지는 가형토기(家形土器)를 통해 단서를 찾아볼 수 있다. 신라와 가야의 가형토기 대부분은 지붕의 형태가 맞배지붕으로 단순화된 지붕구조를 나타내고, 지붕이나 벽면으로 돌출된 굴뚝이 확인되며, 집의 구조가 단칸·2칸·3칸 정도의 규모를 보이는 고상식 주거의 모습으로 표현되어 있다. 가형토기에서 나타낸 주거모습이 실제 집의 모습인지 혹은 부장용 토기를 제작하면서 관념상 혹은 중요 건물을 표현한 것인지는 명확하지 않지만, 신라나 가야사회의 주거 형태가 유물에 반영되었음은 확실하다.

신라의 주거문화에도 와전이 사용되었다. 비록 고구려나 백제에 비해 상당히 늦게 와전문화가 도입되었지만, 통일 이후에는 다양한 와전류가 제작되는 만큼, 신라사회의 최상위층 사람들은 화려하고 호화로운 건물에서 생활을 영위했음을 알 수 있다.

④ 놀이와 셈법

『구당서』에는 고구려인들이 투호(投壺)를 좋아하고, 공을 차는 놀이인 축국(蹴鞠)에 능한 것으로 기록되어 있다. 또 고구려 고분벽화에는 춤을 추거나 악기를 연주하는 모습, 각종의 도구를 이용해 곡예를 부리는 백희(百戱)의 모습, 말을 타고 활을 쏘는 모습, 격투기를 연상시키는 수박희(手搏戱)의 모습, 지금의 씨름을 연상시키는 각저(角抵)

의 모습 등이 묘사되어 있다. 이를 통해 고구려인들이 음악과 무용을 비롯한 다양한 문화생활을 즐겼음을 알수 있다. 물론 사냥·수박희·씨름 등은 놀이문화에 그치지 않고 군사훈련을 겸한 활동이었을 것이다.

○ 각저총의 씨름도

『구당서』에는 고구려인들이 바둑으로 해석되는 위기(圍棊)를 즐겼다고 기록하고 있다. 고구려의 장수왕은 백제의 개로왕이 바둑을 좋아한다는 점을 이용하기 위해 승려 도림(道琳)을 첩자로 이용한 것으로 기술되어 있다. 이를 통해 볼 때 백제의 상류층 사회에서도 바둑이 유행했음을 알려준다. 『구당서』와 『신당서』에서는 신라에 바둑을 잘 두는 사람이 많고, 사신을 보내 신라인과 바둑으로 승부를 겨뤘다는 기사도 확인된다. 이처럼 삼국시대를 살아간 사람들이 즐긴 바둑의 실물이 무덤에서 출토되어 흥미롭다. 예를 들어 신라의 무덤인 황남대총의 남분·천마총·금관총·서봉총 등에서 출토된 바둑알 모양의 자갈돌이 바둑알일 가능성이 제기되었다. 1991년에 발굴조사된 경주 용강동 6호분에서 출토된 253점의 돌과, 무덤의 주인공을 5세기 후반의 신라 왕족 여성으로 추정하는 경주 쪽샘지구 44호분에서 출토된 바둑알 모양 돌은 문헌기록에서 보이는 바둑의 실체를 확인할 수 있게 해주었다. 실제로 2020년에는 쪽샘지구 44호분에서 출토된 밝은 색과 어두운 색으로 구분이 가능한 860점의 바둑알 모양의 돌을 이용해 바둑이 가능한지를 실험하기도 했다. 신라 지배층에서는 남녀를 불문하고 바둑을 즐겼을 가능성이 높다.

우리는 '구구단'이라는 셈법을 실생활에서 유용하게 활용한다. 그런데 이와 같은 곱셈법은 고대인들도 사용했던 것 같다. 414년에 건립된 광개토왕비의 1면에는 "17세손에 이르러 국강상광개토경평안호태왕이 18세에 왕위에 올라 영락대왕이라고 했다[遝至十七世孫 國岡上廣開土境平安好太王 二九登祚號爲永樂大王]"는 글이 새겨져 있다. 비문의 二九

는 29가 아닌 2×9=18로 계산해야 광개토왕의 재위연도와 맞아떨어진다. 고구려는 구구단을 이미 실생활에서 활용하고 있었던 것이다. 하지만 실제로 구구법을 사용한 실물은 쉽게 발견되지 않은 상태였다. 반면 중국에서 2002년 중국 후난성(湖南省) 룽산(龍山)의 리예(里耶)에서 출토된 구구단 목간은 진나라 때인 3세기의 유물로 인정되었고, 일본에서도 헤이안(平安)시대 유적인 니가타시(新潟市)의 오사와야치(大澤谷內)유적·나나야시로(七社)유적·나라시(奈良市)의 헤이조쿄(平城宮)에서 구구단 목간이 발견되었다. 이 때문에 일본에서는 구구법이 중국에서 일본으로 직접 전래된 것이라고 주장하기도 했다. 그런데 2011년에 부여 쌍북리 발굴조사에서 구구단이 적힌 최초의 실물자료가 확인되었다. 이 목간은 중국이나 일본의 구구단 목간에 비해 보다 전문적이고 체계적인 면모를 보여주고 있다. 이러한 사실은 백제의 계산법과 수리체계의 수준이 상당히 높았음과 함께, 백제가 일본보다 앞서 체계적인 곱셈법을 수리기술에 응용하고 있었음을 알 수 있다.

✿ 참고문헌

- 김경복, 「고분벽화에 나타난 고구려의 부엌과 식사풍습」, 『한국사학보』 39, 고려사학회, 2010.
- 김상태, 「가형토기를 통한 신라주거건축에 관한 연구」, 『동북아문화연구』 45, 동북아시아문화학회, 2015.
- 김수민, 「신라인의 음식문화」, 『울산사학』 13, 울산대학교 사학회, 2013.
- 서정석, 「은화관식으로 본 백제의 지방통치」, 『동국사학』 47, 동국대학교 동국역사문화연구소, 2009.
- 전용호·서민석·홍종화, 「한국고대 기생충과 질병」, 『한국고대사연구』 102, 한국고대사학회, 2021.
- 전호태, 「고구려 생활문화사 연구론」, 『역사와 현실』 83, 한국역사연구회, 2012.
- 전호태, 「고구려의 음식문화」, 『역사와 현실』 89, 한국역사연구회, 2013.
- 전호태, 「고구려 복식문화 연구론」, 『한국사연구』 170, 한국사연구회, 2015.
- 정수옥, 「백제 식기(食器)의 양상과 식사문화」, 『중앙고고연구』 17, 중앙문화재연구원, 2015.
- 정형호, 「고구려 놀이문화의 유형과 특징」, 『동아시아고대학』 11, 동아시아고대학회, 2009.
- 주영하, 「벽화를 통해서 본 고구려의 음식풍속」, 『고구려발해연구』 17, 고구려발해학회, 2004.
- 주홍규, 「고구려 기와의 분류와 특징에 관한 일고찰」, 『先史와 古代』 41, 한국고대학회, 2014.
- 주홍규, 「기와로 본 평양지역 고구려 사원유적의 조영 시기 검토」, 『고구려발해연구』 65, 고구려발해학회, 2019.

4

통일신라와 발해

4강 ● 통일신라와 발해

① 통일신라

1. 왕경

당의 힘을 빌려 이룬 결과이기는 하지만 결국 신라는 통일을 이루어냈다. 이후 당이 고구려와 백제의 땅에 대한 지배의욕을 드러내자 매소성(買肖城)전투와 기벌포(伎伐浦)전투에서 승리를 하면서 당을 축출했다. 비록 고구려 영역의 상당부분을 상실한 불완전한 통일이라는 비판도 있지만, 삼국의 문화를 계승해 통일된 민족문화와 사상을 형성시켰다는 점을 부인하기는 어렵다.

신라의 도성은 경주를 벗어난 적이 없기 때문에 '천년고도'라는 수식어가 붙어다닌다. 하지만 기존의 월성을 중심으로 한 왕경(王京)은 통일 국가의 수도로서 정치·경제·사회·문화의 중심지였던 만큼 내부공간 활용은 이전보다 체계적이었다.

동궁(東宮)과 월지(月池) 주변 발굴조사에서 대형건물지·도로·배수시설·와전류·토기류 등이 발견되고 있어, 신라 왕경의 발전상을 이해할 수 있다. 이 중에서도 수세식화장실로 추정되는 유구가 특히 흥미롭다. 화강암으로 만들어진 이 유구는 양 다리를 딛고 앉을 수 있는 석조물과 그 밑으로 오물이 배출될 수 있도록 구멍이 뚫린 다른 석조물이 조합된 것이다. 이를 통해 당시 통일신라 최상위층의 위생관념과 발달된 화장실 문화의 양상뿐 아니라, 발달된 왕경의 도시경영을 시각적으로 확인할 수 있다.

신라는 경주에서 벗어나 새로운 지역으로 왕경을 옮기려는 계획을 세우기도 했다. 신문왕은 686년 달구벌(達句伐)로의 천도를 계획했다. 신문왕은 진골 귀족세력의 영향에서 벗어나 신수도 건설을 통한 자기정치실현의 의지를 피력한 것 같다. 달구벌은 지금의 대구이지만, 대구에서 통일신라 유적이 발견된 사례가 드물어 천도예정지가 어디인지는 명확하지 않다. 대구의 구중심가인 달성 부근이 천도 대상지였을 것으로 생각되었지만, 최근에는 도심을 가로지르

❍ 왕경유적 출토 화장실 유구

는 신천(新川) 동쪽의 상동·중동·수성동 일대에서 통일신라기 기와와 토기류가 발견되어 새롭게 달구벌 천도 대상지에 대한 논의가 진행되고 있다.

결국 신문왕의 달구벌 천도는 실행되지 못했다. 그러나 신문왕은 9주(九州) 5소경(五小京)이라는 지역통치체제의 정비를 통해 수도가 통일국가의 동남쪽에 치우친 지리적 불리함을 극복했다. 그 결과 경주는 신라 전 시기에 걸쳐 수도로서 기능하게 된다.

2. 제도의 정비

고구려와 백제를 통합한 신라는 정치·군사·경제·사회 전반을 재정비했다. 지방을 9주 5소경으로 편제하고, 국학(國學)을 설치해 양성된 관료들을 이용한 세력의 확충, 녹읍의 폐지와 관료전(官僚田)의 지급, 중앙군사제도인 9서당(九誓幢)의 완성 등 중앙집권을 위한 제도정비에 나섰다.

통일 이전 신라에서는 지증왕 대 주군현(州郡縣) 제도를 실시했지만, 확장된 영토의 원활한 통치를 보완할 필요성이 대두되었다. 그 결과 동남쪽에 치우친 경주의 지리적 단점을 보완하기 위해 고구려[한주·삭주·명주], 백제[웅주·전주·무주], 신라[상주·강주·양주]의 옛 땅에 3개씩의 주를 설치한 것이 9주이다. 또 북원경[원주]·중원경[충주]·서원경[청주]·남원경[남원]·금관경[김해] 등 중앙에서 직할할 수 있는 5경을 확보함으로써 지방행정체제를 정비했다.

각 주 아래 군·현을 두고 지방관을 파견했다. 행정
구역의 가장 말단에는 촌을 설치했는데 토지의 크기,
인구와 가축의 수, 토산물 등과 같은 각 촌의 현황을
상세히 파악해 3년마다 보고하게 함으로써 국가 경제
의 기반으로 삼았다. 이러한 사실은 일본 도다이지(東
大寺) 쇼소인(正倉院)에서 발견된 '신라촌락문서[신라장적·신라
민정문서·신라촌락장적 등으로도 불린다]'를 통해 알려졌다.

◆ 서원경 소속 촌명·촌역·호·인구·우
마·토지·수목의 상황이 상세히 기록
되어 있는 신라촌락문서(국사편찬
위원회 사진유리필름자료 활용)

교육을 위해서는 국학(國學)을 설치했다. 국학은 예
부(禮部)에 속한 교육기관으로, 경덕왕 때 일시적으로
태학감(太學監)이라는 이름으로 변경되었으나, 혜공왕
때 다시 국학으로 불리게 되었다. 국학은 전제왕권 중심의 정치제도 정비에 연관시
킬 수 있는데, 진골 중심의 귀족정치 세력을 억제시키고, 국학 출신의 유학자들을
통해 국가운영을 주도하겠다는 목적성이 분명했다고 볼 수 있다. 그런데 신라 하대
에 이르면 당으로의 유학생이 증가하는 점에서 국학이 차츰 쇠퇴하는 양상을 엿볼
수 있다. 그러자 국가주도 교육을 강화하기 위해 원성왕 대에 국학 출신을 대상으로
한 선발제도인 독서삼품과(讀書三品科)를 설치하거나, 학생들에게 녹읍을 주어 경제적
인 기반을 마련해주려는 시도도 있었다. 하지만 신라 말기가 되면 당유학생들이 새
로운 지식층의 주류를 형성하게 되면서 국학은 존재감을 상실하게 된다.

신라에서는 관직에 종사한 대가로 녹봉을 일정한 지역에 대한 수취로 허용해준
녹읍제도가 실시되었으나, 689년[신문왕 9]에 일시적으로 폐지되고 녹읍 대신 문무 관
료들에게 토지를 차등해서 지급하는 관료전을 지급했다. 하지만 757년[경덕왕 16] 귀족
들의 반발로 녹읍이 다시 부활했다. 녹읍을 폐지하고 관료전을 지급한 신문왕의 개
혁에 귀족들이 반발한 이유는 토지 생산물 외 인력 활용의 권한을 뺏은 점이 주요
원인이었을 가능성이 크다. 결국 귀족들의 요구를 들어주게 됨으로써 왕권은 신문
왕 대 이후 더 이상 강해지지 못하고 쇠퇴하면서 신라 말기의 혼돈으로 이어졌다.

군사제도는 중앙의 9서당과 지방의 10정(停)으로 편성했다. 중앙군인 서당은 신라·

고구려·백제·말갈인과 같이 출신에 구애받지 않고 선발해 9개의 부대로 조직되었는데, 복식의 색깔에 따라 부대명칭을 구분했다. 지방에는 9주에 각 1개씩의 정을 두었으나, 북쪽의 국경지대인 한주(漢州)에는 특별히 2개의 정을 배치해 10정이 설치되었다. 이는 통일 후 늘어난 인구와 영토를 효율적으로 운영하기 위한 제도 중 하나로 볼 수 있다.

3. 왕릉

신라 56명의 왕 중 37명의 능묘가 경주시내에 비정되어 있고, 경남 양산시에 진성여왕릉, 경기도 연천군에 경순왕릉이 소재하는 것으로 알려져 있다. 하지만 이는 『삼국사기』나 『삼국유사』의 문헌기록을 토대로 조선시대 이후에 추정된 것이다. 왕릉으로 지정된 무덤 대부분은 발굴조사가 실시되지 않았고, 문무왕릉으로 알려진 감포 앞바다의 암석도 인공적인 흔적을 찾을 수 없는 만큼, 문헌에 전하는 이야기를 어디까지 신뢰해야 할지에 대한 의문도 존재한다. 신라의 왕릉으로 전하는 무덤들의 피장자에 대해 단정하기 어려운 이유는 무덤의 주인공을 판단할 수 있는 근거자료가 부족하기 때문이다. 하지만 선덕여왕릉·무열왕릉·원성왕릉·흥덕왕릉 등은 다음과 같은 이유로 피장자에 대해 큰 이견이 없다.

선덕여왕릉의 경우 『삼국사기』에 왕을 낭산(狼山)에 장사 지냈다는 기사가 있고, 『삼국유사』에 선덕여왕이 죽을 날짜를 예언하고 도리천(忉利天)에 묻어달라고 하자 신하들이 그 위치를 몰라 물었더니 낭산의 남쪽이라는 대답과, 679년[문무왕 19]에 선덕왕릉 아래 사천왕사(四天王寺)가 창건되었는데 사천왕은 도리천을 호위하는 역할을 하므로 선덕여왕의 예언이 적중했다고 기록되어 있다. 발굴 조사에서 확인된 사천왕사지의 북쪽인 경주의 낭산 중턱에 선덕여왕릉이 자리 잡고 있어, 이 무덤의 주인공을 선덕여왕으로 보는 것이다.

서악동의 구릉에 동서방향으로 늘어서 있는 5기의 무덤 중 가장 아래쪽 무덤을 무열왕릉으로 본다. 그 이유는 무열왕릉의 앞에는 귀부(龜趺: 거북 모양으로 만든 비석의 받침돌)

와 이수(螭首)만 남아 있고 비신은 존재하지 않지만, 비신의 갓머리장식인 이수의 전면에 '태종무열왕지비(太宗武烈王之碑)'라는 2행 8자가 양각되어 있기 때문이다. 따라서 이 무덤은 피장자를 알 수 있는 신라왕릉 중에서도 가장 대표적인 사례로 손꼽힌다.

괘릉(掛陵)으로 불렸던 무덤은 원성왕릉으로 추정하고 있다. 『삼국사기』에는 원성왕이 사망하자 봉덕사(奉德寺) 남쪽에서 화장했다고 기록하고 있고, 『삼국유사』에는 원성왕릉이 토함산의 동곡사(洞鵠寺)에 있는데 동곡사는 당시의 숭복사(崇福寺)로 최치원이 비문을 쓴 비석이 있다고 기술되어 있다. 1931~35년 발견된 비편(碑片)들을 통해 괘릉 남동쪽 약 2킬로미터 지점을 숭복사지로 추정하고 있다. 문헌기록과 발견된 비석의 파편들을 통해 괘릉의 피장자를 38대 원성왕으로 보는 것이다.

안강에 위치하는 흥덕왕릉은 묘역·무덤구조·주변 석물 배치 양상 등이 원성왕릉과 흡사하다. 무덤 주변에서 '흥덕(興德)'이라 새겨진 비석의 파편이 발견되었고, 『삼국사기』에 왕의 유언으로 장화왕비(章和王妃)의 능에 합장했다는 기술, 『삼국유사』에 무덤이 안강 북쪽 비화양(比火壤)에 있다는 기록 등이

● 원성왕릉

현재의 무덤 위치와 일치한다. 이런 이유로 흥덕왕릉 또한 어렵지 않게 신라 42대 흥덕왕으로 피장자를 추정할 수 있다.

통일기 신라의 왕릉들은 통일 이전의 왕릉으로 추정되는 무덤들과 비교해볼 때 큰 차이를 보이는 부분이 있다. 첫째, 통일신라의 왕릉은 경주 중심에서 벗어나 외곽 일대에 존재한다. 가장 북쪽으로는 경주시 안강읍에 위치한 흥덕왕릉, 가장 남쪽으로는 경주시 외동읍의 원성왕릉까지 경주 외곽의 주요 간선도로를 중심으로 남북으로 배치되는 특징을 보인다. 이는 통일 이전의 무덤들이 경주 중심지에 조영되는 양상과는 다른 모습으로, 삶과 죽음의 공간을 분리시킨 사생관이 통일신라를 중심으로 자리 잡았음을 말해준다. 둘째, 통일신라의 왕릉은 호석(護石)에 몸은 사람이고 머

리는 동물인 형태의 십이지상이 추가되며, 당의 능원제도를 모방해 석물을 배치하는 등의 표준화된 정형성을 보인다. 이런 모습은 돌무지덧널무덤(積石木槨墳)과 굴식돌방무덤(橫穴式石室墳)처럼 무덤의 외관과 독립된 능원을 가지지 않는 통일 이전의 왕릉급 무덤과 차별화된 특징을 살펴볼 수 있다는 점에서도 흥미롭다.

4. 문화유산

신라가 통일 이후 제작한 유물이나 조영한 유적은 매우 많다. 모든 계층의 사람들이 사용하던 토기류, 귀족층 이상의 거주지나 사원, 관청의 외관을 장식하던 와전류, 장산토우총(獐山土偶塚)에서 출토된 공헌용 토우, 동궁과 월지에서 발견된 각종 유물, 사천왕사지·감은사지 등의 사원터와 석탑·석등·범종 등의 불교 관련 문화재, 포석정(鮑石亭)과 첨성대(瞻星臺) 등 통일신라의 유적과 유물은 화려함이나 수적인 면에서 다른 시대를 압도한다.

월지에서는 다양하고 흥미로운 유물들이 다수 발견되었다. 지금은 창녕 비봉리에서 2003년에 출토된 통나무배가 신석기시대에 제작되어 사용된 가장 오래된 배로 알려져 있지만, 그 이전까지는 월지에서 1975년에 발굴된 목선이 가장 오래된 배로 인식되었다. 이 이외에도 제조일·제조 음식·가공법·용기 등의 내용이 기록되어 있어 당시의 식문화를 알 수 있는 목간, 초를 자르기 위해 제작된 독특한 모습의 청동가위, 제작연대를 알 수 있는 '의봉사년개토(儀鳳四年皆土)'라는 글자가 새겨진 기와와 '조로이년(調露二年)'이 쓰인 전돌, 불교 관련의 의식행위를 추정해볼 수 있는 금동판불과 금동여래입상 등이 발견되어 통일신라의 문화양상을 파악할 수 있게 해준다. 또 상아로 만든 주사위와 목제 주령구(酒令具)를 통해 당시 신라 최상위층 사람들의 놀이문화를 짐작할 수 있다. 주령구는 정사각형 면 6개와 육각형 면 8개로 이루어진 14면체 주사위인데, 각 면에는 여러 벌칙이 새겨져 있어서 신라 귀족층의 유희를 알 수 있게 해준다. 하지만 보존처리 도중 소실되어 안타까움을 자아낸다.

신라 멸망의 비운의 장소로 등장하는 포석정이나, 세계에서 가장 오래된 천문대라는 첨성대의 기능에 대해서는 의견이 분분하다. 포석정 주변 출토된 기와나 토기편 등으로 보아 포석정 주변에서 국가적 행사나 제사가 행해졌을 가능성이 크다. 물론 제사 후에는 술잔을 물에 띄워두고 술잔이 돌아오기 전에 시를 짓던 유상곡수(流觴曲水)가 행해지기도 했을 것이다. 첨성대 역시 천

◐ 포석정

문대가 아닌 불교적 상징물, 북두칠성에 제사를 지낸 곳, 선덕여왕의 출생 기념물, 알영(閼英)의 탄생을 기념한 조형물 등 여러 의견이 있다. 첨성대나 포석정의 정확한 기능과 역할에 관해서는 보다 많은 검토와 논의가 필요한 상황이다.

고구려는 목탑을 중심으로 한 1탑 3금당식의 가람배치, 백제는 1탑 1금당식의 가람배치를 한 것으로 여겨지고 있다. 백제 역시 탑 중 상당수가 목탑이었던 것 같다. 하지만 신라는 선덕여왕 대에 건축한 것으로 알려진 분황사모전석탑을 시작으로, 감은사지3층석탑, 불국사의 석가탑과 다보탑, 화엄사4사자석탑, 술정리사지동·서3층석탑 등 전국에 수많은 석탑을 남겼다. 특히 8세기는 부처님을 모시는 금당(金堂)을 중심으로 동·서 양쪽에 탑을 배치하는 쌍탑가람이 일시적으로 성행하는 시기로 신라 불교사원의 정형성을 보여주지만, 그 이후 쌍탑가람은 거의 확인되지 않는다.

② 발해

1. 왕성

698년에 대조영(大祚榮)이 건국한 발해는 926년 거란(契丹)에 멸망당하기까지 229년간 존속했고, 15명의 왕이 통치했다. 발해의 성장기는 7세기 말에서 8세기로, 고왕

(高王)·무왕(武王)·문왕(文王) 대이다. 무왕은 '인안(仁安)'이라는 독자적인 연호를 사용했고, 흑수말갈(黑水靺鞨)을 공격해 영토를 확장했으며, 732년에는 거란과 손을 잡고 장문휴(張文休)에게 등주(登州)를 공격하게 했다. 문왕은 상경(上京)과 동경(東京)을 건설하는 등 국가체제를 정비했다. 이후 8세기 말에서 9세기 초는 약 25년 사이에 6명의 왕이 교체되는 점에서 정치적인 혼란기였는데, 10대 선왕(宣王) 대에 이르러 다시 한번 중흥기를 맞이하게 된다. 그는 대조영의 동생인 대야발(大野勃)의 4세손으로, 연호를 건흥(建興)으로 삼고, 말갈 세력을 복속시켜 랴오둥으로 진출하는 등 발해의 역사상 가장 넓은 영역을 획득했다. 이 시기 당은 발해를 해동성국(海東盛國)으로 칭하기도 했다. 그러나 발해는 마지막 왕 대인선(大諲譔) 대인 926년 거란의 침략을 맞아 갑작스럽게 멸망했다. 발해의 멸망 원인에 대해서는 내부 권력투쟁에 의한 분열설과 천재지변설 등이 제시되었지만, 명확히 밝혀진 사실은 없다.

발해는 구국(舊國) → 중경(中京) → 상경 → 동경 → 상경(上京) 등 여러 번에 걸쳐 천도했다. 신라가 동남쪽에 치우쳐 있는 경주의 지리적인 불리함에도 불구하고 수도를 옮기지 않은 것과는 매우 대조적이다. 발해가 처음 도읍지로 삼은 구국은 현재 동모산(東牟山)으로 불리는 지린성(吉林省) 둔화시(敦化市)의 성산자산성(城山子山城)과 주변 일대의 평지성인 영승(永勝)유적 및 오동성터(敖東城址)인 것으로 보는 경향이 강하다. 성산자산성의 동쪽 약 6킬로미터 떨어진 곳에는 정혜공주(貞惠公主)의 무덤을 비롯한 발해 왕족들의 무덤군으로 알려진 육정산고분군(六頂山古墳群)이 자리 잡고 있어서, 이 일대가 대조영이 건국했던 구국일 가능성을 높여준다. 하지만 오동성이나 영승유적에서 출토되는 유물들 중에는 12~13세기 금나라시대 것들이 다수여서, 발해 건국 당시의 왕성터로 보는 데 회의적인 시각도 존재한다.

발해는 구국에서 허룽시(和龍市)에 위치하는 서고성(西古城)터와 그 주변으로 천도한다. 서고성 인근에는 정효공주(貞孝公主)의 무덤이 있는 용두산고분군(龍頭山古墳群)을 비롯해, 순금제의 유물이 발견된 하남둔(河南屯)고분군, 북대(北大)고분군 등 발해 왕실과 귀족묘로 추정되는 무덤군들이 자리 잡고 있다. 이와 같은 발해 최상위층의 무덤군이 서고성 인근에 존재하는 점과 상경성과 유사한 왕성의 구조 등을 이유로 서고성과 주변 일대를 발해의 두 번째 수도인 중경으로 보는 것이다. 그러나 천도 시점이 무왕 대[719~737]인지 문왕 대[737~793]인지에 관해서는 명확하지 않아 현재도 학계에서 견해가 엇갈리고 있다.

발해가 중경에서 또다시 옮긴 도읍은 상경인데, 헤이룽장성(黑龍江省) 링안시(寧安市)의 발해진(渤海鎭)에 위치한 구(舊) 동경성(東京城)으로 불리던 거대한 평지의 왕성터와 주변 일대로 본다. 둘레가 약 16킬로미터에 이르는 상경성터는 발해의 왕성 유적 중에서도 가장 큰 규모로 알려져 있고, 기단을 장식하던 거대한 돌사자상을 비롯해 각종 건축 부자재 등의 풍부하고 화려한 유물들이 출토되었다. 상경성은 당의 장안성(長安城)을 모방한 것으로 여겨지고 있다. 하지만 당의 장안성은 왕성 북쪽에 자리 잡은 대극전(大極殿)인 황성이 가장 큰 규모를 자랑하는 데 반해, 상경성의 경우 남쪽에 위치한 건물지가 가장 크고, 북쪽으로 올라갈수록 규모가 작은 건물지가 배치된 점에서 차이를 보인다. 비록 상경성에서 왕성 구조의 유사성이 확인되지만, 당의 그것을 그대로 차용하지는 않았다는 점에서 발해의 독자성을 엿볼 수 있다.

문왕은 785년에서 793년 사이 수도를 다시 상경에서 동경으로 옮겼는데, 『신당서』에 의하면 국도를 중심으로 각 방면으로 나가는 발해의 교통로 중에서도 동경은 일본도(日本道), 즉 일본으로 가는 길이라고 기술되어 있다. 이를 통해 상경을 출발해 동경을 거쳐 일본으로 사신을 보냈던 중요한 육로상 교통의 요지이자 바다와 인근한 곳에 동경이 있었을 것으로 추정되고 있다. 현재 지린성(吉林省) 훈춘시(琿春市)에 위치한 팔련성(八連城)과 주변 일대를 발해의 동경으로 보는 경향이 강하다. 팔련성의 서쪽 약 2킬로미터에는 두만강이 있어서, 훈춘시 일대가 발해 당시에 동해안에서 두만강을 거슬러 올라가 내륙으로 통하는 교통상의 요지임을 쉽게 알 수 있다. 또한 팔련성의 외성은 정방형에 가까운 평면 형태

◐ 발해의 왕성 중 하나인 상경성터

를 띠고 있는데, 총 둘레는 약 2.9킬로미터이다. 외성의 내부는 중앙보다 북쪽에 치우쳐 있는데, 동서 약 220미터, 남북 약 320미터인 종방형(縱方形)의 평면 형태를 띠고 있다. 이러한 성 배치의 유사성을 통해 팔련성이 상경성과 거의 동일한 도시계획에 의해 건설되었다고 추정하기도 한다. 내·외성으로 구성된 팔련성의 구조적 특징은 앞서 기술한 서고성이나 상경성과 유사성을 보인다. 비록 팔련성의 규모가 서고성이나 상경성에는 미치지 못하지만, 서고성과 상경성 외 팔련성보다 더 큰 규모의 발해의 성이 확인되지 않는 만큼, 이곳을 동경으로 간주하는 데 더 힘이 쏠리고 있다.

2. 제도의 정비

발해의 중앙 정치조직은 3성(三省)과 6부(六部)를 중심으로 편성되었다. 중대성(中臺省)은 문서 작성과 정책 구상 및 심의를, 선조성(宣詔省)은 왕의 자문 역할 및 건의를, 정당성(政堂省)은 행정의 집행을 담당했다. 정당성의 장관인 대내상(大內相)이 국정을 총괄하고, 좌사정(左司政)이 충부(忠部)·인부(仁部)·의부(義部)를, 우사정(右司政)이 지부(智部)·예부(禮部)·신부(信部)의 3부를 나누어 관할하는 이원적 통치체제를 구성했다. 이런 점에서 발해의 중앙 정치조직은 당의 제도를 수용하면서도, 명칭과 운영의 면에서는 독자성을 확인할 수 있다. 그 외 법률이나 관료의 비리를 감찰하는 중정대(中正臺), 서적의 관리나 외교문서의 작성 등을 맡은 문적원(文籍院), 교육행정을 맡아 집행하는 주자감(胄子監) 등의 관청이 발해에 있었다.

발해의 군사조직은 좌맹분위(左猛賁衛)·우맹분위(右猛賁衛)·좌웅위(左熊衛)·우웅위(右熊衛)·좌비위(左羆衛)·우비위(右羆衛)·남좌위(南左衛)·남우위(南右衛)·북좌위(北左衛)·북우위(北右衛) 등의 10위로 이루어졌다는 견해와, 남좌위와 남우위, 북좌위와 북우위를 하나로 보아 8위로 이루어졌다는 견해로 나뉘어 있다. 중앙군인 10위 또는 8위가 왕궁과 수도의 경비를 맡았던 것으로 보이고, 지방 지배조직의 상황에 따라 지방군을 편성하고 각 지방관이 지휘토록 했다. 국경의 요충지에는 독립된 부대를 두었다는 기사가 확인된다.

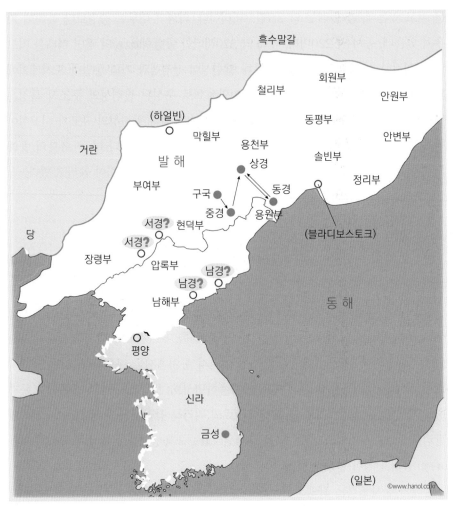

◔ 발해 도성의 위치와 천도 순서

　지방 조직은 5경 15부 62주로 조직되었다. 전략적 요충지에 5경을 두었는데, 왕성이 설치되었던 중경·상경·동경 이외의 남경과 서경의 위치에 대해서는 논란이 계속되고 있다. 지방행정의 중심인 15부에는 도독(都督)을 두어 지방행정을 총괄케 했다. 부 아래에는 62주를 설치하여 자사(刺史)를 파견하고, 그 아래에 다시 현을 두고 현승

(縣丞)을 파견했다. 지방행정의 말단인 촌락(村落)은 주로 말갈족으로 구성되었던 것으로 보이고, 촌장(村長)을 매개로 지배하는 체제였다.

발해의 수취제도는 신라와 마찬가지로 조세는 콩·조·보리 등의 곡물을, 공물은 베·명주·가죽 등의 특산물을 거두었다. 그 외 궁궐이나 관청 등의 건축에 농민들이 동원되는 부역(負役)이 있었다.

3. 왕릉

발해의 왕릉으로 규정할 수 있는 무덤은 존재하지 않지만, 왕릉이 조영되었을 가능성이 높은 후보지로 육정산고분군·용두산고분군·삼릉둔고분군(三陵屯古墳群) 등이 있다. 육정산고분군은 둔화시에서 남쪽으로 약 5.3킬로미터 떨어진 해발 약 600미터에 위치한다. 이곳에서 가장 주목되는 무덤은 3대 문왕의 둘째 딸인 정혜공주의 무덤이다. 이 무덤의 내부는 석실이고 천장의 구조는 고구려의 무덤에서 주로 확인되는 삼각모줄임식으로 판명되었다. 이를 통해 발해 왕실이 건국 초기 고구려의 전통을 강하게 지니고 있었음을 알 수 있다.

정혜공주의 무덤에서는 피장자의 내력이 적힌 묘지석(墓誌石)이 출토되었다. 여기에는 "보력 7년[777] 11월 24일에 진릉의 서원에 배장했다[寶歷七年冬十一月廿四日甲申陪葬于珍陵之西原]"는 글이 새겨져 있다. 여기서 주목되는 것이 진릉(珍陵)인데 묘지석의 글귀 그대로 정혜공주 동쪽에 존재하는 이 진릉이 만약 왕릉이라면, 정혜공주가 사망하기 전에 조영된 고왕 혹은 무왕의 무덤일 가능성이 있기 때문이다. 하지만 정혜공주묘의 동쪽에서는 왕릉급으로 보이는 무덤의 흔적이 발견되지 않는다. 정혜공주묘의 묘지석에서 가리키는 진릉이 어떤 무덤인지,

◐ 육정산고분군

진릉의 피장자가 누구인지에 대해서는 아직까지 왕릉으로 확정된 무덤이 없는 발해사 연구의 초미의 관심사이다.

지린성(吉林省) 화룽시(和龍市)의 토다오진(頭道鎭)에 자리 잡고 있는 용두산고분군은 서고성에서 남서쪽으로 직선거리 약 12.5킬로미터 떨어진 곳에 위치한다. 이 고분군에서 주목되는 무덤은 정효공주의 무덤이다. 이 무덤에서도 피장자에 관한 정보가 새겨진 묘지석이 발견되었는데, 문왕의 넷째 딸인 정효공주의 무덤이라는 것이 판명되었다. 이 무덤은 동서 약 7미터, 남북 약 15미터 규모의 전실탑묘(塼室塔墓)로 추정하고 있다. 주인공을 안치하는 방인 현실(玄室)의 내부에는 12명의 인물이 그려져 있는데, 묘주의 모습은 확인되지 않지만 무사·시위·내시·악사 등의 인물상을 통해 당시 발해인의 모습을 확인할 수 있다. 언니인 정혜공주의 무덤이 돌방무덤(石室墳)이고 3년의 빈장(殯葬)이 행해진 것과 달리, 정효공주의 무덤은 벽돌을 이용해 만들었고 빈장이 행해지지 않은 점 등에서 확연한 차이를 보인다. 이를 통해 8세기 후반에 발해 왕실에서 매장풍습에 대한 급격한 인식의 변화가 있었을 가능성을 유추해볼 수 있다. 그 이외에도 용두산고분군에서는 정효공주의 무덤 동쪽에 문왕의 비인 효의황후(孝懿皇后, 776년 사망)의 무덤과 9대 간왕의 비인 순목황후(順穆皇后, 830년 사망)의 무덤도 발견되었다. 이를 통해 볼 때 용두산고분군이 발해 왕실의 무덤군으로 집중적으로 운영되었다는 사실을 확인할 수 있다.

삼릉둔고분군 혹은 삼령둔(三靈屯)고분군으로도 불리는 무덤군은 헤이룽장성 링안시 산링향(三陵鄕) 산싱촌(三星村)에 위치하는데, 상경성에서 북쪽으로 직선거리 약 4.5킬로미터 지점 평지에 형성되어 있다. 이곳은 발해 최대의 도성유적인 상경성에 근접한 곳이며, 가장 규모가 크고 화려한 건물과 묘역시설을 가진 점, 정혜공주묘에서 출토된 것과 유사한 석사자상의 파편이 발견된 점, 그리고 정효공주묘의 인물벽화와 유사한 인물벽화가 그려진 무덤이 있다는 점 등으로 미루어 발해의 왕릉 후보군으로 추정되고 있다. 하지만 삼릉둔고분군에서도 역시 피장자를 특정할 수 있는 왕릉급 무덤은 아직 확인되지 않았다.

4. 문화유산

기와·벽돌·치미(鴟尾)·용두(龍頭) 등의 건축부자재류, 토기, 3가지의 유약 색깔로 표현한 도자기인 발해삼채(渤海三彩), 불상, 철제품, 동전, 기마인물상, 과대, 금·은·동·금동제의 각종 장신구 등 발해와 관련된 다양한 유물이 존재한다. 이러한 고고학적 물질증거 자료들로 발해 왕성의 실체와 발해인의 생활상, 사후세계에 대한 관념과 의식을 추정하고 있다.

발해의 사원터로 추정되는 유적은 현재 30곳 이상이 알려져 있다. 이들 사원터 대부분은 장방형의 형태를 띠고 있는데, 다수의 불상 파편들이 출토되었다. 특히 거푸집을 이용해 다량으로 제작한 소형의 니불(泥佛)이 상당수 남아서 전하는데, 고구려 원오리사지(元五里寺址)에서 출토된 소형의 니불과 형태나 크기에서 유사하다고 보는 견해도 있다. 한편, 팔련성에서 출토된 이불병좌상(二佛竝坐像)의 광배에 표현되어 있는 연화화생(蓮花化生)을 고구려 무덤인 장천 1호분의 벽화에서도 찾아볼 수 있으므로, 발해의 불교가 고구려의 전통을 이어받았다는 근거로 삼기도 한다. 현재 흥륭사(興隆寺)로 불

● 팔련성 출토 이불병좌상(일본 도쿄대학 소장)

리는 상경성의 제2절터에는 높이가 6미터에 이르는 거대한 석등(石燈)이 남아 있는데, 현존하는 발해의 석등으로는 유일한 것이다. 이와 같이 발해의 영역으로 추정되는 곳에서 발견되는 다수의 불교 관련 유적 및 유물을 통해 볼 때 발해가 불교를 숭상하는 숭불정책을 취하고 있었음을 알 수 있다.

발해의 유적 중에는 24개의 돌로 이루어져 24개돌 유적이라고 불리는 것들이 있다. 현재 지린성과 함경북도 일대 등 12개소에서 발견되었다. 각각의 24개돌 유적들은 약 30킬로미터 정도의 일정거리를 유지하며 위치하는데, 동일한 규모와 구조 및 석재로 만들어졌다는 공통점이 확인된다. 24개돌 유적의 기능과 역할에 대해서는

신앙이나 제사에 사용된 종교적 대상물이라는 견해, 발해의 주요 교통로에 자리 잡고 있는 점으로 미루어 역(驛)과 관련된 시설이라는 견해, 발해 왕실의 기념비적인 상징물이라는 견해, 건축학적으로 볼 때 공공 목적을 가진 창고로서 기능했다는 견해 등 다양한 해석이 존재한다. 하지만 이 유적의 해석에 대해서는 연구자들 사이에 일치된 견해를 보지 못하고 있는 실정이다. 향후 이 유적의 성격에 대한 규명이 이루어지기를 기대하고 있다.

✸ 참고문헌

- 구난희 외, 『발해유적사전 중국 편』, 한국학중앙연구원 출판부, 2015.
- 박순교, 「신라 경애왕(景哀王)의 '포석정 유행(遊幸)과 죽음'에 관한 시비(是非) - 일연의 『삼국유사』를 중심으로」, 『인문연구』 78, 영남대학교 인문과학연구소, 2016.
- 송기호, 「발해 城址의 조사와 연구」, 『한국사론』 19, 국사편찬위원회, 1989.
- 윤선태, 「新羅 종이문서의 現狀과 裝幀·廢棄·再活用 과정」, 『신라사학보』 50, 신라사학회, 2020.
- 윤재운, 「발해 강역 연구의 현황과 전망」, 『백산학보』 110, 백산학회, 2018.
- 이근직, 『신라왕릉연구』, 학연문화사, 2012.
- 진성섭·차순철, 「통일신라시대 수창군 치소의 위치 검토」, 『한국고대사탐구』 37, 한국고대사탐구학회, 2021.
- 한규철, 「발해의 서경압록부 연구」, 『한국고대사연구』 14, 한국고대사학회, 1998.

5

고려의 **건국**과 **정치운영**

5강 ◯ 고려의 건국과 정치운영

① 후삼국의 분열과 고려의 건국

무열왕계의 마지막 왕인 36대 혜공왕이 8세의 나이로 즉위하면서 신라는 혼란이 표면화되기 시작했다. 어린 왕의 즉위로 태후인 만월부인(滿月夫人)이 섭정했는데, 실정이 거듭되자 '96각간의 난(九十六角干一亂)'으로 불리는 반란이 일어나게 되었고, 이는 왕위계승 싸움의 시발점이 되었다. 이때 왕위 쟁탈전에서 소외된 귀족들은 지방에 정착해 호족(豪族)으로 성장하게 되는데, 극심한 사회혼란으로 인해 고려 조정의 권위는 차츰 힘을 잃었다.

혼란한 상황 속에서 군사력을 바탕으로 호족들을 통합해간 세력들이 등장하게 되는데, 견훤(甄萱)과 궁예(弓裔)가 바로 그들이다. 상주 가은현 출신의 견훤은 900년에 완산주(完山州)를 거점으로 후백제를, 궁예는 901년에 철원성에서 태봉국을 세우면서 후삼국의 치열한 각축이 시작되었다. 후삼국의 분열과 혼란은 송악군의 호족으로 궁예 휘하에 있던 왕건(王建)이 936년에 다시 통일을 이루면서 일단락된다.

왕건이 후삼국을 통일하는 과정은 무척이나 험난했다. 특히 신라를 돕기 위해 927년에 대구 인근에서 벌인 후백제와의 싸움에서는 목숨을 잃을 위기상황도 맞았다. 신숭겸(申崇謙)과 김락(金樂) 등 8명의 장수가 모두 전사했다는 팔공산(八公山), 신숭겸의 지혜와 묘책으로 왕건을 구했다는 지묘동(智妙洞), 전쟁으로 어른은 모두 떠나버리거나 숨어버리고 어린아이만 남았다는 불로동(不老洞), 왕건이 나무꾼을 만나 음식을 얻어먹고 기운을 차렸는데 나무꾼이 돌아와 보니 음식을 구하던 사람이 없어졌고 나중에 그가 왕이었다는 사실을 알게 되었다는 실왕리(失王理), 위기를 모면하고 한숨을 돌리고 나서야 얼굴의 근심이 펴졌다는 해안동(解顔洞), 반달이 떠서 도주로를 비춰주었다는 반야월(半夜月) 등 현재 대구지역 일대에 남아 있는 지명은 왕건의 고려군이 후백제와의 전투에서 얼마나 위험한 상황이었는지는 유추해볼 수 있게 한다.

견훤과의 전쟁에서 가까스로 살아남은 왕건은 이후 전열을 가다듬고 주도권을 장악했다. 935년에는 신라 경순왕의 귀순을 받아들이고, 936년에는 내분으로 무너진 후백제의 중심지인 완산을 점령해 결국 후삼국 통일이라는 위업을 달성했다. 여기에 더해 926년과 934년에 망명해온 발해의 유민들까지 흡수해, 고려는 명실상부한 새로운 통일왕조로서 역사를 장식했다.

태조 왕건이 후삼국을 통일하고 새로운 왕조를 건설할 수 있었던 것은, 견훤과 달리 신라를 원조하면서 민심을 얻은 점과, 왕권을 둘러싼 내부분열이 일어나지 않도록 한 정치력, 그리고 지방의 호족세력들과의 유대관계를 돈독히 함으로써 지방이 소외되지 않도록 한 지역 우대정책 등을 들 수 있다. 이를 위해 왕건은 호족의 딸들과 부부의 연을 맺는 혼인정책, 호족의 아들에게 교육의 기회를 제공하고 관료로 등용하는 기인제도(其人制度), 성을 하사하는 사성(賜姓)정책, 선물을 후히 주고 자신을 낮추어 호족들을 회유하는 중폐비사(重幣卑辭) 정책, 호족의 기득권을 인정해주어 출신지역을 관장케 하는 사심관제도(事審官制度) 등을 실시했다. 또 조세를 10분의 1로 경감하는 등 민에 대한 배려도 아끼지 않았다. 왕건은 이처럼 다양한 정책들을 펼치면서 고려왕조의 기틀을 다져나갔다.

936년 왕건은 신하들이 지켜야 할 정치상의 도의를 밝힌 『정계(政誡)』, 관료의 예절과 절의를 밝힌 『계백료서(誡百寮書)』 등을 저술했다. 또 '훈요10조(訓要十條)'를 남겨 고려의 지속을 염원했다. '훈요10조'에는 왕건이 지향한 국가운영의 철학이 담겨 있다. 그 내용은 사찰의 건설을 남발함으로 인한 양적 확대의 경계, 고려왕실의 왕위계승 순위, 주체적인 대외국관, 도참사상(圖讖思想)과 서경의 중시, 연등회(燃燈會)와 팔관회(八關會)의 개최, 지역운영의 차별화, 유교주의 정치철학 등으로 이루어져 있다. 고려시대의 정황과 맞지 않는 부분이 있어서 일부 내용이 후대에 개작되었을 가능성도 제시되고 있지만, 여전히 '훈요10조'는 고려왕조의 통치 근간으로 여겨지고 있다.

고려인들은 태조 왕건의 업적을 기리기 위해 그의 어진(御眞: 왕의 초상화)과 동상을 제작해 왕실의 상징으로 보관하고 관리한 것으로 알려져 있다. 1992년에 북한에 소재한 왕건의 능인 현릉(顯陵) 부근에서 발견된 동상은 고려시대 유일한 국왕의 동상으로, 원래 왕건을 기리는 사찰에 봉안되었지만 조선시대에 이르러 현릉 부근에 묻힌 것으로 추정한다. 『세종실록』에 1428년 세종이 왕건의 어진과 동상을 현릉 옆에 묻으라고 명한 사실이 기록되어 있기 때문이다. 조선의 시급한 과제 중 하나는 이전 왕조였던 고려를 부정하고 정통성을 확보하는

◐ 태조 왕건의 동상

것이었다. 이 때문에 고려의 상징과 같은 왕건의 어진과 동상을 없애는 작업이 중요했던 것이다.

② 고려의 통치제도

1. 중앙정치 조직

고려의 중앙정치제도는 당·송의 정치제도를 수용해 변용하였는데, 원간섭기에는 격하되어 운영되었다. 몇 차례에 걸쳐 시행된 관제(官制)의 개혁은 사회 요구에 발맞추어 이루어졌는데, 정치제도는 성종 대에 확립된 2성 6부제가 중심이었다.

최고 의정기관인 2성은 당의 3성 제도를 변용해 중서성과 문하성을 합친 중서문하성(中書門下省)과 상서성(尙書省)으로 구성되었다. 중서문하성은 2품 이상의 관료로 국가 정책을 심의하는 재신(宰臣)과 3품 이하의 관료로 정치의 잘못을 비판하는 낭사(郎舍)로 구성되었는데, 문하시중(門下侍中)이 국정을 총괄했다. 상서성은 국왕의 명령인 조령(詔令)의 초안을 작성해 국왕에게 보고하거나, 결정된 조령을 재심의하는 역할을 담

당했다. 상서성 아래에는 상서도성(尙書都省)과 이·병·호·형·예·공부로 구성된 육부(六部)가 소속되어 국가 행정의 실무를 분장했다. 이부(吏部)는 문관의 인사를, 호부(戶部)는 재무를, 예부(禮部)는 예의·외교·교육·과거 등을, 병부(兵部)는 무관의 인사 및 군사와 관련된 업무를, 형부(刑部)는 법률을, 공부(工部)는 제조 및 기술과 관련된 업무를 주로 담당해 국가 행정의 중추적인 역할을 수행했다. 한편, 왕명의 출납 및 군사기밀을 취급한 중추원(中樞院), 관리의 비리감찰 및 탄핵을 담당한 어사대(御史臺), 국가 재정의 운영과 회계 업무를 담당한 삼사(三司) 등도 설치해, 고려가 관료제 국가로서 체계적인 운영하에 있었음을 잘 보여준다.

이상과 같은 상설기구 이외에도 국방과 군사 문제를 논의하기 위한 회의기구인 도병마사(都兵馬使)와 법의 제정과 시행규정을 다루던 회의기구인 식목도감(式目都監) 등이 임시로 설치되기도 했다.

2. 경제정책

고려는 통일신라시대에 붕괴된 국가 단위의 수취체제를 정비하고 국가의 운영과 관리에서 중요한 재정을 확보하기 위한 노력을 계속했다. 재정의 안정적인 운영을 위해서는 기본적인 재정원인 토지와 호구를 효율적으로 파악하고 관리하는 능력이 요구되는데, 이를 위해 토지 대장인 양안(量案)과 호구의 장부인 호적(戶籍)이 작성되었다. 이처럼 파악된 세원을 바탕으로 토지에 대한 세금인 조세(租稅)와 각 호(戶)에 부과된 토산물인 공물(貢物), 노동력을 요구하는 부역(賦役)이 부과되었다. 세원을 원활하게 저장·관리·지급하는 일은 창(倉)이라는 관청이 나누어 담당했다. 독립적인 관청이자 곡물보관소의 역할을 한 창은 관리의 녹봉을 맡은 좌창(左倉), 왕실의 미곡과 국가 재정 전반을 맡은 우창(右倉), 군량을 맡은 용문창(龍門倉), 물가조절을 맡은 상평창(常平倉), 진휼을 담당한 의창(義倉) 등으로 각각 세분해 공적인 관리와 운영이 이루어졌다.

고려사회는 농업에 근간을 두고 현물로 징수하는 조세가 국가 재정의 기본이었기 때문에, 화폐를 이용한 상업 활동은 발달하지 않았다. 그럼에도 불구하고 여러 차례

화폐 유통을 시도했다. 이러한 모습은 다양한 경제적 욕구와 사회 변동, 국가 재정의 확충에 대한 의도 등이 있었음을 암시한다. 고려의 화폐로는 최초의 동전인 건원중보(乾元重寶), 병 모양으로 제작된 은화인 활구(闊口), 삼한통보(三韓通寶), 해동통보(海東通寶), 동국통보(東國通寶), 동국중보(東國重寶), 삼한중보(三韓重寶), 해동중보(海東重寶) 등이 주전도감(鑄錢都監)에서 제작되었다. 국가 재정을 손쉽

● 건원중보(공공누리 제1유형 국립 중앙박물관 공공저작물 이용)

게 하고 국가의 영향력을 강화시키기 위해 화폐를 제작하고 유통시키기 위해 노력했지만, 은병·은괴·쌀·옷감 등을 중심으로 상거래가 유지되고 있어서 완전한 화폐 사회로의 전환이 이루어졌다고 보기는 어렵다.

신분제 사회인 고려에서는 시기와 직역 등에 따른 토지 분급이 이루어졌다. 940년[태조 23]에 왕건은 역분전(役分田)을 지급했는데, 통일전쟁의 공로에 대한 토지의 차등 보상이었다. 976년[경종 1]에는 관품과 인품에 맞추어 전·현직 관료에게 토지가 지급되었는데 이것이 시정전시과(始定田柴科)이다. 하지만 시정전시과를 재정비할 필요성이 대두되어 998년[목종 1]에 개정전시과(改定田柴科)가 단행되었는데, 전·현직 관료를 제1과(科)에서 제18과까지 차등을 두고 관직과 위계에 맞게 토지를 지급했다. 개정전시과의 운영상의 문제와 관제 변화로 인해 1076년[문종 30]에 경정전시과(更定田柴科)가 실시되는데, 18과로 나눈 현직 관료들만이 수급 대상자가 되었다. 이처럼 전시과 제도가 변화를 거듭한 것은 국가 재정의 위축으로 인해 위계를 중심으로 현직 관료에게 토지의 지급을 한정할 수밖에 없었기 때문이다.

전시과 외에도 종5품 이상 문벌귀족을 대상으로 한 공음전(公蔭田), 지방의 향리에게 지급된 외역전(外役田), 군역의 대가로 지급된 군인전(軍人田), 군역을 이을 자손이 없거나 생계유지가 곤란한 유족들에게 지급된 구분전(口分田), 승직(僧職)·지리업자(地理業者)에게 지급된 별사전(別賜田), 국가 기관의 경비조달을 위해 지급된 공해전(公廨田), 사찰에 지급된 사원전(寺院田) 등과 같이 고려사회에서는 신분이나 공역에 따라 다양한 토지가 지급되기도 했다.

③ 고려의 지방행정조직

태조 왕건이 호족들의 지지로 통일의 과업을 완수했지만, 반란과 같은 후환을 없애기 위해 지방에 대한 효율적이고 조직적인 통치를 원했던 것으로 보인다. 지방의 군사적 요충지에 중앙군을 파견한 점이나 '훈요10조'에서 서경을 중시하라고 유언한 점으로 미루어볼 때, 군사적 목적의 지방경영에 주안점을 두었지만, 체계적인 지방행정조직을 정비하지는 못했다.

고려의 지방제도가 정비되는 것은 성종~현종 대였던 것으로 추정된다. 성종은 양주·광주·충주·청주·공주·진주·상주·전주·나주·승주·해주·황주 등에 12목(牧)을 설치했다. 12목에는 경학박사(經學博士)와 의학박사(醫學博士)를 파견해 지방교육을 담당하게 했다. 또한 각 주·부·군·현과 관(館)·역(驛)에 전지(田地)를 지급했고, 각 지방 관아에 필요한 경비지출을 위한 공해전시(公廨田柴)를 지급하는 등 지방운영을 위한 제도의 보완을 지속했다.

955년에 성종은 당의 제도를 모방해 10도제와 절도사(節度使)체제로 대대적인 지방운영을 개편했다. 고려의 10도는 관내도(關內道: 양주·광주·황주·해주 등 지금의 경기도와 황해도 일대), 중원도(中原道: 충주·청주 등 지금의 충청북도 및 경기도 남부 일대), 하남도(河南道: 공주·운주 등 지금의 충청남도 일대), 강남도(江南道: 전주·영주·순주·마주 등 지금의 전라북도와 충청남도 일대), 영남도(嶺南道: 상주 등 지금의 경상북도 북부 및 충청북도 일대), 영동도(嶺東道: 경주·김주 등 지금의 경상남·북도 일대), 산남도(山南道: 진주 등 지금의 경상남도 일대), 해양도(海陽道: 나주·광주·정주·승주·패주·담주·낭주 등 지금의 전라남도 일대), 삭방도(朔方道: 춘주·화주·명주 등 지금의 강원도 및 함경남도 일대), 패서도(浿西道: 서경 등 지금의 평안남·북도 및 자강도 일대) 등이다. 하지만 성종 대에 개편된 10도제는 그다지 효율적으로 운용되지는 못한 것 같다.

절도사체제로의 개편은 12목에 절도사를 둔 것으로, 7도단련사(都團練使)·11단련사·21방어사(防禦使)·15자사(刺使) 등의 지방관제가 새로 설치된 점에서 지방운영에 군사적인 면을 중시하였음을 알 수 있다. 이러한 지방행정조직의 개편은 효율적으로 지역의 호족세력들을 견제해 보다 강력한 왕권을 확보하기 위한 조치로 볼 수 있다.

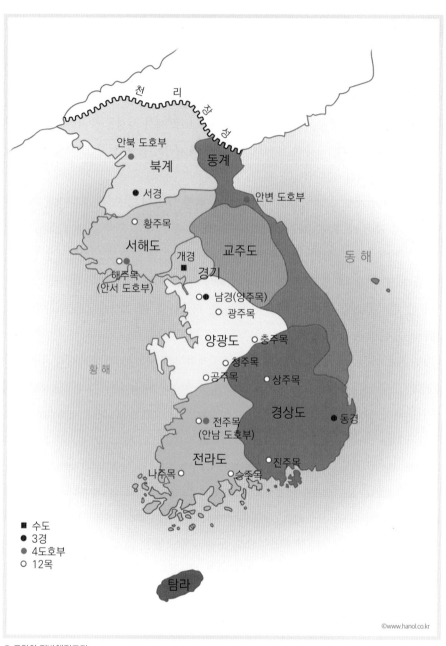

천리장성

안북 도호부

북계

동계

서경

안변 도호부

황주목

서해도

교주도

동 해

개경

해주목
(안서 도호부)

경기

남경(양주목)

광주목

양광도

충주목

청주목

공주목

상주목

경상도

전주목
(안남 도호부)

동경

전라도

진주목

나주목

승주목

황 해

■ 수도
● 3경
● 4도호부
○ 12목

탐라

©www.hanol.co.kr

⬢ 고려의 지방행정조직

목종 대에는 12절도사, 4도호부, 동·서북계방어진사(東西北界防禦鎭使), 현령(縣令), 진장(鎭將) 등을 제외한 관찰사·도단련사·단련사·자사 등이 혁파되었다. 이는 당시 외관이 설치된 지방행정 단위까지 장악할 수 없었던 중앙행정력의 한계성이 드러났기 때문일 가능성이 있다. 현종 대에는 전국을 5도(道)와 양계(兩界)로 나누었는데, 양계에는 병마사(兵馬使)를 두고 북방의 경계에 임하게 했다.

성종 대에 정비되기 시작해 현종 대에 이르러 어느 정도 완성을 이룬 고려의 지방행정조직은 5도와 양계, 3경 4도호부 8목, 군·현·진 등이 설치되고 있었다. 군사 요충지에는 도호부를 설치했고, 그 아래에는 군(軍)·진(鎭) 등의 군사적인 행정기구들을 설치하고 지방관을 파견했다. 수도인 개경과 주변의 군·현을 묶어 경기(京畿)라 하고 개성부(開城府)에서 통치했다. 인구가 많고 물자가 풍부한 지역에는 목을 설치하고 그 아래에는 군·현을 두었다.

고려시대에는 지방의 각 행정 단위에 수령을 파견했지만, 수령이 파견되지 않은 속현들도 있었다. 그곳에는 수령이 파견된 주·현의 통제를 받았다. 또한 여러 주·군·현을 통괄하는 중간행정 체계로서 계수관(界首官)을 두었는데, 경(京)·도호부(都護府)·목(牧)의 수령이 주로 맡았다. 그 외 교통행정 기관인 역(驛)이나 국가의 필요 물품을 생산하기 위한 향·소·부곡 등과 같은 특수행정 단위도 설치되었다. 각 지방의 행정 실무는 속관과 향리층이 담당했다.

고려의 삼경(三京)은 도참사상(圖讖思想)에 따라 창건된 것인데, 성종 때 경주에 동경(東京)이 설치되면서 수도인 개경(開京 또는 中京)과 평양에 설치된 서경(西京)을 합쳐 삼경이라 칭한 것이 시작이다. 이후 시대에 따라 삼경은 변화하는데, 문종 때에 남경이 설치되면서 사경(四京)이 되었지만 때로는 개경을, 때로는 동경을 제외시켜서 삼경이라 칭하기도 했다. 이처럼 고려의 지방운영은 각 지역에 맞는 다원성에 맞춰져 있었으나 여러 병합책으로 인해 차츰 일원적인 지역운영으로 변화하였고, 이는 조선시대 8도 체제의 바탕이 되었다.

④ 고려의 군사제도

고려의 군사제도는 중앙군과 지방군의 이원체제로 이루어져 있었다. 경군(京軍)으로도 불렸던 중앙군은 2군과 6위체제로 운영되었다. 2군은 응양군(鷹揚軍)과 용호군(龍虎軍)으로 구성되어 있었는데, 이들은 국왕에 대한 의전과 경호를 담당하던 친위군이었다. 응양군은 1령(領)이고 용호군은 2령으로 구성되었는데, 1령이 약 1천 명이므로 총 3령의 2군은 약 3천 명으로 이루어졌던 것으로 추측된다. 경군의 또 다른 축인 6위는 좌우위(左右衛)·신호위(神虎衛)·흥위위(興威衛)·금오위(金吾衛)·천우위(千牛衛)·감문위(監門衛)로 구성되었는데, 좌우위·신호위·흥위위가 핵심으로 개경과 함께 변방의 방어를 담당했다. 그 외 금오위는 개경의 순찰을, 금오위와 감문위는 창고나 관청의 수비를 임무로 하고 있었다.

지방군은 주현군(州縣軍)과 주진군(州鎭軍)으로 구분할 수 있다. 5도와 경기에 배치된 주현군은 기본적으로 전투부대인 보승(保勝)·정용(精勇)과 노동부대인 1품(一品)으로 구성되었다. 보승과 정용은 경군인 6위와 마찬가지로 수도 개경의 경비나 각 지방의 방위, 관아·창고·성곽 등의 경비, 치안 유지를 위한 순찰, 반란의 진압, 외적의 방어, 중앙이나 지방의 노역 등과 같이 다양한 임무에 투입되었다. 주현군은 군역을 감당할 수 있는 건장한 신체적 조건을 가진 농민층과 향리층에서 선발되었다. 주현군은 군역을 행함에 있어 경비를 스스로 부담해야 했기 때문에 그 대가로 군인전(軍人田)이 지급되었다. 주현군의 지휘는 지방의 수령이나 향리들이 담당했다. 주현군의 성립은 고려 초기 호족들이 소유하고 있던 사병의 혁파와 그들이 장악하고 있던 지역민을 해체시킬 목적도 있었던 것으로 보인다.

전국 단위로 진행된 호구의 조사를 기반으로 국가 주도의 군대로 새롭게 편성하는 일련의 과정은 왕권의 확립을 더욱 공고히 하는 역할을 했다. 특히 987년 실시된 개인무기의 회수조치는 호족들이 더 이상 사병을 가질 수 없도록 무장해제했음을 보여준다.

주현군이 후방 군대라면, 북쪽 국경 지대를 방어하는 주진군은 전방 부대라 할 수 있다. 북계(北界)와 동계(東界)의 양계지역은 주진체제로 편성되었는데, 병종의 다양성과 병력 수에서 주현군을 압도하고 있어서 고려사회가 양계지역을 얼마나 중요시하고 있었는지를 확인할 수 있다. 북계는 초군(抄軍)·정용(精勇)·좌군(左軍)·우군(右軍)·보

삼별초가 몽골군의 침략에 대비해 쌓은 항파두리성

창(保昌)·신기(神騎)·보반(步班)·백정(白丁) 등으로 구성되었다. 이에 반해 동계는 초군·좌군·우군·영새(寧塞)·공장(工匠)·전장(田匠)·투화(投化)·생천군(鉎川軍)·사공(沙工) 등으로 이루어졌다. 북계와 동계의 총 병력은 약 14만 명 정도로 추정되는데, 양계에 거주하는 모든 민은 주진군에 편제되어 평상시에는 교대로 동원되다가 유사시에는 모든 병력이 참여했다.

고려의 군사제도는 금·원과의 전쟁으로 새로운 상황에 맞도록 개편되었다. 여진의 침략이 시작되는 숙종 대에는 기병인 신기군(神騎軍)·보병인 신보군(神步軍)·승병인 항마군(降魔軍) 등으로 구성된 별무반(別武班)이나, 친위대의 성격을 갖는 견룡군(牽龍軍)·공학군(控鶴軍)·순검군(巡檢軍)·내순검군(內巡檢軍) 등도 설치되었다.

무신정권기에는 최씨정권의 사병(私兵)적 성격을 갖는 야별초(夜別抄)를 설치해 경찰과 전투임무를 부여했는데, 이후 야별초를 다시 좌별초(左別抄)와 우별초(右別抄)로 나누고, 몽골군에 붙잡혀 포로로 잡혔다가 돌아온 자들을 신의군(神義軍)으로 편성해 이들을 총칭해서 삼별초(三別抄)라고 불렀다. 몽골군의 침입에 대항했던 삼별초는 1270년[원종 11]에 혁파되었다. 그러나 배중손(裵仲孫)과 노영희(盧永僖) 등은 승화후 온(承化侯溫)을 왕으로 옹립하면서 대몽항쟁을 펼쳤다. 강화도에서 진도로, 진도에서 다시 제주도로 옮겨 고려 조정와 원에 대항하던 삼별초의 잔존세력은 1273년 여원연합군의 공격을 받고 역사 속으로 사라졌다.

원간섭기에는 대대적인 군제의 개편이 이루어져 5만호부(五萬戶府)체제로 운영되었다. 국왕의 호위는 홀치(忽赤)·우달치(迂達赤)·성중애마(成衆愛馬) 등이 담당했고, 개경의 치안은 순군만호부(巡軍萬戶府), 해안의 주요 군사 요충지에는 합포만호부(合浦萬戶府)와 전라진변만호부(全羅鎭邊萬戶府), 목장과 왜구의 방지를 위한 탐라군민만호부(耽羅軍民萬戶府), 평양의 운영을 위해 서경등처관수수군만호부(西京等處管水手軍萬戶府) 등이 설치되었다. 이러한 원나라식의 군제는 공민왕 대에 전개된 반원정책으로 인해 다시 체제개편이 이루어졌는데, 국왕의 호위를 위해 충용위(忠勇衛)를 설치하고 2군 6위제의 복구를 시도했다.

고려시대에는 이민족인 거란·여진·몽골과의 전쟁이 이어졌던 만큼, 군사력의 문제는 국가존립에 있어 매우 중요한 요소였다. 이 때문에 시기별로 군사제도의 정비와 새로운 기구 설치를 통해 정치·사회적 대응을 원활히 할 수 있는 국가방어체제를 구축하여 위기를 극복했던 것이다.

⑤ 고려의 통치 이념

1. 불교

불교는 종교 이념으로서 고려사회의 사상적 근간이었다. 직접적으로 정치나 통치 행위에 참여하는 경우는 드물었지만 고려사회에서 불교의 사회적 영향력은 매우 컸다. 왕족이나 귀족층이 출가해 승려가 되거나 국난의 위기를 불교를 통해 극복하고자 한 것과 같이, 불교는 단순히 신앙으로 그친 것이 아니라 고려인들의 사상적 통일에 큰 역할을 했다.

고려 초기의 불교는 교종(敎宗)과 선종(禪宗)의 사상이 대립하고 불교 교단이 정비되지 않아서 혼란이 계속되었다. 이 때문에 태조 왕건은 '훈요10조'에서 사원 건립의 남발을 경계했다. 이후 광종은 불교 교단을 교종과 선종으로 나누어 정비하고, 승과(僧科)를 실시하여 승계(僧階)와 승직(僧職)을 제수했다. 또 불교 관련 사무를 담당하는 승록사(僧錄司)를 설치하여 국가가 불교 교단을 운영하는 체계를 완성했다. 이러한 광종의 노력으로 불교의 수준이 향상되었지만, 왕실과 귀족세력에 결탁된 교·선종의 대립은 그 이후에도 지속되었다.

불교계의 분열과 대립을 극복하기 위한 노력은 의천(義天)에 의해 다시 시도된다. 그는 교종의 맥을 잇는 천태종(天台宗)을 개창하고 선종을 포섭해 교·선의 대립을 극복하려고 했다. 그러나 의천의 교·선의 통합 노력은 귀족들의 반대에 부딪혔다. 귀족들은 천태종을 자신들의 이익을 대변하는 법상종(法相宗)을 고립시키려는 것으로 받아들였던 것이다. 이뿐만 아니라 의천의 교선통합은 대등한 통합이 아니었고, 귀족 불교의 성격을 벗어나지도 못했다. 이러한 원인으로 의천의 사후 고려의 불교 교단은 다시 분열되었다.

귀족 불교가 공허화해가는 것에 대한 반발과 말세사상에 입각하여 결사운동(結社運動)이 일어났다. 지눌(知訥)의 정혜결사(定慧結社)는 선정과 지혜를 산림에 은둔해 함께 수행하자는 정혜쌍수(定慧雙修)의 실천운동이었다. 이러한 지눌의 개혁의지는 향리층과 민의 공감을 얻었다. 당시 무신정권 최고의 권력자였던 최충헌(崔忠獻)이 지눌을 지원함으로써 민심을 안정시키고 정권의 정당성을 얻으려 했다. 지눌의 개혁의지는 그의 제자인 혜심(慧諶)이 계승했는데, 혜심은 유불일원(儒佛一源)을 주장했다. 이처럼 지눌과 혜심 등의 개혁은 선종을 위주로 교종을 융합한 조계종(曹溪宗)으로 발전했다. 또한 지눌의 제자 요세(了世)는 법화결사(法華結社)인 백련사(白蓮社)를 통해 참회하여 죄를 멸하고 정토에 태어날 것을 바라는 정토구생(淨土求生)에 전념했다. 백련사는 원의 침략에 맞서 대몽항전을 표방했고, 최이(崔怡)는 백련사를 전폭적으로 지원했다.

강화도에서 개경으로 환도한 후 불교계는 대체로 원간섭과 지배라는 현실을 받아들였고, 원과 연계된 법상종

○ 나옹의 사리탑인 신륵사(神勒寺) 보제존자석종(普濟尊者石鐘)

이 교단의 주류로 부상했다. 그러자 선종은 원의 임제종(臨濟禪)의 간화선(看話禪)을 수용하여 새로운 기풍을 진작시키려고 노력했다. 임제종의 중심인물로는 보우(普愚)와 나옹(懶翁) 등이 있는데, 이들은 원으로부터 임제종을 전수받았을 뿐만 아니라 불교의 통합과 정화에도 노력했다. 임제종의 수용으로 인해 고려 불교의 사상적 경향은 선(禪) 일변도로 변화되기 시작했다.

고려 후기에 이르러 불교를 정화하려는 자정 노력은 있었지만, 교학체계에 대한 이론적 탐구는 거의 이루어지지 않았고, 사원을 둘러싼 분쟁이 빈번히 일어났다. 이 때문에 신진사대부(新進士大夫)들은 불교를 강하게 비판했고, 일부 승려들 역시 조선의 건국을 지지했다.

2. 유학

고려는 불교를 숭상했지만, 이는 종교적 측면이며 치세이념은 유학에 두었다. 태조 왕건이 훈요10조에서 유교를 통한 국가운영을 교시했지만, 실질적으로 고려사회에서 유교적 지식계급이 성장하게 된 것은 광종과 성종 대를 거치면서이다. 광종은 후주(後周) 출신인 쌍기(雙冀)의 제안으로 과거를 처음 실시했다. 성종은 연등회와 팔관회를 폐지하고 최승로(崔承老)의 건의를 받아들여 유교를 정치이념화했다. 또 개경에 국자감(國子監)을 설치하고 지방에는 경학박사와 의학박사를 파견해 유학 교육의 진흥에 노력했다.

고려시대에도 국립대학과 사립대학이 있었다. 고려의 국립대학으로는 국자감(國子監)이 있었는데, 여기에는 국자학(國子學)·대학(大學)·사문학(四門學) 등의 유학부와 율학(律學)·서학(書學)·산학(算學) 등의 기술학부가 있었다. 국자학은 3품 이상, 대학은 5품 이상, 사문학은 7품 이상 관리의 자제들이 입학할 수 있었는데, 총 정원은 국자학·대학·사문학 각각 300인이었다. 기술학부에는 8품 이하 관리의 자제와 서인(庶人)들이 입학했다. 국자감 학생들에게는 과거 응시에 대한 특전이 주어졌다. 고려시대에는 전국에서 실시하는 시험을 통과한 후, 국자감에서 실시하는 재시험인 감시(監試)에 합격해야 비로소 과거에 응시할 수 있었다. 하지만 국자감생들은 입학 후 3년을 수학하면 예비시험을 면제받거나, 성적 우수자들은 감시 등 일부 시험이 면제되었다. 한편 지방에는 향교(鄕校)가 설치되어 유학 교육을 담당했다. 성종 대 이후 전국적으로 보급된 향교는 인종 대에는 대부분의 주·군·현에 향교가 설치되거나 재정비되었고, 교육 수준도 높았던 것으로 보인다.

고려시대에는 사학(私學)도 융성하여 사학12도를 이루었는데, 이는 유학이 전반적으로 확산되고 있었음을 의미한다. 대표적인 사학으로는 최충(崔冲)의 문헌공도(文憲公徒)가 있었는데, 여기에는 9재(九齋)를 설치하여 6경의 요체가 되는 용어로 그 명칭을 정했다. 이처럼 사학이 융성하자 예종(睿宗)은 국학에 전문 강좌인 7재(七齋)를 두었고, 장학재단인 양현고(養賢庫)를 설치하는 등의 관학진흥정책을 펼치기도 했다.

무신정권기에 유학은 전반적으로 퇴조했고, 원간섭기에는 한층 더 침체되었다. 이런 가운데에서 성리학(性理學)이 전래되어 조선 개국을 주도한 신진사대부들의 주요한 정치적·사상적 근간이 되었다.

✿ 참고문헌

- 고려대학교 한국사연구실, 『한국사의 재조명』, 고려대학교 출판부, 2002.
- 김갑동, 「왕건의 '훈요10조' 재해석 - 위작설과 호남지역 차별」, 『역사비평』 60, 역사비평사, 2002.
- 노명호, 『고려 태조 왕건의 동상』, 지식산업사, 2012.
- 이홍두, 「고려 전기의 화폐 주조와 유통정책」, 『실학사상연구』 28, 역사실학회, 2005.
- 임용한·김인호·한정수, 『미래를 여는 한국의 역사』 2, 웅진지식하우스, 2011.
- 한국역사연구회, 『고려시대 사람들은 어떻게 살았을까』 1, 청년사, 1996.
- 한국역사연구회, 『고려시대 사람들은 어떻게 살았을까』 2, 청년사, 1997.

6

고려시대 국왕

6강 ◯ 고려시대 국왕

① 왕의 계보와 사건

고려는 918년 건국하여 1392년 이성계에 의해 멸망하기까지 34대 475년에 걸쳐 존속한 국가이다. 고려시대는 국가체제가 정비되고 문벌귀족사회가 성립되는 태조 ~6대 성종, 문벌귀족사회의 체제로 운영되는 7대 목종~18대 의종기, 무신의 집권과 대몽항쟁이 지속되는 19대 명종~24대 원종, 원의 간섭과 고려의 멸망으로 이어지는 25대 충렬왕~34대 공양왕까지의 4시기로 시기구분이 가능하다.

▣ 표 1_ 고려시대 왕의 계보와 주요 사건 및 업적

구분\시기	묘호	재위기간	왕위승계	주요 사건 및 업적
국가체제 정비기	태조	918~943	개국	• 936년 후삼국 통일
	혜종	943~945	부자	• 왕규의 난, 박술희 숙청
	정종	945~949	형제	• 서경 천도계획 1년 만에 실패 • 거란의 침입에 대비해 광군사 설치
	광종	949~975	형제	• 노비안검법 실시, 과거제 시행, 백관의 공복 제정, 황제로 자칭 (광덕·준풍 연호 사용), 공물 징수를 주·현 단위로 부과하는 주현공부법 제정, 송과 통교, 제위보 설치
	경종	975~981	부자	• 시정전시과 실시, 복수법 시행
	성종	981~997	형제	• 최승로의 시무28조 건의 • 2성 6부제로 중앙정치조직 정비, 지방관 파견, 6위 설치, 노비환천법 실시, 의창·상평창 설치, 분사제도 실시, 건원중보 발행, 국자감 설치, 문신월과법 실시, 교육조서 반포, 연등회·팔관회 폐지 • 거란의 1차 침입, 강동6주 획득

시기 구분	묘호	재위기간	왕위승계	주요 사건 및 업적
문벌귀족 사회체제 운영기	목종	997~1009	형제	• 개정전시과 실시, 음서제 실시, 강조의 정변
	현종	1009~1031	형제	• 5도 양계의 지방운영체제 완성, 개성에 나성 축조, 지방을 4도 호부 8목 56지주군사 28진장 20현령으로 개편, 거란의 2·3차 침입, 초조대장경 제작 시작
	덕종	1031~1034	부자	• 천리장성 축조 시작
	정종	1034~1046	형제	• 천리장성 완성, 노비종모법 실시, 장자상속법 실시
	문종	1046~1083	형제	• 경정전시과 실시
	순종	1083	부자	
	선종	1083~1094	형제	• 초조대장경 완성
	헌종	1094~1095	부자	
	숙종	1095~1105	질숙	• 주전도감 설치, 해동·삼한·동국통보 주조, 별무반 설치, 서적포 설치, 남경 건설
	예종	1105~1122	부자	• 동북9성 축조, 무과 실시
	인종	1122~1146	부자	• 『삼국사기』 편찬, 이자겸의 난, 서경천도운동
	의종	1146~1170	부자	• 정중부의 난, 무신정권 시작
무신집권과 대몽항쟁기	명종	1170~1197	형제	• 경대승, 이의민, 최씨무신정권 집권
	신종	1197~1204	형제	• 만적의 난 발생
	희종	1204~1211	부자	• 최충헌 제거 시도, 실패 후 폐위당함
	강종	1211~1213	질숙	• 최충헌에 의해 즉위
	고종	1213~1259	형제	• 몽골의 침입, 강화도 천도, 팔만대장경 조판, 최씨정권 붕괴
	원종	1259~1274	부자	• 무신정권 소멸, 삼별초의 항전, 전민변정도감 최초 설치
원간섭과 멸망기	충렬왕	1274~1308	부자	• 최초로 원나라 공주와 혼인
	충선왕	1308~1313	부자	• 정방 폐지, 만권당 설치
	충숙왕	1313~1330	부자	• 반원정책
	충혜왕	1330~1332	부자	
	충목왕	1344~1348	부자	• 개혁정치 추구, 즉위 4년 만에 병사
	충정왕	1348~1351	형제	
	공민왕	1351~1374	질숙	• 쌍성총관부 공략, 랴오둥 정벌, 친원파 숙청, 신돈 등용
	우왕	1374~1388	부자	• 위화도회군
	창왕	1388~1389	부자	• 쓰시마 정벌, 이성계에 의해 폐위
	공양왕	1389~1392	친척	• 고려 멸망

고려의 국가체제 정비기에 일어난 주요 사건으로는 광종과 성종 대의 다양한 국가 안정 시책과 제도의 완비를 들 수 있다. 문벌귀족사회체제 운영기에는 지방제도가 완비되었고, 거란의 침입을 겪으면서도 문벌귀족사회가 심화되는 양상을 보인다. 무신집권과 대몽항쟁기에는 문벌귀족사회의 동요와 몽골의 침입이라는 국난 속에서도 대

◐ 아미타여래구존도와 고려 태조 담무갈보살예배도(공공누리 제1유형 국립중앙박물관 공공저작물 이용)

외투쟁을 지속하는 끈질긴 면모를 살펴볼 수 있다. 원간섭과 멸망기에는 원의 간섭 속에서도 민족적 주체성을 유지하고 계승하고자 하는 고려의 의지가 엿보이지만, 공민왕 사후 실추된 왕권을 더 이상 유지하지 못하고 이성계와 신진사대부 및 신흥 무신세력에 의해 왕조가 무너지면서 고려는 역사 속으로 사라지게 된다.

표에서 확인할 수 있는 것처럼 역대 고려 왕들의 업적 이외에도 그 왕계를 살펴보면 원간섭기 이전까지는 태조 이외에는 모두 묘호(廟號)를 종(宗)으로 붙인 일관성이 확인된다. 나라를 세운 업적이나 이에 버금가는 큰 업적이 있다는 것을 강조하기 위해 조선의 왕들이 조(祖)라는 묘호에 집착한 것과는 매우 대조적이다. 또한 부자 상속이 오랫동안 이어지는 경우도 드물었다. 조카를 쫓아내고 왕위에 오른 15대 숙종에서 18대 의종까지, 23대 고종에서 29대 충목왕까지, 그리고 31대 공민왕에서 33대 창왕까지의 사례 이외에는 대부분 형제상속으로 이어진다. 고려시대의 왕권이 고대국가 단계나 조선시대에 비해 상당한 불안감을 가지고 있었던 것이다.

고려시대의 왕들은 개혁을 주도적으로 실시하거나 정책 결정에 적극적인 모습을 보였다. 특히 왕권이 강할 경우 귀족들의 견제에서 벗어나 재량권과 권위를 가지고 독자적으로 정책을 수행했을 여지가 있었음을 보여준다. 또한 고려의 대중국 외교의 위상은 조선에 비해 독립적이고 자주적이었다. 원간섭기 이전의 고려는 국호를 독자적으로 결정하거나, 천자국(天子國)의 위상에 걸맞은 제도와 격식을 갖추고자 했으며, 국왕이 천자를 칭하면서 황제국(皇帝國)으로 자칭한 점 등을 통해서도 이러한 사실을 확인할 수 있다.

② 왕이 사는 곳

고려의 왕들은 송악산 자락에 조성된 '만월대(滿月臺)'라고도 불리는 궁궐에서 생활했다. 당시 고려인들이 개경의 궁궐을 지칭하던 용어는 알려진 바가 없지만, 고려가 멸망한 후에 이곳을 '망월대(望月臺)' 혹은 '만월대'로 부르면서 고려의 궁궐을 지칭하는 용어가 되었다. 고려시대 왕성의 전체적인 구조는 왕이 거처하던 궁궐인 궁성(宮城), 궁성을 둘러싼 황성(皇城), 개성을 에워싸고 있는 나성(羅城), 황성과 나성의 안쪽에 지어진 내성(內城) 등으로 이루어졌다.

송나라의 사신으로 고려에 왔던 서긍(徐兢)이 지은 『선화봉사고려도경(宣和奉使高麗圖經)』에 의하면, 궁궐의 배치는 정문에서 북쪽을 향해 이어지는 주요 건물군과 그 서북쪽의 건물군 등이 알려져 있다. 전각의 문은 15곳인데 그중에서도 두 번째 문인 신봉문(神鳳門)이 가장 화려했던 것으로 전한다. 내성에는 13곳에 문이 있었고, 각각의 이름이 적힌 현판이 문 위에 걸려 있었다. 내성의 정문은 정동쪽의 문이 광화문(光化門)이고, 내성 안의 내부(內府)는 상서성을 비롯한 16부로 이루어져 궁궐 앞에 배치되었다. 나성은 1010년[현종 1]에 강감찬(姜邯贊)의 건의로 축조하기 시작해 20년 만에 완공되었다. 송악산(松岳山)과 용수산(龍首山)으로 이어지는 능선을 따라 조성된 개경의 나성은 총 둘레가 약 23킬로미터로 한양도성보다 더 길다. 나성에는 동문인 숭인문(崇仁門), 서문인 선의문(宣義門)과 오정문(午正門), 남문인 회빈문(會賓門)과 비전문(碑篆門), 북문인 자안문(紫安門)과 북창문(北昌門), 그리고 중문 8곳 및 소문 13곳이 있었다. 전란 등으로 훼손된 기존의 나성을 재건하기 어려워 황성과 나성의 중간에 만들어진 내성은 1391년 축성하기 시작해 조선시대인 1394년[태조 3] 완성되었다.

궁예의 본거지였던 철원에서 왕위에 오른 왕건은 즉위 이듬해인 919년 자신의 본거지인 개성으로 도읍을 옮겨와, 아버지 왕륭(王隆)이 쌓은 발어참성(拔禦塹城)을 중심으로 개경을 건설했다. 이후 고려의 도성은 여러 차례 중건과 소실이 반복되었다. 황제를 표방한 4대 광종은 왕권을 둘러싼 혼란을 잠재우고 난 후, 개경에서 2년에 걸쳐 궁궐을 새로 지어 황궁의 면모를 갖춰나갔다. 하지만 현종 대에 있었던 거란의 2차 침입으로 궁궐 대부분이 소실되었다. 나주로 피난을 갔다가 개성으로 돌아온 현종은 궁성의 재건을 시작했고, 만월대는 궁성으로 다시 기능할 수 있게 되었다.

하지만 1126년 이자겸(李資謙)의 난 당시 척준경(拓俊京)의 방화로 만월대는

◑ 개성 만월대의 석제 용두(공공누리 제1유형 국립중앙박물관 공공저작물 이용)

소실되었는데, 이후 1132년[인종 10]부터 약 5년 동안 재건되었다. 이때 경령전(景靈殿)과 비서각(祕書閣)을 제외한 모든 전각과 궁문의 이름을 새로 교체한 것으로 전한다. 그 이후에도 만월대는 여러 차례 화재와 산사태 등으로 재건되었지만, 1231년에 있었던 몽골침입으로 인해 약 40여 년 동안 황폐화되었다. 결국 1270년에 강화도에서 개경으로 환도한 원종이 만월대를 또다시 재건하지만, 공민왕 대에 침입해온 홍건적에 의해 전소되었다. 그 이후 왕성으로 기능한 만월대의 모습이 역사서에서는 명확하지 않은데, 이성계가 즉위식을 거행하고 조선의 2대 왕인 정종이 1차 왕자의 난 이후 개성으로 옮기는 모습 등으로 보아, 고려 왕실의 주요 건물들은 조선 초기까지 계속 운영되었을 가능성이 높다.

만월대 이외에도 천도를 위한 새로운 고려의 궁궐들이 서경과 강화도, 그리고 진도 등에 건설되었다. 서경은 정종과 인종 대에 있었던 천도 계획에 따라 궁궐의 축조가 진행된 것 같다. 그러나 정종의 서경 천도계획은 그의 사망으로 인해 1년 정도 만에 공사가 중단되었다. 새로운 곳에서 고려를 운영해보려고 한 젊은 군주의 의도가 엿보이지만, 정종 대에 계획된 서경의 왕궁터가 어디였는지는 정확히 알 수 없다. 인종 대의 서경 천도계획은 이자겸의 난으로 궁궐이 불타버리자 묘청(妙淸)의 건의를 받아들여 1128년 11월부터 약 3개월 동안 진행되었다. 대화궁(大化宮)으로 불리는 이

곳을 평안남도 대동군 부산면 남궁리 일대로 보고 있는데, 여기에는 정전(正殿)인 건룡전(乾龍殿)과 팔성당(八聖堂) 등이 건축된 것으로 전한다. 하지만 일제강점기의 간략한 조사를 통해 건물터와 기와류가 발견되었을 뿐, 아직 대화궁에 대한 구체적인 양상은 파악하지 못하고 있다. 이러한 대화궁으로의 천도는 개경세력의 반발과 국왕이 서경으로 행차할 때마다 일어난 기상이변과 각종 불미스러운 사건들로 인해 흐지부지되었고, 여기에 반발심을 품은 묘청이 대화궁을 서경천도운동의 근거지로 활용하다가 반란의 진압 후에는 폐기되고 말았다.

고려는 몽골의 침입에 대항하기 위해 1232년[고종 19]에 수도를 강화도로 옮기고 대몽항쟁을 이어가다가, 결국 1270년[원종 11]에 몽골에 굴복하고 개경으로 환도했다. 이 시기를 '강도시기(江都時期)'라고 하는데, 내성·중성·외성의 3중성으로 구축된 성 내에는 정궁(正宮)·행궁(行宮)·이궁(離宮)·가궐(假闕) 등 많은 건물이 건설된 것으로 전한다. 이 강도시기의 궁궐터로는 현재 사적 133호로 지정된 강화 고려궁지일 것으로 추정해 왔다. 하지만 고려시대 유물의 출토와 유구의 흔적이 미미해, 이곳이 왕성이 아니라는 의견이 지속적으로 제기되고 있다. 강화도에서의 고려 왕궁 찾기는 향후 발굴조사를 통해 그 실체가 드러날 것이다.

남북한의 분단이라는 현실 속에서 만월대를 직접 보지 못하더라도 고려 궁궐의 구조를 한눈에 엿볼 수 있는 유적이 전라남도 진도군에 존재한다. 삼별초가 진도를 새로운 거점으로 삼고 몽골에 대항하기 위해 축조한 성곽인 용장성(龍藏城)이 바로 그 것이다. 이 유적에서는 자연지형을 이용해 경사진 비탈에 축대를 쌓아 층층이 나눈 층단식(層段式)의 평지를 조성해 건물을 올린 양상이 확인된다. 발굴조사를 통해 용장성에는 약 20여 채 이상의 건물이 치밀하게 배치되어 있었던 것을 알 수 있다. 이는 개성에 있는 만월대를 연상시키는 구조인

◑ 진도의 용장성

데, 궁궐의 기본적인 설계와 조성이 삼별초의 항쟁 이전인지 혹은 이후인지에 관해서는 견해가 엇갈리고 있다.

③ 왕의 생활

고려시대 왕의 하루 일과나 지방으로의 행차 모습, 왕실 행사의 주관, 외국 사신의 접대 등과 같이 세세한 일상이 어떠했는지는 명확하지 않다. 또 사후 장지의 선정과 장례절차 등의 구체적인 양상도 확인이 어렵다. 조선시대와 달리 고려시대의 의궤(儀軌)나 도감(圖鑑) 등의 기록물이 남아 있지 않기 때문이다. 하지만 고려의 역사서와 외국 사신이 남긴 단편적인 기록들을 통해 고려 왕의 생활 일부를 추측해볼 수 있다.

고려의 왕은 정사의 처리와 외국 사신 접대를 정전(正殿)인 회경전(會慶殿)에서 행했는데, 정면 9칸, 측면 4칸의 거대한 규모를 가진 회경전에 설치된 왕좌에 앉아 업무를 처리하는 위엄 있는 모습을 상상해볼 수 있다. 조선시대 왕좌의 뒤에는 일월오봉병(日月五峯屛)이 있었는 데 반해, 고려시대 왕좌의 뒤에는 『서경(書經)』의 홍범(弘範) 편과 『시경(詩經)』의 무일(無逸) 편이 병풍에 적혀 있었다. 회경전 바깥에는 24자루의 창을 세워두었고, 갑옷으로 중무장한 군사들이 국왕을 호위하고 있었다. 일상적인 집무나 사신 접대는 회경전 서북쪽에 있는 건덕전(乾德殿)에서 행했다. 회경전 서쪽에는 침전(寢殿)이 있었고, 빈들이 거처하던 침전인 만령전(萬齡殿)도 이곳에 배치되어 있었다. 회경전 동쪽에는 태자가 거처하던 동궁인 좌춘궁(左春宮)이 배치되었다.

고려의 왕도 조선의 왕들과 마찬가지로 바쁜 하루를 보냈는데, 회경전과 건덕전 사이에 배치된 장령전(長齡殿)에서 사신들을 소개받거나, 외국 상인들

◎ 일제강점기 회경전 모습(공공누리 제1유형 국립중앙박물관 공공저작물 이용)

이 바치는 물건에 상응하는 물품의 출납에도 상관했다. 또한 고려의 왕들은 선왕의 제사에도 소홀히 하지 않았던 것으로 보이는데, 역대 왕들의 초상화를 모시고 제사를 지낸 경령전(景靈殿) 터가 발굴조사를 통해서 확인되기도 했다.

고려의 왕은 정실인 왕후와 첩실인 귀비(貴妃)·숙비(淑妃)·덕비(德妃)·현비(賢妃)·궁인(宮人) 등을 내명부(內命婦)에 두었는데, 정실과 측실의 구분이 명확하지 않았고 신분에 따른 차별도 심하지 않았던 것 같다. 국왕의 총애를 받아 비가 되기도 하고, 왕자를 낳거나 가문의 후광을 등에 업고 왕후가 되기도 했다. 또한 신분의 상승에 따라 궁인-비-왕후로 승격하는 경우도 있었다. 고려는 관습적 제도로 운영되는 경우가 많았던 만큼, 조선시대보다 유연한 입장에서 내명부 관리가 이루어졌을 가능성이 높다.

고려시대에는 왕이 사망하면 유언에 해당하는 유조(遺詔)를 발표하고 후계자가 바로 즉위했다. 일반적으로 선왕의 장례를 치르기 위해서는 시간이 필요하므로 빈소를 설치해 장례를 위한 준비를 하게 되는데, 빈소는 궁궐 내의 선덕전(宣德殿)이 주로 이용되었다. 신하들은 소복을 입었고, 시장은 운영이 중지되었으며, 빈소에서 제사가 하루 2번 이루어졌다. 상복을 입는 기간과 왕릉에 장례를 지내기까지의 기한은 여러 제반 사정이 작용해 다양했던 것으로 보인다. 송악산 일대에 봉분을 만드는 토장(土葬)이 성행했지만 차츰 범위를 넓혀갔고, 왕위에서 쫓겨난 목종의 경우처럼 화장(火葬)인 경우도 있었다.

왕의 사망 후에는 시호(諡號)·묘호(廟號)·능호(陵號) 등을 올리는 절차를 진행한다. 궁궐 내 국왕의 초상이나 신주를 모신 원당(願堂)을 두고 넋을 기리기도 하지만, 사찰에서의 추모의식도 다수 이루어졌다. 국왕의 제사일에는 궁궐 내전에서 강경법회(講經法會)를 열기도 했다.

고려 왕실에서 일하는 이들을 어떻게 선발했는지는 명확하지 않지만 과거제와 같은 형태로 공개 채용하기보다는 필요에 따라 수시로 채용했을 가능성이 높다. 선발된 인원 중에는 천인 출신도 상당수 있었던 것으로 보인다. 이들에 대한 구체적인 양상도 관련 기록이 빈약해 파악하기 어렵지만, 고려의 체제가 조선으로 이어지고 있는 점을 염두에 두면 고려시대의 궁궐에 종사한 사람들의 양상도 조선시대와 비슷했을 것으로 유추해볼 수 있다.

④ 왕릉

　고려 왕실의 죽음의 공간은 개성과 강화도 일대에 조성되었다. 『고려사』에 의하면 왕과 왕후의 능은 총 87기에 이르지만, 폐위된 우왕(禑王)과 창왕(昌王)의 능은 조성되지 않았고, 우왕의 생모 순정왕후(順靜王后)의 무덤은 1389년에 철거되어 현존하지 않는다. 현재 고려의 왕릉으로 추정하고 있는 무덤은 총 58기가 있다.

　개성 일대의 산악지대에 집중적으로 분포된 고려의 왕릉은 일제강점기에 있었던 일본 관학자들에 의한 조사와, 북한에 의해 20여 차례에 걸쳐 조사되었다. 이 중에서 북한에서 사적으로 지정해 관리하고 있는 무덤은 공민왕의 능인 현릉(玄陵)·노국대장공주(보다시리; 寶塔實里)의 무덤인 정릉(正陵)·선종과 사숙태후(思肅太后)의 무덤인 인릉(仁陵)·경종과 헌숙왕후(獻肅王后)의 무덤인 영릉(榮陵) 등 4기에 불과했다. 2016년에는 덕종의 무덤인 숙릉(肅陵)과 정종의 무덤인 안릉(安陵)이 새롭게 발굴되었다고 하지만 조사의 정확한 실태는 파악되지 않고 있다.

　고려의 왕릉으로 추정하는 무덤은 도굴과 전란으로 인한 파괴와 조선시대의 개축 등을 거치면서 원형을 유지하고 있는 것은 많지 않다. 그럼에도 불구하고 태조와 신혜왕후(神惠王后)의 합장릉인 현릉(顯陵), 공민왕과 노국대장공주가 묻힌 현·정릉, 충목왕릉인 명릉(明陵)을 포함한 명릉군(明陵群), 현릉의 북서쪽에 위치한 피장자가 불명확한 7기의 무덤군인 칠릉군(七陵群) 등이 2013년

◑ 공민왕의 현릉과 노국대장공주의 정릉

세계문화유산으로 등재되었다.

강화도에는 최충헌에 의해 폐위당한 희종의 무덤인 석릉(碩陵)을 비롯해, 희종의 비인 성평왕후(成平王后)의 소릉(韶陵), 강종의 비인 원덕왕후(元德王后)의 곤릉(坤陵), 고종의 홍릉(洪陵), 원종의 비인 순경태후(順敬太后)의 가릉(嘉陵) 등 피장자와 능호가 밝혀진 무덤이 존재하는데, 이러한 무덤에서 발견되는 유물들은 절대연대를 가진다는 점에서 중요한 의미가 있다. 그 외 잔존하는 무덤의 규모와 형식을 통해 고려의 왕릉급 무덤으로 생각하고 있는 능내리 석실고분, 인산리 석실고분 등도 강화도에 남아 있다.

고려의 왕릉은 주로 왕릉과 왕비릉이 별도로 조영되는 것이 일반적이지만, 공민왕릉과 노국대장공주가 나란히 안장된 새로운 형식도 존재한다. 고려의 왕릉은 무덤의 영역인 능역이 조성되는데, 대체로 장방형인 능역은 경사진 지형을 이용한 3~4단의 석축으로 이루어져 있다. 원형이 비교적 잘 남아 있어서 고려왕릉의 구조를

◐ 조선 헌종 대 강화유수 조복양(趙復陽)에 의해 다시 봉분된 홍릉

잘 알 수 있는 공민왕릉을 중심으로 살펴보면, 가장 높은 1단에는 피장자를 안치한 봉분과 곡장이 자리 잡고 있다. 원형인 봉분의 하단에는 병풍석(屏風石)과 난간석주(欄干石柱)와 난간석이 돌아가는데, 무덤의 권위를 과시할 목적과 봉분의 유실을 막기 위한 역할로 추정하고 있다. 봉분을 중심으로 사방에 호랑이 형상의 석호 4구와 양 모양의 석양 4구가 번갈아가며 배치되어 있다. 봉분의 중앙에 혼유석(魂遊石)이 배치되었고, 무덤의 좌우 양쪽 끝에는 망주석(望柱石)이 각각 하나씩 자리 잡고 있다. 2단에는 중앙에 장명등(長明燈)과 좌우에 문인석(文人石)이 각각 1쌍씩 총 4기가 배치되었다. 3단에는 무인석이 좌우에 각각 1쌍씩 총 4기가 배치되었는데, 갑옷과 투구로 완전히 무장한 형식은 공민왕릉에서 처음 등장한다. 가장 아래인 4단에는 정자각(丁字閣)과 능비가 서 있다. 고려왕릉의 내부구조는 돌을 이용해 방형의 방 구조를 만들고

벽석을 수직으로 쌓아올린 후 편평한 돌을 이용해 천장을 마감하게 된다.

봉분 아래에 위치한 석실은 세 벽을 쌓고 한쪽 벽으로 드나든 후 벽을 쌓아 막는 횡구식(橫口式) 구조이며, 벽석을 수직으로 쌓고 천장을 평천장으로 마감하는 것이 일반적이다. 석실 바닥에 설치된 관대 위에 관을 놓고, 고려시대의 각종 유물들이 관의 주위에 매장된 것으로 추정하고 있지만, 당시의 양상을 정확히 알 수 있는 유적은 확인되지 않는다.

고려의 왕릉 중에는 벽화가 그려진 경우도 있다. 공민왕릉의 경우 화강암의 석벽에 그림을 그렸는데, 동벽·서벽·북벽에 각각 4구씩의 인물상이 묘사되었다. 벽화를 공민왕이 직접 그렸다는 설도 있지만 명확하지 않다. 관복을 입고 홀(笏)을 든 인물상은 머리에 12개의 다른 동물머리가 그려진 관을 쓰고 있어 12지신임을 암시하고 있다. 왕릉은 아니지만 개풍의 수락암동 1호분(水落岩洞1號墳), 장단의 법당방석실분(法堂坊石室墳), 파주의 서곡리고려벽화묘(瑞谷里高麗壁畫墓), 거창의 둔마리벽화고분(屯馬里壁×古墳) 등과 같은 고려시대의 무덤에서도 벽화가 발견되고 있어서, 무덤 내부에 벽화를 그리는 풍습이 고려의 왕실과 귀족층에서 유행했음을 추측해볼 수 있다.

고려시대의 왕릉조영 전통은 조선의 왕릉조영으로 이어졌지만, 성리학적 세계관이나 자연관, 풍수지리 등의 영향으로 능에 진입하는 방식이나 배치방식, 석물의 형태 등에서 차이를 보이게 된다.

✿ 참고문헌

- 고려대학교 한국사연구소, 『수정증보판 한국사』, 새문사, 2014.
- 고용규, 「진도 용장산성의 구조와 축조 시기」, 『13C 동아시아 세계와 진도 삼별초』, 목포대학교 박물관, 2011.
- 권순형, 「고려시대 宮人의 職制와 생활」, 『이화사학연구』 41, 이화사학연구소, 2010.
- 김선미, 「고려 전기 王太子 朝賀儀를 통해 본 왕태자의 위상」, 『동방학지』 189, 국학연구원, 2019.
- 김인호, 「고려시대 국왕의 장례절차와 특징」, 『한국중세사연구』 29, 한국중세사학회, 2010.
- 김창현, 「고려 개경의 도성 구조와 궁성 – 도성 구조의 완성 과정을 중심으로」, 『韓國史學報』 79, 고려사학회, 2020.
- 박형열, 「고려왕릉의 특징과 변천」, 『고고학』 20, 중부고고학회, 2021.
- 윤용혁, 「고려 도성으로서의 江都의 제 문제」, 『韓國史學報』 40, 고려사학회, 2010.
- 이상준, 「강화 고려왕릉의 피장자 검토」, 『중앙고고연구』 23, 중앙문화재연구원, 2017.
- 한국역사연구회, 『고려시대 사람들은 어떻게 살았을까』 1, 청년사, 1996.
- 한국역사연구회, 『고려시대 사람들은 어떻게 살았을까』 2, 청년사, 1997.
- 홍영의, 「개성 일대의 고려 유적 발굴조사 현황과 연구 성과」, 『서울학연구』 83, 서울학연구소, 2021.

7

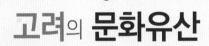

고려의 문화유산

7강 🔵 고려의 **문화유산**

① 청자

　중국인들은 옥을 군자의 상징이며 부귀와 내세를 보장해주는 것으로 이해했다. 이 때문에 흙으로 옥을 만들려 했고, 그 결과 청자(青磁)가 탄생한 것으로 보기도 한다. 청자의 제작기술이 한반도에 전래된 것은 9세기 전반 장보고(張保皐)가 청해진(清海鎭)에서 활동할 때인 것으로 여겨지고 있다. 또 9세기 후반~10세기 중반에 중국 월주요(越州窯)의 청자기술이 전해진 것으로 보기도 한다. 10세기에는 경기도와 황해도 지역에서 청자가 제작되기 시작했다. 하지만 이때는 아직 비색(翡色)이 아닌 황갈색의 청자가 주류를 이루었다.

　11~12세기 중엽에 이르면 청자의 제작기술이 숙련되고 발전해 비색청자(翡色青磁)의 전성기로 접어든다. 비색청자는 자기를 만드는 데 적합한 흙과 연료가 풍부하고, 바닷길을 이용해 운송이 용이한 강진과 부안 일대를 중심으로 관요형태의 대규모 청자 가마로 발전했다. 이 시기 청자는 문양을 새겨넣지 않은 순청자(純青磁)뿐 아니라, 자연에서 소재를 얻은 형태적 특징과 문양들이 독자적으로 발전해 고려청자의 독창성이 드러나기도 한다. 가마에서 구워진 도자기는 바깥 공기를 만나 식을 때 유약에 금이 가는 빙렬(氷裂)이 나타나는데, 이 시기 제작된 청자 표면에는 빙렬이 거의 나타나지 않는다.

🔵 청자상감운학문병(공공누리 제1유형 강화
　역사박물관 공공저작물 이용)

12세기 중엽 상감청자(象嵌靑磁) 제작기술이 유행하기 시작했다. 상감기법은 태토(胎土)를 이용해 성형한 후 반건조 상태에서 표면에 무늬를 음각하거나 도장처럼 문양을 찍은 후, 그 자리에 백토(白土)나 흑토(黑土)를 채워 초벌구이를 한 후 유약을 발라 재벌구이를 해 완성하는 방법으로 고려의 독자적인 기술이다. 이 시기 청자는 유약에 기포가 적고 밝은 비색에 빙렬을 가진다. 문양은 사실적으로 표현해 도식화했고, 청자의 바닥을 작고 깨끗하게 만드는 등의 세심한 주의를 기울인 특징도 보이는데, 청자를 제작하는 여러 가지 기법이 완숙한 경지에 도달했음을 알 수 있다.

　하지만 무신정변 이후 문벌귀족사회의 쇠퇴 및 원간섭의 영향, 강진·부안지역 일대 왜구의 침입 등으로 인한 사회적 혼돈은 고려청자의 생산기반 시설이 붕괴되는 결과로 이어졌다. 이 시기의 청자는 표면이 황록색을 띠거나 비색이 퇴색하고, 상감의 문양이 조잡해지며, 같은 문양이 반복되는 등 문양에 대한 이해나 의미에 대한 고려가 없는 조잡한 양상으로 변한다. 태토가 거칠어지고, 기벽도 두꺼워지며, 상감기법도 퇴조된다. 그릇의 종류에도 변화의 양상이 확인되는데, 매병(梅瓶)이 감소하고 바닥이 좁아진 변형된 매병이나 양면을 두드려 편평하게 만든 항아리인 편병(扁瓶)이 만들어진다. 또한 산화구리를 안료로 문양을 그린 진사청자(辰砂靑磁), 여러 그림을 그린 화청자(畵靑磁), 겉면에 쇠칠을 하고 백토로 그림을 그리거나 상감한 철재자기(鐵彩磁器) 등과 같은 특수한 상감청자도 제작되었다.

　고려시대에 청자가 유행했다고 하더라도 귀족층이 아닌 일반 민들은 청자가 아닌 토기를 주로 사용했다. 하층의 고려 사람들의 무덤인 널무덤(土壙墓)에서 출토되는 흑색에 가까운 경질토기(硬質土器)는 일반 사람들이 사용한 식기류가 자기가 아닌 질그릇이었음을 증명해준다. 고려의 찬란한 문화유산 중 하나인 고려청자는 왕실이나 최상류층의 전유물이었던 것이다.

◆ 청자진사연화문표형주자(공공누리 제1유형 강화역사박물관 공공저작물 이용)

② 불교유적과 유물

고려시대에 불교신앙은 절대적인 것이었다. 고려인들은 사원의 건설과 보수에 적극적으로 참여했고, 연등회나 팔관회와 같은 연례행사들을 통해 사회 전체의 동질성을 유지했다. 지금도 남아 있는 고려시대의 사원·탑·불상·불화 등을 통해 고려인들이 가졌던 신앙의 일면을 엿볼 수 있다.

조선 중종 대에 간행된 『신증동국여지승람(新增東國輿地勝覽)』에 의하면, 고려시대에 사찰이 약 2~3천 곳이나 있었던 것으로 기술되어 있다. 고려는 개국 직후 도성 내에 자운사(慈雲寺)·법왕사(法王寺)·왕륜사(王輪寺)·내제석원(內帝釋院)·사나사(舍那寺)·천선원(天禪院)·신흥사(新興寺)·문수사(文殊寺)·원통사(圓通社)·지장사(地藏寺) 등의 10대 사찰을 새로 창건했다. 이 이외에도 개성에만 70여 곳의 불사(佛寺)가 있었다는 사실을 통해 보더라도, 고려사회에서 불교에 대한 믿음이 얼마나 컸는지를 잘 알 수 있다.

고려시대의 사찰 건립은 왕실이 주도했다. 그런데 그 주체는 왕실·귀족·승려에서부터 개인에 이르기까지 매우 다양했다. 이는 고려가 불교를 국시(國是)로 삼았기에 통일신라시대보다 훨씬 대중화되고 다양성이 존중되었기 때문으로 볼 수 있다. 이런 이유에서인지 삼국시대나 통일신라시대와 달리 고려시대 사원의 가람배치는 정형성을 보이지 않는다.

불교 사원의 가람은 탑을 중심으로 부처님을 모시는 본당인 금당(金堂)과 승려들이 강의나 의식을 행하던 강당(講堂)으로 이루어진다. 그중에서도 탑은 금당과 함께 불교 사원의 핵심이라고 할 수 있다. 원래 탑은 부처의 사리를 모시기 위해 만든 '스투파(स्तूप)'를 기원으로 하는데, 통일신라시대에는 3층탑이 주류를 이루었다. 하지만 고려시대에 들어서면서 훨씬 다양한 형태의 석탑이 제작된다. 고려를 대표하는 탑으로는 10세기 중엽에 제작된 것으로 여겨지는 불일사(佛日寺) 5층석탑, 11세기 초에 제작된 것으로 여겨지는 현화사(玄化寺) 7층석탑, 12세기경에 제작된 것으로 보는 월정사(月精寺) 8각9층석탑 등이 있다. 고려의 불탑 중에서 개성의 경천사(敬天寺)에 있던 경천사지 10층석탑은 1907년에 일본의 궁내대신인 다나카 미쓰아키(田中光顯)에 의해 불법적으로 반출되었다가 반환된 아픈 역사를 가지고 있다. 탑의 1층 몸돌에 1348년[충목왕 4]에 세운 사실이 새겨져 있어서 제작연대를 특정할 수 있고, 대리석을 사용해 만든 이 탑은 원간섭기 원황제의 복을 빌기 위해서 제작된 점이 독특하다.

우리 역사에서 석탑문화는 고려시대에 절정기를 맞았다고 볼 수 있다. 고려의 석탑은 신라의 고토인 경상도 지역에서는 신라의 석탑을 계승하지만, 백제의 고토인 충청도와 전라도 지역 일대에서는 백제의 석탑 양식을, 경기도 이북 지역에서는 고구려의 목탑 양식을 계승한 것으로 추정한다. 지역성이 가미된 다양한 형태의 석탑이 전국적으로 건립되었던 것이다. 이뿐만 아니라 고려의 탑은 네모난 방형(方形)에서 다각형(多角形)으로, 그리고 다층(多層)으로 변화했다. 이처럼 탑이 변화하는 양상에는 고려사회의 정치·사회적 상황이 반영되었기 때문일 것으로 유추한다.

신앙심을 극대화시킨 불상은 불교 예술의 대표적인 유물 중 하나이다. 고대국가 단계나 통일신라시대에 비해 불교가 정신사상으로서 더 큰 비중을 차지한 것이 고려시대였지만, 통일신라 이전의 불상에 비해 예술적 완성도가 부족한 것으로

◑ 국립중앙박물관 1층 로비에 전시 중인 경천사지 10층석탑

◑ 은진미륵으로도 불리는 관촉사 석조미륵보살입상

평가되기도 한다. 하지만 고려의 불상에는 이전 시기의 불상이 가지지 못한 시대정신이나 미적 특징, 전통을 유지하려는 보수성과 새로움을 반영하려는 진취성이 함

께 포함되어 있다. 따라서 귀족 중심의 세련된 미적 완성도 일변이던 고려시대 이전의 관점으로, 서민적이고 대형화된 불상의 시대를 맞이해 각 지방마다 특색 있는 불상이 제작되는 고려의 불상을 함부로 평가할 수는 없다.

고려의 불상은 이전 시기에 비해 거대한 불상들이 많은 점이 특징이다. 높이가 18미터나 되는 관촉사(灌燭寺) 석조미륵보살입상과 대조사(大鳥寺) 석조미륵보살입상, 삽교리 석조보살입상, 안국사지 석조여래삼존입상 등은 왕실 발원의 불상으로 고려 전기 불상의 특징을 엿볼 수 있다. 특히 관촉사 석조보살입상은 한국에서 가장 큰 것으로, 다리·몸통·상반신·얼굴 등 몇 개의 부분으로 나누어 조각한 것을 짜맞추어 세운 것이다.

고려 전기에는 통일신라와 마찬가지로 석가모니불(釋迦牟尼佛)이나 비로자나불(毗盧遮那佛)도 제작되었다. 하남 하사창동 철조석가여래좌상이나 충주 철불좌상 등은 통일신라의 전통을 계승하고 있지만, 이전 시기의 불상보다 거칠고 근엄한 인상을 가지고 있어서 고려사회를 지배했던 호족들의 모습이 투영된 것으로 추정한다. 반면 고려 후기의 거대 석조불상은 양감을 잃어 비석이나 장승의 모습으로 변한다. 금동불의 경우에는 한쪽 다리를 세우고 팔을 그 위에 얹은 자세인 윤왕좌(輪王座)를 취하고 있는 금동관음보살좌상에서 나타나듯이 귀

◐ 하남 하사창동 석가여래좌상

족적이면서 이국적인 모습으로 변한다. 원간섭기 이후에는 원의 영향으로 라마교풍의 불상이 유행하는데, 고려 전기와 달리 연꽃이 위아래로 맞닿은 타원형의 대좌를 가지거나, 커다란 원형의 귀걸이가 장착되고, 두 팔을 휘감아 내린 천의 형태 등과 같은 새로운 요소들이 불상에 도입된다. 이러한 불상으로는 호림박물관에 소장된 금동대세지보살좌상, 국립전주박물관에 소장된 금동관음보살좌상, 호암미술관에 소장된 금동관음보살 등이 있다. 이처럼 다양한 계층의 사람들이 여러 이유로 전 시기에 걸쳐 불상을 제작한 모습을 통해 볼 때, 고려시대 불교가 가지는 위상을 확인

할 수 있다.

고려시대의 불화(佛畵)는 현재 전 세계에 약 160점이 남아 있다. 국내에는 13점밖에 없지만, 일본에 약 130점, 유럽과 미국에 17점이 있다. 중국이나 일본과 달리 고려의 불화에는 금가루를 많이 사용한 특징이 확인된다. 고려 후기의 불화를 대표하는 것은 수월관음도(水月觀音圖)이다. '동양의 모나리자'로도 일컬어지는 이 불화는 관음보살에게 불법을 구하는 선재동자를 그린 것인데, 반드시 물과 달이 그려져 있어서 붙여진 명칭이다. 고려의 수월관음도는 전 세계에 약 40여 점이 현존하는데, 대다수가 일본에 남아 있지만 2016년에 국립중앙박물관에 기증된 사례도 있다.

고려시대의 불화는 수월관음도 이외에도 오백나한도(五百羅漢圖)나 아미타여래도(阿彌陀如來圖) 등이 있다. 이러한 고려시대의 불화들은 대부분이 국토의 태평이나 국가 및 왕실의 안녕, 귀족층의 사후세계 평안을 기원하기 위한 것들이다. 그런 만큼 이들 불화는 민의 신앙심과는 어느 정도 거리가 있는 것으로, 귀족적인 색채를 띠는 것이 오히려 너무나도 당연하다고 할 수 있다.

◎ 국립중앙박물관에 소장 중인 수월관음도(공공누리 제1유형 국립중앙박물관 공공저작물 이용)

③ 팔만대장경

호국의 상징으로 여겨지고 있는 팔만대장경(八萬大藏經)은 부처님의 도움으로 외적의 침입에 맞서려는 고려인들의 의지의 표현이다. 대장경은 부처님의 가르침을 모두 모아 경(經)·율(律)·논(論)의 삼장(三藏)으로 집대성한 불교성전(佛敎聖典)이다. 고대 인도어인 범어(梵語: sanskrit)로 만들어진 대장경은 중국에 전해져 오랜 기간에 걸쳐 한문으로 번역된 후 유통되었다. 하지만 직접 손으로 옮겨 적은 대장경은 체제가 통일되지 않았고, 중복되는 부분도 있었다. 이러한 문제를 해결하기 위해 목판 인쇄술을 이용해 대장경을 찍어내게 되는데, 이것이 송나라에서 971~983년에 제작된 세계 최초의 목판 대장경인 개보칙판대장경(開寶勅版大藏經)이다. 이 개보칙판대장경은 이후 고려·거란·북송 등의 대장경 간행에 큰 영향을 미쳤다.

고려에서 대장경의 목판제작은 1011년[현종 2]에 거란의 침공을 물리치기 위한 발원으로 시작되었는데, 18년에 걸친 작업 끝에 1029년에 1차로 완성되었다. 이후 새로운 경전들을 추가해 대장경을 판각하는 사업이 1063년[문종 17]에 시작되어 1087년[선종 4]에 끝났는데, 이것이 바로 초조대장경(初雕大藏經)이다. 초조대장경의 제작으로 인해 더 이상 중국에서 대장경을 수입하지 않아도 되었고, 경전 구입을 위해 승려들이 유학을 떠날 필요도 없게 되었다. 이런 점에서 대장경경판의 제작은 부처님의 힘을 빌려 외적의 침입을 물리치겠다는 정치적인 목적과 함께, 문화적으로는 주변국과 어깨를 나란히 하려는 수단이었다고 할 수 있다. 초조대장경의 목판은 개성의 흥왕사(興王寺)에 지은 대장전(大藏殿)에 봉안되었다가, 팔공산의 부인사(符仁寺)로 옮겨 보관되었다.

1232년 2차 몽골군의 침입으로 인해 초조대장경이 불타 없어졌다. 고려는 대몽항전을 계속하는 와중에도 소실된 초조대장경의 목판을 16년에 걸쳐 새로 만들었는데, 이것이 재조대장경(再造大藏經)으로도 부르는 팔만대장경 목판이다. 고려 조정은 팔만대장경을 만들기 위해 대장도감(大藏都監)을 설치하고 강화도에 본사(本司), 당시는 섬이었던 남해에 분사(分司)를 두었다고 알려져 있다. 대장경판의 제작과 실제 판각작업의 후보지인 남해는 경판의 재료가 되는 산벚나무와 돌배나무의 조달에 유리하고 몽골의 침략으로부터 비교적 안전한 섬이라는 지형적 특징이 있기 때문에 대장경의 제작에서 매우 중요한 곳이었다.

팔만대장경을 만드는 과정을 살펴보면 우선 경판(經板)을 제작해야 한다. 산벚나무와 돌배나무를 베어내 운반한 뒤, 적당한 크기로 잘라내어 바닷물에 담가두었다가 다시 소금물로 쪄서 기름성분을 완전히 빼낸 다음 몇 년 동안 그늘에서 말리고 대패질을 해 경판을 만들었다. 완성된 경판에는 손으로 쓴 경문을 그 위에 뒤집어 붙인 다음에 조각용 도구를 이용해 양각하는데, 양면에 각각 14자씩 23행을 새겼다. 그

후 양쪽 끝에 각목으로 마구리를 대고 경판 표면에 진한 먹을 발라 나무를 물들인 후 결을 메워 매끄럽게 한 다음, 옻칠을 반복하고 그늘에서 말렸다. 마지막으로 구리 판을 이용해 네 귀퉁이를 감싸서 판이 뒤틀리지 않도록 해 완성했다.

팔만대장경이라는 이름 때문에 경전이 8만 장이라 생각하기 쉽지만, 8만여 장에 이르는 경판 양면에 모두 경문을 새겼기 때문에 실제로는 16만여 장에 이르는 경전을 딱딱한 목판에 판각한 것이다. 일제강점기인 1915년의 조사 이래로 팔만대장경의 목판은 8만 1,258장으로 알려져 있었다. 그런데 2015년의 재조사 과정에서 경판의 숫자가 기존의 숫자보다 많은 총 8만 1,352장으로 확인되었다. 8만 1,352장의 대장경 목판 중에는 일제강점기인 1915년과 1937년에 제작된 36장의 경판도 포함되어 있다. 20세기에 만들어진 경판을 포함시킬지에 따라서 팔만대장경의 총 숫자는 8만 1,352장 혹은 8만 1,316장으로 바뀔 수 있는 것이다.

팔만대장경의 판각 장소에 대해서도 이견이 있는데, 강화도에서 판각을 한 것인지 혹은 남해에서 판각한 후 강화도로 옮긴 것인지가 명확하지 않다. 강화도의 선원사(禪源寺)에 보관되어 있던 팔만대장경은 1398년에 한양의 지천사(支天寺)로 옮겼다가, 1456년경에 다시 합천의 해인사로 옮겨졌다. 조선 시대에 팔만대장경이 여러 차례 옮겨

○ 팔만대장경이 보관되어 있는 해인사 장경판전

진 이유가 무엇인지는 불분명하다. 현재 팔만대장경은 해인사(海印寺)의 장경판전(藏經板殿)에 보관되어 있는데, 1995년에 유네스코(UNESCO) 산하의 세계문화유산위원회는 팔만대장경과 함께 경판을 보관하고 있는 장경판전을 세계문화유산으로 지정했다.

우리의 팔만대장경은 목판이 완전히 보존된 세계 유일의 대장경이다. 다른 곳에서는 전하지 않는 불경도 수록되어 있고, 다양한 판본을 대조해 교정한 완전체에 가깝다. 대장경 제작에는 민·관리·승려 등 모든 계층이 참여했다. 몽골군 격퇴를 바라는

국가적 사업인 동시에 개인의 소망이 이루어지기를 기원한 전 고려인의 염원이 담긴 문화유산인 것이다. 하지만 전쟁으로 모두가 힘든 시기에 모든 과정이 자발적 참여로 이루어졌다고 보기는 힘들다. 『고려사』에 의하면 팔만대장경 조판에 참여했던 정안(鄭晏)이 "불사가 매우 번거로워 한편으로는 싫어하고 괴롭게 여겼다[事佛太煩 一方厭苦]"고 평가한 것에서 알 수 있듯이, 대장경의 제작은 때로는 무겁고 괴로운 의무이기도 했던 것이다.

④ 금속활자

세계 최초의 금속활자는 『백운화상초록불조직지심체요절(白雲和尚抄錄佛祖直指心體要節)』을 통해 고려시대에 발명된 것으로 공인되었다. 『직지심체요절』은 프랑스 파리국립도서관에 소장되어 있었는데, 1967년 프랑스 국립도서관 사서로 근무하던 박병선(朴炳善) 박사가 1890년대 초 주한 프랑스 대리공사로 재직했던 콜랭 드 플랑시(Collin de Piancy)가 가져간 『직지심체요절』이 소장되어 있는 것을 발견하면서 알려졌다. 박병선 박사는 연구를 통해 1972년에 세계 동양학 대회 및 파리국립도서관이 주최한 "BOOKS"에서 『직지심체요절』이 1377년 흥덕사(興德寺)에서 인쇄된 가장 오래된 금속활자본임을 인정받게 했고, 2001년 유네스코 세계기록유산으로 등재되는 데도 크게 기여했다.

『직지심체요절』의 존재가 알려지기 이전에 세계 최초의 금속활자는 독일인 요하네스 구텐베르크(Johannes Gutenberg)가 발명한 것으로 알려져 있었다. 구텐베르크는 1455년에 한 쪽에 42줄 2단으로 이루어진 「42행성서」를 인쇄했다. 구텐베르크가 금속활자를 발명함으로써, 소수 지배계급의 전유물이었던 책이 대중에게 공급되면서 종교개혁에 큰 영향을 끼치게 된다. 그런데 『직지심체요절』이 세계 최초의 금속활자로 인정되면서, 유럽의 금속활자가 고려 금속활자의 영향을 받은 것이 아닌지에 대한 새로운 논의가 이어졌다. 실제 구텐베르크의 「42행성서」는 주물사 주조기술로 만들어진 금속활자를 이용해 인쇄된 것으로, 모래틀을 이용해 활자를 만드는 주물사 주조기술은 고려시대부터 조선시대까지 이어진 우리의 기술이며, 이를 구텐베르크가 모방했다는 견해가 제기된 것이다.

◆ 금속활자로 인쇄된『직지심체요절』

『직지심체요절』이 세계 최초의 금속활자로 인쇄한 책이지만, 우리 역사에서 금속활자는 이보다 이른 시기에 이미 발명되었을 가능성이 높다.『동국이상국집』에는 1234년 최윤의(崔允儀)가 왕명을 받아 17명의 학자들과 함께『상정고금예문(詳定古今禮文)』을 편찬한 사실이 기록되어 있다. 이뿐만 아니라 국립중앙박물관에는 '복(複)'자 금속활자 1점이, 개성박물관에는 개성 만월대의 신봉문에서 출토된 금속활자 1점이 보관되어 있고 최근 진위논란에 휩싸인 '증도가자(證道歌子)'로 이름 붙인 활자가『직지심체요절』보다 138년이나 빨리 만들어진 것이라는 주장이 제기되어 있다. 이처럼 금속활자의 발명과 사용은 고려가 최초인 점은 명확하지만, 그 시작이 언제인지에 대해서는 숙종 대, 문종 대, 1102년, 12세기 중엽, 13세기 등 다양한 견해가 제시되어 있다.

고려시대에 발명된 세계 최초의 금속활자도 민의 삶과는 거리가 있었다. 유럽의 금속활자가 종교개혁의 가교역할을 한 것과는 달리 고려의 금속활자는 민을 계몽시키기 위한 것이 아닌 부처의 말씀을 오랫동안 보관하기 위한 것이 목적이었다. 이 때문에 문화 대중화를 이끌어낼 매개체 역할은 하지 못했다.

✵ 참고문헌

- 고경희, 「태안 마도3호선 해양유물 중심으로 본 고려시대 음식문화」, 『한국식생활문화학회지』 30(2), 한국식생활문화학회, 2012.
- 국립해양문화재연구소, 『태안 마도3호선 수중발굴조사보고서』, 국립해양문화재연구소, 2012.
- 김성수·마승락, 「금속활자의 발명과 전래에 관한 동서양 비교 연구」, 『서지학 연구』 60, 한국서지학회, 2014.
- 김영원·이애령·강경남, 『고려 왕실의 도자기』, 국립중앙박물관, 2008.
- 박경식, 『한국의 석탑』, 학연문화사, 2008.
- 박용진, 「고려시대 국가의 사원 조성과 성격 - 충청남도 지역을 중심으로」, 『한국학연구』 80, 고려대학교 한국학연구소, 2022.
- 장남원, 『고려 중기 청자 연구』, 혜안, 2006.
- 한성욱, 「고려 후기 청자의 기형 변천」, 『미술사학 연구』 232, 한국미술사학회, 2001.

8

고려 후기 사회의 변화

8강 ● 고려 후기 사회의 변화

① 무신정권의 성립

11세기 중반부터 약 80여 년간에 걸쳐 고려사회는 왕실과의 혼인을 통해 성장한 외척세력이 막강한 영향력을 행사하고 있었다. 특히 문종·순종·선종·헌종·숙종·예종·인종 대에 걸쳐 외척세력을 형성한 경원 이씨(慶源李氏)가문은 국가 권력을 좌지우지했는데, 1126년에 발생한 이자겸(李資謙)의 난은 외척세력의 절정기에 일어난 사건이었다.

외척 등 문벌귀족세력에 의한 권력은 왕권의 약화와 사회적 불평등을 극대화시켰다. 특히 문신들에 비해 무신들의 처우는 열악하기 그지없었고 차별의 양상은 상상을 초월할 정도였다. 과거시험의 경우에도 문신들을 위한 문과는 정기적으로 실시된 반면 무과의 시험은 제대로 시행되지 않았다. 그나마 1109년[예종 4]부터 1133년까지 약 24년간 무과를 실시하게 되었지만, 이조차도 문신들의 반발로 폐지되었다가 1390년[공양왕 2]에야 다시 무과 설치를 논의할 정도였다. 이처럼 국가 권력을 독식한 문벌귀족과 문신들은 전쟁에서도 최고지휘관을 맡았고, 전시과(田柴科)에서도 무신들보다 많은 토지를 받았으며, 연회나 국가의 중요 행사에서 문신들이 무신들을 호위병 취급하는 등 무신들의 입장에서는 사회적 차별에 불만이 고조될 수밖에 없었다.

1170년[의종 24]에 차별과 멸시를 감내하던 무신들이 무력을 앞세워 권력을 장악해 고려사회를 무신들의 세상으로 만들었다. 그 발단의 도화선은 왕실과 문신들의 구경거리를 위해 무술시합을 하던 나이 많은 무신인 이소응(李紹膺)을 나이 어린 문신인 한뢰(韓賴)가 폭행하며 모욕을 준 사건이었다. 이를 지켜본 정중부(鄭仲夫)·이고(李高)·이의방(李義方) 등은 보현원(普賢院)에서 불만의 대상이었던 문신들과 반란에 참가하지 않은 무신들을 제거했다. 이후 권력을 장악한 정중부 등의 무신세력은 의종을 거제도로 유배시키고 명종을 왕으로 세웠으며, 의종과 문신들이 소유하던 재산을 빼앗았다. 무신에 의해 왕좌에 오른 명종은 문신들을 배제하고 무신들을 고위직에 발탁했다. 정중부의 난으로 시작된 100여 년에 걸친 무신들의 천하가 열린 것이다.

무신정권기는 크게 성립기·최씨집권기·붕괴기로 나눌 수 있다. 성립기는 권력을 장악한 정중부를 시작으로 경대승(慶大升)·이의민(李義旼) 등으로 이어지는 약 25년간의 갈등의 시기이다. 이때 무신 내에서 권력을 향한 피나는 암투가 지속되었다. 정중부와 함께 반란을 일으킨 이고는 또 다른 정변을 준비하다가 이의방 일파에게 죽임을 당하고, 이의방과 정중부가 함께 정권을 운영했지만 1인자의 자리는 이의방의 것이었다. 그런데 1173년[명종 3]에 동북면병마사(東北面兵馬使) 김보당(金甫當)이 의종의 복위를 꾀하자 정중부가 이를 진압한 후 이의민으로 하여금 의종을 살해케 했다. 이듬해 서경유수(西京留守) 조위총(趙位寵)이 반란을 일으키자, 정중부는 조위총의 난을 진압하면서 최고의 권세를 누리던 이의방을 제거하고 문하시중의 자리에 올랐다. 이처럼 우여곡절 끝에 권력을 쥔 정중부는 무신들의 합의제인 중방(重房)을 중심으로 정사를 펼치게 되는데, 이는 정중부가 무신세력 전체를 통제하지 못했음을 반증해주기도 한다.

국정 운영 경험이 전혀 없었던 정중부와 그 일파는 민을 갈취하고 부정과 탈법을 일삼았기 때문에 민심을 잃었고 무신들의 지지도 이끌어내지 못했다. 1179년 27세의 명문가문 배경을 가진 젊은 장군 경대승(慶大升)이 정중부 세력을 제거하면서 실권을 장악했다. 경대승은 무신들의 최고 권력기구인 중방을 무력화시키고, 자신의 사적 집단인 도방(都房)을 중심으로 정권을 운영했다. 경대승은 무신과 문신을 고루 관리로 기용하려는 의지를 보였는데, 이는 다른 무신들로부터 반감을 사기도 했다. 이렇게 경대승이 새로 정권을 장악하자, 위기의식을 느낀 이의민은 고향인 경주로 낙향했다.

경대승이 집권 3년 만에 병으로 세상을 떠나자 명종은 이의민을 개경으로 불렀다. 명종은 무신세력에 의해 왕위에 올랐던 만큼, 경대승이 문신을 우대하는 것을 불안하게 여겼을 가능성이 높다. 이 때문에 무신정변을 주도한 세력이 권력을 장악해야 자신의 왕좌를 지킬 수 있다고 여겨 이의민을 등용한 것으로 여겨진다. 새로 최고 권력을 거머쥔 이의민은 무신들의 문반직 겸임을 확대했고, 무력을 앞세운 권력을 기반으로 민의 토지를 수탈하는 등 전횡을 일삼았다.

1196년에 최충헌(崔忠獻)이 동생인 최충수(崔忠粹) 등과 함께 이의민 일족을 무너뜨린 후 또 다른 무신정권인 최씨무신집권기를 열었다. 성립기의 무신정권은 자신들의 권력 다툼에만 몰두해 민생을 돌보지 않았고, 확고한 정치적인 신념과 기반도 갖추지 못했으며, 정무에 대한 경험과 능력이 없어서 국정을 제대로 수행할 수가 없었다. 이와 같은 원인으로 장기적인 집권을 할 수 없었지만 최충헌의 등장은 무신정권기에 일대 전환을 가져왔다. 최씨무신정권기는 최충헌을 시작으로 최우(崔瑀)·최항(崔沆)·최의(崔竩) 등으로 이어지는 62년간의 장기적인 세습이 이루어진 시기이다. 성립기와는 달리 최씨무신정권은 문신들도 등용해 시정개혁의 방향을 제시했다. 최충헌은 명종에게 봉사10조(封事十條)를 올려 여러 폐단에 대한 시정을 요청했다. 비록 형식적이더라도 절차를 지켜 정당성을 확보하기 위한 노력도 게을리하지 않았는데, 이러한 점은 이전의 무신세력들과는 차별화되는 점이다. 최충헌은 최고 권력기관이었던 중방을 유명무실화시키고, 경대승이 운영한 도방의 기능을 강화시켰다. 또 60년에 걸친 최씨무신정권의 구심점이 되는 교정도감(敎定都監)을 두고 국정을 총괄했다.

최충헌은 자신의 뜻에 맞지 않거나 반기를 드는 세력은 용서치 않았다. 최충헌은 명종과 태자를 폐위시킨 후 신종을 새로운 왕으로 세웠고, 동생인 최충수마저도 제거해 1인 독재체제를 구축했다. 이후 명종을 대신해 왕위에 세운 신종도 몰아내고, 희종·강종·고종을 차례로 즉위시켜 왕을 허수아비로 만들고 권력을 독식했다. 이러한 와중에 몽골이 침략하자 최충헌은 강화도로 천도를 단행해 정권을 유지해나간다. 표면적으로는 몽골에 굴복하지 않겠다는 자주성을 강조해 강화도로 도읍을 옮겼다고 하지만, 그 실상은 최씨정권의 안녕을 위한 조치였다.

최충헌의 뒤를 이은 최우 대에 이르러 최씨무신세력에 의한 독재정권은 더욱 강화되었다. 최우는 30여 년간이나 집권하면서 교정도감과 도방의 기능을 강화했고, 자신의 집에 설치한 인사행정 기관인 정방(政房)을 두었으며, 사병집단이면서 공적인 임무를 수행한 삼별초를 조직했다. 이와 같은 기구들은 모두 최씨무신정권을 유지할 수 있는 근원이 되었다. 절대권력자였던 최우의 사후에는 최항·최의가 최씨무신정권을 계승하게 되지만, 1258년에 최의를 김준(金俊)·임연(林衍)·유경(柳璥) 등이 제거함으로써 최씨무신정권의 독재는 막을 내리게 된다.

○ 최충헌의 묘지석(도쿄국립박물관 소장번호 TJ-729)

최씨무신정권이 붕괴되면서 권력은 다시 왕에게 돌아간 듯했지만, 김준·임연·임유무 등이 차례로 권력을 행사했다. 김준은 최씨정권을 타도하고 교정별감(敎定別監)에 임명되어 정권을 장악했지만, 1268년에 임연에게 암살당했다. 이후 임연이 교정별감이 되었으나 곧 병으로 죽고 임유무가 집권했다. 이 시기의 무신정권은 몽골과의 전쟁으로 피폐해진 민은 안중에도 없었고, 오직 자신들의 권력유지를 위해 강화도에서의 결사항전을 주장했다. 그러나 결국 임유무가 홍문계(洪文系)와 송송례(宋松禮) 등의 문신관료들에게 제거되면서, 무신정권은 완전히 무너지게 되고 고려 조정은 38년 만에 개경으로 환도할 수 있게 되었다.

② 몽골의 침략

최씨무신정권이 고려를 지배하던 13세기 초의 중국에서는 여진족이 세운 금(金)이 쇠퇴하고 몽골족이 강대한 제국을 형성한다. 금나라는 장기적인 남송(南宋)과의 대치 상황과 거란족의 저항, 칭기즈칸(成吉思汗)의 세력 팽창으로 인해 분열되기 시작했다. 이처럼 불안한 중국의 정세는 고려에도 영향을 미쳤다.

1211년에 거란족인 야율유가(耶律留哥)가 반란을 일으켜 대요국(大遼國)을 세우고 금에 저항하자, 금은 포선만노(蒲鮮萬奴)를 파견해 야율유가의 반란을 진압하려 했다. 그런데 포선만노는 야율유가와의 싸움에서 대패한 후 금을 배반하고 스스로 천왕을 자처하며 대진국(大眞國)을 세웠다. 그 사이 대요국에서는 반란이 일어나 야율유가를 쫓아내고 위요(僞遼)를 세운 사건이 일어났다. 추방당한 야율유가는 칭기즈칸의 후원을 받아 자신의 본거지를 공격하게 되었고, 위요의 세력들이 포선만노에게까지 쫓겨 1216년에 고려의 국경을 침입하게 되었다.

이때 고려는 노원순(盧元純)·오응부(吳應夫)·김취려(金就礪) 등으로 하여금 위요의 침입을 막게 했지만 진압이 여의치 않았다. 그러자 1218년에 고려는 몽골군·야율유가·포선만노 등과 연합해 강동성(江東城)에 주둔 중인 위요의 세력을 소탕했다. 이 사건을 계기로 고려는 몽골과 형제의 맹약을 맺었다. 국교를 맺은 후 몽골은 차츰 과중한 조공을 요구하는 한편, 공물의 규모나 사절단의 인원에 제한을 두어 고려의 대몽감정은 악화되고 있었다.

이러한 와중에 사건이 일어났다. 1221년에 고려로 파견된 몽골 사신인 자꾸예(箸古與)는 무례한 행동으로 고려와 갈등을 빚었다. 이후 1224년 11월에 다시 자꾸예가 고려에 왔는데, 그는 귀국길에 압록강을 건넌 후 피살당했다. 자꾸예의 피살은 그 횡포에 분노한 고려인에 의한 것일 수도 있고, 몽골과 적대관계에 있던 금이나 동진이 고려와 몽골의 외교적 분쟁을 위해 일으킨 것일 수도 있다. 이 사건에 대해 고려 조정은 금나라인의 소행이라고 급히 몽골에 통보했으나, 몽골은 고려의 주장을 받아들이지 않았다. 오히려 자꾸예의 피살은 몽골에 고려 침략의 좋은 명분이 되었기 때문이다.

1231년 8월에 살리타이(撒禮塔)가 지휘하는 몽골의 군대가 고려를 침략하면서 30여 년에 걸친 여몽전쟁이 시작되었다. 살리타이가 이끈 몽골군은 압록강 하구의 함신진(咸新鎭)을 통과한 후 정주(靜州)와 철주(鐵州)를 점령했지만, 귀주에서 박서(朴犀)·김중온(金仲溫)·김경손 등이 힘을 합쳐 몽골군을 막아냈다. 그러나 안북성(安北城)을 점령한 몽골군은 수도인 개경을 거쳐 충주까지 침입했다. 이해 12월 고려 조정은 몽골군과 화친을 모색해 양국 간 화의가 이루어졌다. 그 결과 몽골군은 개경을 비롯한 40여 개 성을 관리하기 위해 72명의 다루가치(達魯花赤)를 임명한 후 철수함으로써 1차 여몽전쟁이 일단락되었다. 하지만 다루가치의 극심한 횡포와 몽골의 과도한 공물과 인질 요구가 이어지게 되자 결국 고려는 1232년 6월에 다루가치들을 살해하고 강화도로 천도한다. 당시 집권자였던 최우는 수전(水戰)에 약한 몽골군의 약점을 파악하고는 최씨 무신정권의 유지를 위해 몽골과의 결사항전을 마다하지 않았다.

몽골은 고려의 강화 천도를 선전포고로 받아들이고, 1232년 8월에 살리타이로 하여금 고려를 침략하게 했다. 몽골군은 최우의 몽골 입조와 고종의 출륙을 촉구했다. 그러나 고려 조정이 응하지 않자 경상도까지 진출해 부인사(符仁寺; 符印寺; 夫人寺)에 있는 초조대장경(初雕大藏經)을 불태우는 등 전국을 노

◑ 처인성승첩기념비

략질했다. 하지만 12월에 처인성(處仁城)에서 승려 김윤후(金允侯)와 처인의 부곡민들이 살리타이를 사살하게 되자 몽골군은 철군했다.

1234년에 금을 멸망시킨 몽골은 1235년 7월에 탕쿠(唐古)로 하여금 또다시 고려를 침략하게 해 약탈과 파괴를 일삼았는데 이것이 3차 여몽전쟁이다. 이전과는 달리 금이라는 불안요소를 제거한 몽골군은 4년에 걸쳐 고려의 국토를 처참하게 유린했는데 황룡사(黃龍寺) 9층목탑이 이때 소실된다. 섬에 들어가 보호하는 해도입보(海島立保)와 식량을 남기지 않는 청야전술(淸野戰術)로 일관하던 고려 조정도 전쟁의 장기화로 인해 피해가 극심해지자 몽골군의 철군을 호소했고, 1239년 4월에 고려 국왕의 친조(親朝)와 강화도에서 개경으로 환도할 것을 조건으로 몽골군이 겨우 물러났다.

고려 국왕의 친조와 개경 환도의 약속이 지켜지지 않자 1247년에 아무간(阿毋侃)을 사령관으로 한 몽골군이 고려의 북계지역에 있는 여러 성을 침입했다. 하지만 몽골의 3대 왕인 정종이 급사하면서 자연스럽게 4차 여몽전쟁은 끝이 났다.

1253년에 몽골은 예쿠(也窟)로 하여금 5번째 고려 침공을 명령했다. 하지만 김윤후가 충주성을 지켜내자 몽골군은 더 이상 남진하지 못했다. 그러던 중 예쿠가 사적인 원한에 휩싸여 탈라아(塔剌兒)의 병영을 습격하는 등 몽골군의 내분으로 인해 예쿠가 소환되고 후임으로 자랄타이(車羅大)가 임명되면서, 결국 몽골군은 충주성 공격을 포기하고 이듬해 정월에 철수했다. 다음 해인 1254년부터 1257년에 이르기까지 자랄타이가 이끄는 몽골군은 4차례나 더 고려를 침략한다.

여몽전쟁의 결과, 20만여 명에 이르는 고려인들이 포로로 끌려 갔고 고려의 전 국토가 유린당했다. 전쟁이 장기화되는 와중에 몽골은 고려의 조정이 개경으로 천도할 것, 고려 국왕이 친조할 것, 수많은 공물을 바칠 것 등을 요구했다. 이러한 몽골의 요구에 고려의 조정이 응하지 않은 이유에는 여러 가지 요인들이 있었겠지만, 자신들의 권력기반 자체가 송두리째 위협받을 것이라는 최씨무신정권의 거부감이 가장 컸을 것이다. 하지만 절대 권력자로 군림하던 최우가 사망한 후 힘을 잃어가던 최씨무신정권은 결국 종말을 맞았다. 이후 국왕의 친조 조건이 완화되어 태자로 대신하게 되자 고종은 육지로 나와 몽골 사신을 맞이했고, 2남인 안경공(安慶公) 창(淐)이 몽골에 조회하고 강화를 맺었다.

전쟁이 일단락되었지만 고려와 몽골 사이에는 여전히 불안 요소가 존재했다. 최씨무신정권이 무너졌지만, 김준·임연으로 이어지는 무신이 여전히 실권을 쥐고 있는 상황에서 개경으로의 환도는 좀처럼 이루어지지 않았다. 개경 환도는 무신세력들의 세력기반 붕괴를 의미하는 것이기에 무신세력들로서는 받아들이기 힘든 결정이었던 것이다. 하지만 1270년 개경 환도가 단행되고, 이를 반대하던 삼별초를 해체시키려 하자 배중손(裵仲孫)과 노영희(盧永禧) 등이 왕온(王溫)을 왕으로 옹립하고 대몽항쟁을 펼쳤다. 삼별초는 강화도에서 근거지를 진도로 옮겨 여몽연합군에 대항했지만 배중손과 왕온이 전사하자 다시 제주도로 옮겨 항전했다. 김통정(金通精)의 지휘 아래 남은 군대가 항파두리(紅坡頭里)를 최후의 보루로 삼고 항쟁했지만, 1273년 결국 여몽연합군의 공격으로 항쟁은 막을 내렸다.

그런데 삼별초 세력이 제주도에서 전멸했다고 보기 어렵다는 견해가 있다. 오키나와(沖縄)에서 '계유년고려장인와장조(癸酉年高麗匠人瓦匠造)'라는 명문이 확인되는 암키와가 출토되었고, 진도의 용장성에서 출토된 수막새와 매우 유사한 형식의 문양적 속성을 가진 수막새가 오키나와의 우라소에성(浦添城)과 슈리성(首里城) 등지에서 다수 발견되었기 때문이다. 암키와에서 확인되는 계유년을 1273·1333·1393년 등으로 다양하게 해석할 수 있는데, 만약 이 기와의 제작연대가 1273년이라면 삼별초가 진도에서 제주도로 옮길 당시에 일부 세력들이 오키나와로 갔거나 혹은 제주도에서 최후를 맞은 삼별초의 잔존세력이 오키나와로 도망쳤을 가능성도 있다. 삼별초의 대몽항쟁을 외세의 침입에 맞서 자주성을 지키려 한 것으로 평가하기도 하지만, 무신세력들이 권력 유지를 위해 민의 목숨을 담보로 삼았다는 비판도 있다.

삼별초의 난이 진압되면서 고려와 몽골의 관계는 안정을 찾았지만 고려에 대한 몽골의 내정간섭은 극심해졌고 왕실의 지위도 제후국으로 격하되었다. 왕실에서 사용하는 용어와 관제, 복식 등도 원나라 풍으로 바뀌고 제주도에는 탐라총관부(耽羅摠管府)가, 함경도 일대에 쌍성총관부(雙城摠管府)가, 북계와 자비령(慈悲嶺) 일대에는 동녕부(東寧府)가 설치되는 등 이후 고려에 대한 몽골의 간섭은 90년 가까이 지속되었다.

③ 원의 간섭과 공민왕의 반원정책

무신정권이 붕괴되고 왕정이 회복되었지만, 개경 환도 이후에도 왕권은 여전히 취약한 상태였고 원의 내정간섭은 극심했다. 이러한 양상을 타개하기 위해 원종은 몽골 황실과의 혼인을 시도했다. 1274년에 충렬왕으로 즉위하는 태자와 쿠빌라이(忽必烈)의 딸인 제국대장공주(쿠틀룩 케르미시; 忽都魯揭里迷失) 사이에 혼인이 이루어지면서 고려의 지위는 격상되어 다루가치의 철수와 동녕부 및 탐라총관부의 반환 등과 같은 고려의 다양한 요구들이 관철되었다.

고려 왕자와 몽골 공주의 혼인으로 인해 고려의 왕자들은 원에서 성장하고 교육을 받도록 강요되었다. 국정의 상당 부분에서 원의 허락을 받아야 했고, 원의 관점에서 문제점이 있으면 고려 국왕을 사퇴시키기도 했다. 그 결과 퇴위한 왕이 다시 왕위에 오르는 중조(重祚)가 충렬왕-충선왕 대, 충선왕-충혜왕 대 2차례에 걸쳐 나타났다.

원의 제후국으로 전락한 만큼 묘호(廟號)는 조(祖)나 종(宗)이 아닌 '忠○王'을 쓰게 되었고, 고려 왕실에 시집온 원의 공주들은 '왕후'가 아닌 '공주'라는 시호(諡號)가 붙었다. 이처럼 고려는 독립성이 보장되지 않는 원의 부마국으로 전락했고, 이 틈을 타고 고려 내에서는 원에 기대어 고려 조정과 고려인들에게 심각한 피해를 입힌 정치세력인 부원세력(附元勢力)도 등장했다.

14세기에 들어서면서 원과 고려 모두 왕실의 위기가 찾아온다. 원은 26년간 10명의 황제가 교체됨으로 인해 환관과 권신들이 득세하고 정치적인 혼란이 이어졌다. 고려 왕실에서도 중조현상 외에도 충혜왕의 실정이나, 충목왕과 충정왕 대에 걸쳐 있었던 정순숙의공주(보르지긴 이렌첸빤; 孛兒只斤)의 섭정으로 국정의 혼란이 계속되었다. 이러한 고려 말의 혼란을 잠재운 것은 공민왕이었다.

천산대렵도(天山大獵圖)나 노국대장공주와의 순애보로도 유명한 공민왕은 충목왕과 충정왕이 즉위할 당시에 국왕 후보자였지만, 원나라 순제(順帝)의 황후였던 기황후(奇皇后)의 방해로 왕위에 오르지 못했다. 그런데 충정왕이 왕위에 오른 지 3년 만에 물러났고 공민왕이 고려 국왕으로 책봉되었다. 왕위에 오른 공민왕은 충혜왕의 서자 석기(釋器)를 출가시켜 승려로 만들고, 왕위에서 쫓겨난 충정왕을 강화도로 유배시킨 후 독살했다. 자신

◐ 공민왕의 천산대렵도(공공누리 제1유형 국립중앙박물관 공공저작물 이용)

의 왕위를 노릴 수 있는 잠재적인 경쟁자들을 제거해나갔던 것이다.

왕좌에 오른 공민왕은 원의 의도와 달리 배원정책(排元政策)을 펼치며 내정개혁을 통해 고려를 새로운 방향으로 이끌고자 했다. 하지만 기득권층을 형성하고 있던 친원세력들과 권문세족들의 반격으로 개혁이 쉽지만은 않았다. 공민왕은 무신정권 이

후 인사행정을 맡아보던 정방을 폐지했고, 전민변정도감(田民辨正都監)을 설치해 토지를 원래의 소유자에게 환원시켰으며, 불법으로 노비가 된 민을 해방시켰다. 변발(辮髮)이나 호복(胡服) 등 몽골풍의 풍속과 몽골의 연호 및 관제(官制)도 폐지했다. 또 원 황실을 배후세력으로 삼고 있던 기철(奇轍) 일파를 숙청했고, 내정간섭기구인 정동행중서성 이문소(征東行中書省理問所)와 100년간 존속한 쌍성총관부를 폐지해 영토를 회복했다. 이와 함께 권문세족들과 맞설 수 있는 신진세력을 등용하는 등 개혁활동을 전개했다. 공민왕이 이러한 정책을 펼칠 수 있었던 것은 원·명 교체라는 정세를 잘 이용했기 때문이다.

공민왕에게도 시련이 있었다. 1359년부터 1362년까지 홍건적이 고려를 침략했다. 홍건적 격퇴 후에는 김용(金鏞)이 홍왕사(興旺寺)에서 공민왕을 시해하려는 반란을 일으키기도 했다. 이후 왜구(倭寇)의 출몰이 계속되었고, 원의 장수 나하추(納哈出)가 고려 동북면 지역을 침략했다. 여기에 더해 반원정책으로 일관하는 공민왕에게 불만을 품은 원이 1363년에 충선왕의 셋째 아들인 덕흥군(德興君)을 왕위에 올리고 공민왕을 퇴위시켰다. 하지만 공민왕은 폐위가 부당함을 알리는 글을 보내는 등의 적극적인 공세로 대응했고, 1364년 1월에 원의 명령을 받은 최유(崔濡)가 1만여 명의 군사를 이끌고 고려를 공격하자 최영(崔瑩)을 시켜 막아내면서 원은 공민왕의 복위를 허용할 수밖에 없었다.

이상과 같은 시련을 이겨낸 공민왕이었지만 가장 큰 위기는 그다음 해부터 시작되었다. 1365년에 공민왕의 부인 노국대장공주가 세상을 떠나자, 공민왕이 승려인 신돈(辛旽)에게 국사를 맡겼다. 신돈은 성균관(成均館)을 중건해 신진세력을 양성했고, 권문세족 등이 불법적으로 탈취한 토지와 노비에 대한 재조사를 벌여 환수했으며, 전민변정도감의 재설치를 요구하는 등의 공도대의(公道大義)를 표방해 한때 고려인들의 칭송을 받았다. 하지만 신돈의 개혁은 기득권 세력의 강력한 저항에 부딪혔다. 결국 신돈은 부정축재, 부녀자와 간통해 자식이 있다는 혐의, 반역을 꾀한다는 밀고 등으로 수세에 몰려 처형되었다.

신돈의 실각 후에 공민왕은 21개조에 달하는 개혁조서를 발표했고, 정체체제와 군사제도를 정비했으며, 지방관의 농업 장려와 빈민 구제 사업의 강화 등을 제시해 민생을 안정시키려고 했다. 하지만 그의 개혁은 완성되지 못한 채 최만생(崔萬生)과 홍륜(洪倫)등에 의해 살해당했다. 공민왕의 노력으로 고려 후기의 사회적 혼란이 어느 정도 진정되는 듯 했으나, 이후 이어진 신흥무인세력과 연합한 신진사대부와 권문세족의 힘겨루기는 결국 고려의 멸망으로 이어졌다.

④ 고려의 멸망

공민왕의 개혁이 실패한 후 고려사회의 모순이 심화되는데, 권력을 독점한 권문세족의 토지소유에 대한 욕심과 정치 기강의 문란은 민의 삶을 피곤하게 했다. 공민왕 사후에 권력을 장악한 것은 이인임(李仁任) 세력들이었다. 공민왕이 살해되자 이인임은 10세에 불과한 모니노(牟尼奴)를 우왕으로 추대해 정권을 잡았다. 조선시대에 편찬된 『고려사』에서는 우왕과 우왕의 아들인 창왕이 공민왕의 핏줄이 아니라는 점을 강조하고 있는데, 이는 역성혁명(易姓革命)으로 개국한 조선의 정통성과 관련이 있어 보인다. 우왕을 섭정해 10년간 정권을 장악한 이인임은 권문세족을 중심으로 친원정책을 유지하면서, 새롭게 부상하는 명(明)나라를 중시하고자 했던 신진사대부와 맞섰다. 하지만 이인임의 정계 은퇴 후 최영과 이성계 등에 의해 이인임의 추종세력들이 축출되면서 또다시 무인세력이 고려정권의 중심에 섰다.

북쪽에서 침략한 홍건적과 남쪽 해안지방을 노략질하는 왜구를 소탕하는 과정에서 민심을 얻은 최영과 이성계는, 고려 왕조의 유지와 멸망을 둘러싼 역사의 라이벌로서 구(舊) 왕조를 지킨 충신과 신(新) 왕조를 건설한 건국군주로 알려져 있다. 같이 힘을 합쳐 외세의 침입을 막아낸 최영과 이성계였지만, 그들이 추구하는 이상향은 달랐다. 특히 원·명 교체를 이루어낸 명과의 첨예한 대립은 결국 고려가 멸망하는 결정적인 원인으로 작용한다.

원과 연계된 권문세족과 새로 등장한 중원의 강자인 명과 함께해야 한다는 신진사대부의 대립에 최영과 이성계는 서로 입장이 달랐던 것이다. 여기에 명의 태조 주원장(朱元璋)이 1387년[우왕 13] 12월에 철령 이북의 땅이 원래 원에 속했던 것이므로 랴오둥에 귀속시켜야 한다는 이유를 내세워 철령위(鐵嶺衛)의 설치를 결정하면서 무리한 공물도 요구했다. 이를 둘러싼 고려 조정의 내부갈등은 더욱 격화되었다. 최영은 명에 맞서 랴오둥을 차지하자고 주장한 반면, 이성계는 대국과의 전쟁이 불가하다는 입장으로 서로 맞섰다. 최영의 랴오둥 정벌론은 명의 무례한 요구를 받아들일 수 없고, 당시 북원세력과 전쟁을 벌이던 명이 군사를 파견하기 어렵다는 점 등을 이유로 승산이 있다고 주장했다. 이에 반해 이성계는 작은 나라가 큰 나라와 싸워 이기기 어렵다는 점, 여름에 군사를 동원하는 것은 시기적으로 좋지 못하다는 점, 북벌로 인해 왜구의 침입이 염려되는 점, 장마철에는 무기를 관리하기 어렵고 질병의 위험이 있다는 점 등의 사불가론(四不可論)을 내세웠다. 결국 1388년 4월에 우왕은 최영을 팔도도통사로, 조민수(曺敏修)를 좌군도통사로, 이성계를 우군도통사로 삼아 랴오둥 정벌에 나섰다.

명에 맞서는 것이 현실적으로 불가능하다고 판단한 이성계와 조민수 등은 압록강에 도착했으나 군사를 움직이지 않고 사태를 관망하고 있었다. 이뿐만 아니라 회군(回軍)을 역설하는 건의문을 우왕에게 보내고는 압록강을 넘으려고 하지 않았다. 우왕과 최영은 사자(使者)를 보내 진군을 독촉했지만, 이성계와 조민수는 결국 독단적으로 회군을 결정하고 개경으로 돌아오는 위화도회군(威化島回軍)을 단행했다. 말머리를 돌려 군대를 이끌고 개경으로 돌아온 이성계와 조민수 등은 이제 고려군이 아닌 반란군이 되어 우왕을 폐위시켰다. 반대파의 수장인 최영을 귀양 보냈고, 이후 이성계의 명령으로 참살했다.

위화도회군 후 조민수는 우왕의 아들 창왕을 왕으로 세우고 권력을 잡았지만, 곧 이성계에 의해 제거되었다.

◑ 최영 장군묘

이성계 일파는 창왕은 공민왕이 아닌 신돈의 핏줄이므로, 가짜를 폐하고 진짜를 왕으로 세운다는 소위 '폐가입진(廢假立眞)'의 논리를 앞세워 창왕을 폐위시키고 정창군(定昌君) 왕요(王瑤)를 공양왕(恭讓王)으로 옹립했다. 이로써 고려의 정치적인 실권은 권문세족이 아닌 이성계와 뜻을 같이한 신진사대부 세력들이 장악하게 되었다.

신진사대부들도 개혁의 방향성에 따라 온건개혁파와 급진개혁파[역성혁명파]로 나뉘어 있었다. 이색(李穡)·정몽주(鄭夢周) 등은 고려를 유지하면서 지주전호제(地主佃戶制)에 의한 향촌사회의 질서를 기반으로 하는 관료제를 추구했다. 반면 조준(趙浚)·정도전(鄭道傳)·남은(南誾) 등은 전제개혁과 관료적 중앙집권을 위해 새로운 왕조의 개창을 주장했다. 역성혁명을 통해 조선이 건국되면서 왕조 개창에 참여한 급진개혁파는 집권세력으로서의 위치를 확고히 한 반면, 절의를 표방한 이들은 산림에 은거하게 된다.

이후 급진개혁파는 이방원(李芳遠)과 힘을 합쳐 정몽주로 대표되는 온건개혁파를 처단하고 공양왕을 폐위시켰다. 공양왕은 이성계와 동맹서약을 맺으면서까지 고려 왕실을 유지하려고 했지만 결국 폐출되었다. 474년에 걸친 고려 왕조는 이로써 종말을 고하게 되었고, 역성혁명에 성공한 이성계는 1392년 7월 17일에 고려 왕실의 별궁이었던 수창궁(壽昌宮)에서 즉위하며 새로운 국가 조선을 건국했다.

✼ 참고문헌

• 김당택, 「무신란과 최씨무신정권의 역사적 성격」, 『한국사』 18, 국사편찬위원회, 1993.

• 김인호 외, 『고려시대사』 1, 푸른역사, 2017.

• 朴龍雲, 『高麗時代史』 上·下, 一志社, 1989.

• 박종기, 『새로 쓴 오백년 고려사』, 휴머니스트, 2020.

• 윤용혁, 「몽고 침입에 대한 항쟁」, 『한국사』 20, 국사편찬위원회, 1994.

• 이종서 외, 『고려시대사』 2, 푸른역사, 2017.

9

조선의 **건국**과 **정치운영**

9강 ● 조선의 건국과 정치운영

① 국호 개정과 한양 정도

　조선을 건국하고 왕좌에 오른 이성계는 이 사실을 명에 알렸다. 이와 함께 국호에 대해 논의했고, '조선(朝鮮)'과 '화령(和寧)'으로 의견이 좁혀졌다. 조선은 유래가 오래되었다는 점, 화령은 이성계의 출생지라는 점이 강조되었다. 태조는 명에 사신을 보내 조선과 화령 중에서 국호를 정해줄 것을 요청했고, 명에서 조선으로 국호를 정한다는 자문(咨文)을 보내왔다. 그 결과 1393년 2월 15일부터 조선이라는 국호를 사용하게 되었다.

　개경은 500여 년 동안 고려의 도읍이었던 만큼 태조에게 껄끄러울 수밖에 없는 곳이다. 태조는 즉위 26일 만인 1392년 8월 13일 천도를 명했다. 국호 개정에 앞서 천도가 먼저 결정되었던 것이다. 도읍지로 물망에 오른 곳은 계룡산, 지금의 신촌과 연희동 일대인 무악 남쪽, 한양 등이었다. 그런데 계룡산은 당시 풍수지리적으로 흉지에 해당했고, 무악 남쪽은 협소해서 한양으로 도읍지가 결정되었다.

　한양은 고려시대 남경으로 격상된 후, 고려 숙종 대 남경천도운동이 추진되어 도성이 건설되기도 했지만, 숙종의 죽음으로 천도는 실현되지 않았다. 공민왕 대에도 한양은 새로운 도읍의 후보지로 물망에 올랐고, 1382년 우왕과 1390년 공양왕이 잠시 한양천도를 단행하기도 했다. 여러 차례 도읍의 후보지로 올랐던 한양이 조선의 개창과 함께 수도가 되었다.

　1394년[태조 3] 9월 1일 신도궁궐조성도감(新都宮闕造成都監)을 설치하고, 9일 종묘(宗廟)·사직(社稷)·궁궐·관아·시장 등의 터를 정하여 도읍 건설에 착수했다. 10월 25일 태조는 천도를 단행하여 28일 한양에 도착했다. 아직 궁궐 공사를 착수도 하지 않은 상태여서, 한양부 객사를 이궁(離宮)으로 삼아 기거했다. 그러나 1399년[정종 1] 3월 7일 개경으로 환도하면서 도성건설은 중단되었다. 정종의 뒤를 이어 즉위한 태종은 1405년[태종 5] 10월 다시 한양으로 천도했다. 태종은 궁궐을 수축하고, 운종가(雲從街)를 비롯하여 각종 도로를 설치하고 상점을 만들었다. 이로써 한양은 조선 개창 이후 지금까지 수도로서의 위용을 갖추게 되었다.

경복궁(景福宮)이 완성되었고, 뒤이어 종묘와 사직도 축조되었다. 종묘는 조선시대 역대 왕과 왕비 및 추존(追尊)된 왕과 왕비의 신주를 모신 사당으로, 후대의 왕들이 선왕의 음덕을 기리고 그들의 가호가 있기를 비는 매우 중요한 의미를 지니는 곳이다. 사직은 국토의 신인 사와 곡식의 신인 직을 아울러 이르는 말로, 농사의 풍흉과 국가의 운명을 관장한다. 이런 이유로 궁궐과 함께 종묘와 사직이 제일 먼저 건설되었던 것이다.

『주례(周禮)』에 의하면 도시를 만드는 기본 원칙은 궁궐의 왼쪽에 종묘, 오른쪽에 사직을 두는 좌묘우사(左廟右社)인데, 한양도 이에 따라 종묘와 사직을 배치했다. 또 면조후시(面朝後市)의 원리에 따라 육조와 주요 관청을 경복궁 앞에 설치했다. 시전(市廛)은 궁궐 뒤쪽에 두어야 하지만, 경복궁과 북악산 사이에 공간이 없었으므로 동서대로에 건설했다. 개성에서 이주해온 사람들에게는 가기(家基)라고 해서 집을 짓고 살 수 있는 터를 나누어주었다. 가기는 각자 땅을 차지하고 한성부(漢城府)에 신고하면 한성부에서 신분과 지위에 따라 규모에 맞게 허가서인 입안(立案)을 발급하는 형식으로 이루어졌다.

백악산-타락산-목멱산-인왕산을 연결하여 도성을 축조했다. 높이 8.5미터, 둘레 17킬로미터의 도성에는 흥인문(興仁門)·돈의문(敦義門)·숭례문(崇禮門)·숙정문(肅淸門) 등의 4대문을 두었다. 4대문 외 4소문을 두어 민의 도성 출입을 도왔다. 동남쪽에 수구문(水口門) 또는 시구문(屍口門)으로 불리는 광희문(光熙門), 서남쪽에 서소문으로 불리는 소덕문(昭德門), 서북쪽에 북문 또는 자하문(紫霞門)으로도 불리는 창의문(彰義門)을 만들었다. 동북쪽에 홍화문(弘化門)을 두었는데, 훗날 혜화문(惠化門)으로 이름이 바뀌었다. 도성은 처음 석성과 토성으로 쌓았는데, 1422년[세종 4] 석성으로 전면 개축되었다.

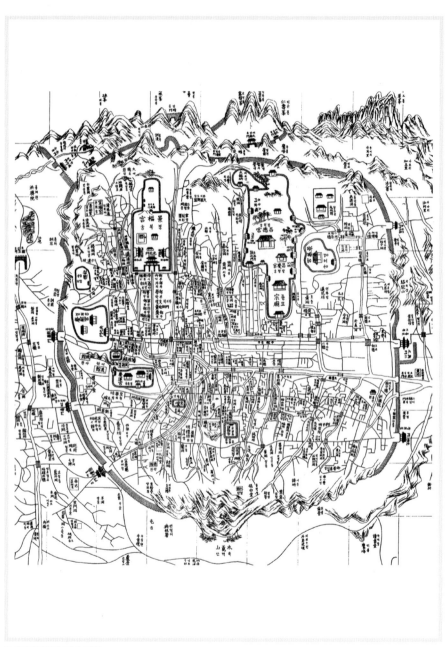

● 1900년대경 한성부지도

② 국가체제의 정비

고려 후기 지방의 지주층은 학문적으로는 신유학인 성리학을 바탕으로 하고, 경제적으로는 상경화(常耕化)와 이앙법(移秧法) 등의 선진농법을 수용하면서 힘을 키워나가고 있었다. 무신정권의 등장 이후 지방 향리층은 과거를 통해 능리능문(能文能吏)의 학자적 관료로 진출했고, 이들은 신진사대부라 불리는 정치집단을 형성했다. 원래 사대부는 문관 5품 이하인 사와 4품 이상인 대부 등 문반 관료를 통칭하는 용어지만, 신진사대부에는 문신 외에 신흥무장세력도 포함되었다.

왕조 개창에 적극 참여하여 집권한 개국공신세력들 중 정도전 등은 재상을 중심으로 하는 정치운영을 주장했다. 반면 이방원을 중심으로 하는 세력은 강력한 왕권을 중심으로 정국을 이끌어나가려 했고, 이러한 입장이 첨예하게 대립되어 '1차 왕자의 난'이 발발했다. 1차 왕자의 난 결과 정도전이 제거되고 이방원은 형 이방과(李芳果)를 정종으로 추대했다. 정종의 후계자 자리를 놓고 1400년 1월 이방원은 이방간(李芳幹)과 개경에서 시가전을 벌였고, 이방원이 승리했다[2차 왕자의 난]. 정종은 이방원을 세제가 아닌 세자로 책봉하고, 11월 왕위를 물려주어 이방원이 태종으로 즉위했다.

1405년 11월 안변부사(安邊府使) 조사의(趙思義)가 태조의 계비(繼妃)이며 태종에게 죽임을 당한 이방번(李芳蕃)과 이방석(李芳碩)의 어머니 신덕왕후(神德王后)의 원수를 갚겠다며 반란을 일으켰다. 태종은 직접 군대를 이끌고 조사의의 난을 진압했다. 조사의가 이끈 군사는 이성계가 사병으로 거느렸던 동북면 가별초(家別抄)가 주력군이었고, 이성계의 측근 정용수(鄭龍壽)와 신효창(申孝昌) 등이 난에 가담했다. 그렇다면 조사의의 난은 태조의 지시에 의한 것일 가능성이 크다. 즉, 태조는 태종의 즉위에 반대했고 이를 따르는 세력이 상당수 있었던 것이다.

태종은 사병혁파, 외척제거, 6조직계제 실시 등을 통해 국왕 중심의 통치체제를 마련했다. 또 명으로부터 책봉을 받아 대외적인 위상도 분명히 했다. 태종은 왕위를 세종에게 양위하고 상왕으로 물러났지만 병권(兵權)을 장악하여 세종의 집권 초기 강력한 후원자로서의 역할을 했다.

조선의 통치기반이 정비되기 시작한 것은 세종 대의 일이다. 세종은 집현전(集賢殿)을 설치하고 사가독서(賜暇讀書)를 실시하여 젊고 유능한 인재들의 학문연구를 장려하면서 자신의 친위부대로 육성했다. 훈민정음(訓民正音)의 창제와 『소학(小學)』·『삼강행실도(三綱行實圖)』 등의 간행을 통해 성리학 윤리를 민에게 보급했다. 또 천문관측 기구인 간의(簡儀)·혼천의(渾天儀), 해시계 앙부일구(仰釜日晷), 물시계 자격루(自擊漏), 강우량 측정을 위한 측우기(測雨器) 등의 발명과 『농사직설(農事直說)』의 편찬을 통해 농업을 적극 지원했다. 농업의 적극적인 지원을 통해 민의 생활과 국가를 안정시키려 했던 것이다. 대외적으로는 4군 6진의 개척으로 여진족과의 관계를 정비하고, 쓰시마섬(對馬島) 정벌로 왜구의 침략을 잠재우고 대일관계의 기틀을 마련했다.

성리학에서는 예로 윤리규범을 세우고, 음악으로 인심을 강화시킨다. 세종은 길(吉)·흉(凶)·가(嘉)·빈(賓)·군(軍)례의 오례의(五禮儀)를 편찬했다. 또 율관(律管)과 편경(編磬)의 제작, 아악(雅樂)과 향악(鄕樂)의 제정 및 정간보(井間譜)의 제작을 통해 음악을 정비했다. 세종은 예악으로 사회질서를 유지하고 민이 조화롭게 살아가는 길을 제시하면서 예치국가의 기틀을 마련했던 것이다.

세종 대 조선의 통치기반이 마련되었다면, 성종 대에는 국가체제가 정비되었다고 할 수 있다. 이를 대변하는 것이 바로 『경국대전(經國大典)』의 편찬이다. 『경국대전』은 이·호·예·병·형·공의 6전으로 구성되었는데, 이를 통해 국가를 운영해나갔다. 후에 『속대전(續大典)』·『대전통편(大典通編)』·『대전회통(大典會通)』 등의 법전이 편찬·시행되었지만, 『경국대전』은 조선의 기본 법전으로 이용되었다.

◈ 조선시대 기본법제서인 『경국대전』(국사편찬위원회 한국사데이터베이스 활용)

한편 『국조오례의(國朝五禮儀)』의 편찬으로 예제도 정리했다. 예제는 사회생활의 기본질서인 만큼, 왕실의 예인 오례가 정리되었다는 것은 유교적 예교질서가 정비되었음을 뜻하는 것이다.

『경국대전』과 『국조오례의』의 편찬으로 대내질서의 정비가 이루어졌다면, 대외질서의 정비를 위해서는 『해동제국기(海東諸國記)』가 편찬되었다. 신숙주(申叔舟)는 자신이 일본에서 직접 보고 느낀 점을 바탕으로 일본에 대한 상세한 정황을 설명하고, 이에 따라 대일관계의 전반적인 사항들을 설정했다. 『해동제국기』의 편찬으로 조선은 교린국 일본과의 외교관계의 기본틀을 마련하여 외교상의 면목도 일신했다.

③ 사화의 발발

문종은 즉위 후 3년 만에 세상을 떠났고, 12세에 불과한 단종이 즉위했다. 단종대 의정부(議政府)에서 전권을 행사하는 등 왕권이 약화되는 경향을 보이면서 수양대군(首陽大君)이 무력을 통해 왕위에 올랐다[癸酉靖難]. 세조는 강력한 왕권을 추구했지만 조카를 폐하고 왕위에 오른 만큼 정통성에 문제가 있었다. 이 때문에 한명회(韓明澮) 등 자신이 왕위에 오르는 데 도움을 준 세력에 의존할 수밖에 없었다. 이후 세조를 도운 훈구파(勳舊派)가 정치를 주도하게 된다.

사회·경제적 기반이나 특정 정치 현안에 대한 태도 등을 기준으로 훈구와 사림(士林)을 구분하는 것은 사실과 어긋나는 경우가 많다는 비판이 있다. 사실 사림은 기존 지배계층의 일원이며, 조선시대 사림이라는 용어는 성리학적 가치를 존중하고 추구하는 지식인을 망라하는 개념으로 사용되었다. 이 때문에 사림을 기존의 가치와 정치 노선을 지향한 유학적 가치에 더욱 철저하게 경도된 새로운 세대로 파악하기도 한다. 그러나 분명한 점은 조선 전기 정치는 훈구와 사림의 두 축을 중심으로 전개되었다는 사실이다.

훈구파는 높은 관직에 기용되고 공신전 등을 통해 막대한 농장을 형성했다. 15세기 후반 훈구파의 부정은 향촌의 기반을 파괴하여 사림의 사회·경제적 기반을 위협하는 상황에 이르렀다. 사림으로서는 자신의 권익보호와 향촌의 안정을 위해 중앙 정계로의 진출을 모색하지 않을 수 없었다.

예종의 뒤를 이어 성종이 즉위했지만, 세조비 정희왕후(貞熹王后)와 덕종비 소혜왕후(昭惠王后)가 정치를 돌보는 가운데 한명회 등 대신들이 정권을 장악했다. 20세에 친정을 시작한 성종은 훈구파가 주도권을 장악한 상황에서 자신의 기반을 강화하기 위해 김종직(金宗直) 등 영남지역 사림을 등용했다. 사림은 주로 언관이 되어 훈구의 비리를 공격했다. 또 중앙집권적 향촌정책의 모순을 지적하면서 유향소(留鄕所) 복립, 향음주례(鄕飮酒禮)와 향사례(鄕射禮)의 시행, 사마소(司馬所) 설치 등을 통해 재지사족 중심의 향촌 질서 수립을 시도했다. 아울러 사림의 정치참여 일환으로 유일(遺逸) 천거를 추진했다.

사림은 천거에 의해 관직에 나아가도 청요직(淸要職) 등 주요 벼슬에는 오를 수 없었다. 이는 훈구파들이 문음 출신의 정계진출 둔화와 사림의 증가라는 상황을 우려하여 반대했기 때문이었다. 특히 단종의 무덤을 소릉(昭陵)으로 복위하자는 사림의 주장은 세조의 즉위와 그로 인해 배출된 공신의 존재를 부정하는 것이었으므로 훈구파의 강력한 반발을 가져왔다.

사림의 개혁정치에 대한 훈구파의 반발은 연산군 대 무오사화(戊午士禍: 戊午史禍)에서 시작된다. 사화의 직접적 단서는 『성종실록』의 편찬을 담당한 이극돈(李克墩)이 사초를 보고, 자신의 비리를 사관 김일손(金馹孫)에게 삭제해달라고 부탁한 데에서 비롯되었다. 김일손은 이를 거절했고, 앙심을 품은 이극돈은 김일손이 세조의 집권을 부정적으로 기록했음을 연산군에게 알렸다. 국문 과정에서 유자광(柳子光) 등은 김종직이 지은 조의제문(弔義帝文)이 세조의 집권을 반인륜적으로 묘사하고 있음을 확인하고 이를 빌미로 김종직을 부관참시(剖棺斬屍)하는 한편, 그의 문인들을 제거했다. 무오사화는 왕권과 재상권을 견제하려는 사림의 권력 강화에 대한 반동으로, 세조의 정통성과 공신세력의 명분을 회복하려는 친위쿠데타적인 성격을 지닌 것이었다고 할 수 있다.

1504년[연산군 10] 갑자사화(甲子士禍)로 사림은 다시 타격을 입었다. 갑자사화는 임사홍(任士洪) 등이 연산군의 생모 윤씨의 폐비 사실을 고변하면서 시작된다. 임사홍은 연산군의 처남인 신수근(愼守勤)을 지원하면서 훈구재상들을 격퇴했는데, 이 와중에

많은 사림이 피해에 연루되었다. 임사홍 등은 김종직과 개인적인 원한이 있기도 했지만, 이후 자신들의 세력에 방해가 될지 모르는 사림을 함께 제거했던 것이다.

두 차례에 걸쳐 화를 입은 사림은 지방에서 세력을 키워나갔다. 연산군이 폐위되고 중종이 반정으로 즉위하자 사림은 다시 중앙으로 진출을 꾀한다. 중종 대에는 영남 사림과 더불어 기호지방의 사림이 등용되었는데, 조광조(趙光祖)가 중심인물이었다. 조광조의 정계진출 이후 사림은 급성장했다. 사림은 훈구대신을 비판하면서 인사행정의 실무인 전랑직(銓郎職)에 포진하여 세력을 확산하는 한편, 현량과(賢良科)로 대표되는 천거제를 통해 사림을 대거 등용했다. 전통적 인습과 구제 혁파를 통해 성리학적 사회를 만들어간다는 명분하에 궁중여악(宮中女樂)·내수사장리(內需司長利)·소격서(昭格署) 등도 혁파했다. 훈구파가 경재소(京在所)를 통해 유향소 운영에 간여하는 것을 극복하기 위해 향약(鄉約)과 『소학』을 보급했다. 이를 통해 사림은 자신들 주도의 향촌 질서를 수립하려 했던 것이다.

조광조 등은 중종반정에 참여한 공신을 삭제하려 했고[僞勳削除], 훈구파는 강력하게 반발했다. 1519년 남곤(南袞)과 홍경주(洪景舟) 등은 중종의 후궁인 홍경주의 딸 희빈 홍씨를 통해 나뭇잎에 꿀로 '주초위왕(走肖爲王)'이라 쓰고, 이를 벌레가 갉아먹게 했다. '주초위왕'은 조(趙)가 왕이 된다는 뜻으로,

○ 중종 대 개혁정책을 시행했던 조광조의 묘

조광조가 역심을 먹고 있음을 나타내는 것이었다. 중종은 훈구파의 지나친 전단을 막고 정국의 안정을 위해 사림을 중용하고 그 정책에 호응했다. 그러나 사림의 급격한 성장에 따라 세력균형이 붕괴되고 왕권에까지 영향력을 행사하려 하자 훈구파의 손을 들어주었던 것이다.

기묘사화(己卯士禍) 후 중종~명종 대에는 재상과 왕이 연합한 형태를 취했다. 그런 가운데 중종 대 김안로(金安老), 명종 대 윤원형(尹元衡)과 이량(李樑) 등 외척이 연합의 매

개체로 등장했다. 김안로가 실각한 후 사림은 다시 등용되었고, 특히 인종은 사림을 중용했다. 하지만 인종의 뒤를 이은 명종이 즉위하면서 윤원형 등은 명종의 보위를 굳힌다는 명목으로 을사사화(乙巳士禍)를 일으켰다.

을사사화는 윤임(尹任)을 중심으로 한 인종의 외척 대윤(大尹)과 윤원형을 중심으로 한 명종의 외척 소윤(小尹) 간의 정쟁에서 비롯되었다. 명종이 즉위하자 대신들은 중종과 인종을 승하케 한 원흉으로 문정왕후(文定王后)의 오빠 윤원로(尹元老)를 지목했고 결국 윤원로는 해남으로 유배당했다. 문정왕후는 윤원로를 탄핵한 배후세력으로 윤임을 지목했고, 윤원형에게 윤임을 탄핵하는 상소를 올리게 했다. 윤임이 유배되는 것으로 사태는 마무리되는 듯했으나, 정순붕(鄭順朋)은 윤임이 문정왕후를 시해하려 했다며 윤임을 사형에 처하라는 상소를 올렸다. 또 윤임이 중종과 희빈 홍씨 사이에서 태어난 봉성군(鳳城君)을 옹립하려 했다는 편지가 공개되었고, 인종이 승하할 당시 윤임이 성종의 3남 계림군(桂林君)을 옹립시키려 했다는 이야기도 나왔다. 결국 윤임은 사형되고 봉성군은 귀양형에 처했다가 죽었으며, 계림군은 능지처사(陵遲處死)되었다. 그런데 윤임 등은 사림을 비호한 반면 윤원형 등은 사림을 적대시하였고 이 때문에 윤임 등이 제거되면서 사림이 많은 피해를 입었던 것이다.

1547년에는 문정왕후의 수렴청정(垂簾聽政)을 비방하는 벽서가 양재역에서 발견되었다. 벽서는 익명으로 작성되었지만, 이기와 정순붕 등은 을사사화 때 연루자의 처벌이 미흡해서 일어난 사건이라며 관련자의 처벌을 주장했다. 그 결과 이언적(李彦迪) 등 20여 명의 사림이 유배당했다[良才驛壁書事件; 丁未士禍].

④ 붕당정치

사림은 문정왕후 사후 윤원형 등 권신세력을 축출하고 선조 옹립에 적극 참여했다. 선조는 부친과 모친이 모두 사망한 상태이며 미혼이었던 만큼, 주변에 척신으로 성장할 가능성 있는 인물이 없었기 때문이었다. 선조 즉위 후 이황(李滉)·이이(李珥)·기대승(奇大升) 등이 중용되면서 사림은 정계의 주인공이 되었고, 서원(書院)의 건립과 향약·계(契) 등을 통해 향촌사회의 주도권을 장악했다.

사림이 중앙정계에 등장하면서 이미 붕당(朋黨)의 형국은 시작되고 있었다. 사림 중에는 훈척과 연결되는 세력이 있었고, 신진세력과 연결되는 세력도 있었다. 따라서 정통성 문제를 둘러싼 갈등이 일어나지 않을 수 없었던 것이다. 특히 선조 대에는 붕당의 기능성이 인정되어 집단적 결사를 인정하는 바탕이 형성되고 있었다. 아울러 성리학에 대한 연구가 심화되면서 학설의 차이 및 지역적 차이 등을 바탕으로 16세기 중반부터 서원을 중심으로 학파가 형성되기 시작했다. 이렇게 형성된 학파가 정파로서의 기능을 했던 것이다.

붕당정치는 동인과 서인에서 시작된다. 이조전랑 오건(吳健)은 강직한 성품을 지닌 김효원(金孝元)을 후임으로 추천했는데, 명종비 인순왕후(仁順王后)의 동생 심의겸(沈義謙)이 반대했다. 그 이유는 김효원이 과거에 급제하기 전 윤원형의 집에 머물렀기 때문이었다. 그러나 김효원은 이조전랑에 임명되었고, 김효원이 자리를 옮길 때 주위에서 후임으로 심의겸의 아우 심충겸(沈忠謙)을 천거했다. 그런데 김효원은 심충겸이 왕실의 외척이라는 이유로 반대했다. 이런 과정에서 사림은 김효원을 지지하는 세력과 심의겸을 지지하는 세력으로 나뉘었다. 김효원의 집이 서울의 동쪽인 건천동에 있었기에 그를 지지하는 세력은 동인으로 불렸다. 반면 심의겸의 집은 서울의 서쪽인 정동에 있었기 때문에 그를 지지하는 세력을 서인이라 했다[乙亥朋黨].

동인과 서인의 등장은 개인 간 갈등에서 비롯된 것으로 보인다. 하지만 이는 사림 내부의 정치적 견해 차이에서 비롯된 것이었다. 구체제의 척결을 놓고 선배들은 다소 온건한 입장을 보였다. 반면 신진세력은 강경한 입장에서 개혁을 주장했고 선배들에 대한 비판까지 서슴지 않았다. 김효원을 지지한 동인이 바로 강경한 개혁을 주장한 신진세력이다. 동인은 개성을 중심으로 경기와 호남의 서경덕(徐敬德)학파, 안동을 중심으로 한 경상좌도의 이황학파, 진주를 중심으로 한 경상우도의 조식(曺植)학파 등이 대표적이었다. 반면 서인은 주로 동인으로부터 공격받는 입장에서 유대관계가 설정되었을 뿐이다. 이러한 정국에 이이가 서인을 자처하면서 성혼(成渾)과 이이의 학맥으로 연결되었다. 이후 붕당 간의 상호비판과 견제를 원리로 하는 붕당정치가 본격적으로 전개되었다.

'정여립 모반사건' 때 동인을 과도하게 처리한 정철(鄭澈)의 죄를 논의하는 과정에서 동인은 남인과 북인으로 나뉜다. 정철의 처벌에 대한 입장 차이 때문이었는데, 이황의 문인을 중심으로 한 온건파는 남인, 서경덕과 조식의 문인을 중심으로 한 강경파는 북인으로 갈라지게 된 것이다.

북인은 선조의 후사 문제로 대북과 소북으로 갈라져 대립했다. 대북은 세자 광해군을 지지한 반면, 소북은 영창대군(永昌大君)의 세자옹립을 추진했다. 선조의 뒤를 이어 광해군이 왕위에 오르면서 대북이 정권을 장악했다. 대북은 다시 알력이 생겨 이산해(李山海)를 중심으로 한 골북(骨北), 이이첨(李爾瞻)을 중심으로 한 육북(肉北)으로 나뉘었고, 영창대군과 인목대비(仁穆大妃)의 폐위를 반대하는 중북(中北)이 탄생했다. 소북역시 광해군을 지지하는 남이공(南以恭)을 중심으로 한 청소북(淸小北), 영창대군을 지지하는 유영경(柳永慶)을 중심으로 한 탁소북(濁小北)으로 나뉘었다. 이후 소북은 효종~현종 대에 남인에 흡수되었다.

광해군과 대북파는 전란으로 피폐된 사회 복구에 힘을 기울였다. 전란으로 사라진 서적을 편찬·간행하고, 사고(史庫)를 정비했다. 성곽과 병기를 수리하여 국방에도 힘썼다. 대외적으로는 명과 후금 사이에서 조선이 전쟁에 휘말리는 것을 막았다. 그러나 궁궐조성사업을 대대적으로 벌여 민의

◐ 인조반정으로 폐위된 광해군의 묘

원성을 받았다. 자신을 지키기 위해 영창대군을 처형하고, 인목대비를 유폐시킨[廢母殺弟] 것은 도덕적 약점이 되었다. 중립외교 역시 일본의 침략 당시 조선을 구해준 의리를 저버린 것으로 매도되었다. 이러한 점을 틈타 서인은 선조의 5남 정원군(定遠君)

의 장남 능양군(陵陽君)을 왕으로 옹립하는 반정을 일으켰다. 인조반정이 성공하자 이이첨과 정인홍(鄭仁弘) 등 대북파는 처형당하거나 유배되었다.

붕당정치의 특징은 상대 붕당의 존재를 인정하면서 조화를 추구하는 공존체제에 있다. 새로 집권한 서인은 남인을 비롯한 붕당과 공존체제를 추구하면서 정국을 안정적으로 이끌고자 노력했다. 그 결과 비판의 인정과 공론의 대결을 통한 정치운영으로 17세기 중엽까지 정국은 비교적 안정되어갔다.

서인은 재상 중심의 권력구조를 지향하고 국방력 강화를 위해 노비속량과 서얼호통에 적극적이었다. 반면 남인은 왕권강화와 사헌부(司憲府)·사간원(司諫院)·홍문관(弘文館) 등 삼사(三司)의 정책비판을 중요시했다. 경제적으로는 농촌경제 안정을 위해 수취체제 완화와 중소지주 및 자영농 안정을 중요시했고, 서얼호통과 노비속량에 대해서는 소극적이었다. 청의 침략 이후 서인은 북벌을 추진하면서 군영의 설치를 통해 정권의 힘만 키워나갔다. 그러자 남인은 서인이 추구하는 개혁의 부당성과 북벌의 무모함을 지적하면서 예송논쟁(禮訟論爭)을 통해 서인과 정치적으로 대립했다.

1차 예송은 효종에 대한 장렬왕후(壯烈王后)의 복제를 둘러싸고 일어났다. 『국조오례의』에는 둘째 아들이 왕위에 올랐다가 죽을 경우 어머니가 입어야 할 상복에 대한 규정이 없다. 송시열(宋時烈)은 기년복(朞年服)을 입어야 한다고 주장했다. 반면 허목(許穆) 등 남인은 효종이 둘째 아들이지만 왕위를 계승했으므로 장자로 대우해 3년복을 입어야 한다고 주장했다. 결국 이 문제는 기년상을 주장한 서인의 승리로 돌아갔다[己亥禮訟: 己亥服制]. 즉위한 지 얼마 되지 않은 현종으로서는 서인의 논리를 무시하는 것이 정치적으로 부담이었던 것이다.

효종의 비 인선왕후(仁宣王后)가 세상을 떠나자, 예송이 재현되었다. 서인은 효종의 경우와 마찬가지로 인선왕후를 둘째 며느리로 여겨 9개월 상인 대공(大功)을 주장했고, 남인은 맏며느리로 여겨 기년상을 주장했다. 이때에는 서인의 일부가 송시열의 예론을 비판했다. 현종 역시 자신과 부모의 정통성을 확립하기 위해 남인의 손을 들어주었다. 이로써 효종비에 대한 장렬왕후의 복제는 기년복으로 결정되었고, 정권은 허적(許積)을 비롯한 남인에게 기울었다[甲寅禮訟]. 남인은 서인을 처벌하는 과정에서 강경파와 온건파로 나뉘긴 했지만, 온건파가 우세하여 서인도 여전히 정치에 참여할 수 있었다.

숙종은 효종의 상중에 잉태되었기 때문에 송시열은 숙종의 출생을 축하하지 않았다고 한다. 이 때문인지 숙종은 왕위에 오르자 기해예송 당시 송시열의 예론이 잘못된 것임을 지적하면서 서인을 멀리하고 남인을 요직에 등용했다. 1680년 남인의 영수 허적이 할아버지의 시호를 맞는 잔치가 있었다. 마침 비가 내리자 숙종은 비를 막을 천막인 유악(油幄)을 허적의 집에 가져다주라는 명을 내렸는데, 이미 허적이 국왕의 허락 없이 유악을 가져간 상태였다. 이를 계기로 숙종은 남인을 멀리하기 시작했다. 이런 상황에서 정원로(鄭元老)가 허적의 서자 허견(許堅)이 인조의 손자이며 인평대군(麟坪大君)의 아들 복창군(福昌君)·복선군(福善君)·복평군(福平君) 등과 함께 역모를 도모했다는 사실을 고변했다[三福之變]. 이로 인해 남인은 대거 축출되고 서인이 집권했다[庚申換局].

서인은 희빈 장씨가 낳은 왕자의 명호(名號)를 올리는 문제로 숙종과 대립했다. 왕위에 오른 지 15년 만에 아들을 본 숙종은 후궁 소생이지만 명호를 내려주려 했다. 그러나 서인이 반대하자 결국 숙종은 송시열 등 서인을 처벌하며 남인을 등용하여 자신의 뜻을 관철시켰다[己巳換局]. 이와 함께 인현왕후(仁顯王后)를 폐위시키고 희빈 장씨를 왕비에 오르게 했다.

남인이 집권한 가운데 노론 김춘택(金春澤)과 소론 한중혁(韓重爀) 등이 인현왕후를 복위시키려 한 사실이 밝혀졌다. 남인은 이 사건을 계기로 서인을 일망타진하려 했다. 하지만 희빈 장씨가 숙빈 최씨를 독살시키려 했다는 이야기가 나오면서 상황은 역전되었다. 숙종은 남인을 몰아내고 서인을 재등용했다[甲戌換局]. 이와 함께 희빈 장씨는 왕비의 자리에서 물러나고 인현왕후가 복위했다.

갑술환국 이후 남인은 정국운영에서 도태되었다. 서인은 인조반정에 적극 가담한 공서와 반정을 관망하였던 청서로 양분되어 있었고, 공서는 남인과 연합을 주장하는 노서, 청서는 서인 단독으로 정국을 운영해야 한다는 소서로 개편되었다. 노서와

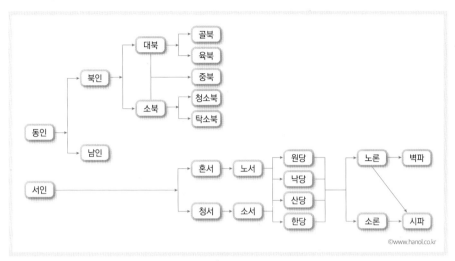

● 붕당 계보도

소서는 다시 원두표(元斗杓)를 중심으로 한 원당(元黨), 김자점(金自點)을 중심으로 한 낙당(洛黨), 송시열 등 도학을 지향하는 산당(山黨), 김육(金堉) 등 관료지향적 성격이 강한 한당(漢黨)으로 나뉘었다가 송시열을 중심으로 다시 규합되었다. 그런데 경신환국 후 권력개편 과정에서 서인은 노장파와 소장파로 나뉘었다. 송시열을 중심으로 하는 노장파는 노론, 한태동(韓泰東)을 중심으로 하는 소장파는 소론으로 지칭하게 되었다.

숙종~영조 대까지 노론과 소론이 번갈아가며 정권을 장악했다. 숙종은 붕당 간의 갈등을 부추기기도 하고 조절하기도 하면서 특정 붕당에 전권을 장악하게 하는 환국을 통해 정국을 운영했다. 환국은 붕당 전체의 교체가 아닌 붕당 내부에서 영향력을 행사하는 세력이 교체되는 형태였다. 그러나 국왕의 의지가 중심에 있었다는 점에서 정치사의 새로운 현상이었다고 할 수 있다. 숙종 사후 경종과 영조의 왕위계승을 둘러싸고 노론과 소론의 대립이 있었지만, 영조가 즉위하면서 노론이 정권을 장악했다.

1762년[영조 38] 사도세자(思悼世子)의 폐위와 죽음으로 노론은 사도세자의 죽음을 정당하게 여긴 벽파(僻派), 사도세자의 죽음을 동정하는 시파(時派)로 갈라졌고 소론은 시파에 속했다. 영조 대에는 대체로 벽파가 우세했지만, 정조 대에는 시파가 득세했다. 하지만 정조 사후 벽파인 김한구(金漢耉)의 딸로 영조의 계비가 된 정순왕후(貞純王后)가 섭정하면서 벽파가 다시 득세했다. 1801년 천주교도를 탄압한 신유박해(辛酉迫害)를 계기로 시파와 남인이 몰락하면서 이후 벽파가 세력을 계속 유지했다.

⑤ 탕평책과 세도정치

붕당정치가 왕실의 의례 문제, 세자책봉과 왕비책립 등으로 다른 붕당을 배제하는 형국으로 흐르자 탕평책(蕩平策)이 등장했다. 탕평은 『상서(尚書)』 홍범구주(洪範九疇) 황극설(皇極說)의 "무편무당 왕도탕탕 무당무편 왕도평평(無偏無黨王道蕩蕩無黨無偏王道平平)"에서 나온 말로, 왕의 정치가 치우침이 없고 아부하는 당이 없어 정치가 올바로 행해지는 상태를 의미한다. 탕평을 표방하는 정국운영론은 숙종 대 박세채(朴世采)에 의해 제기된 바 있다. 숙종은 갑술환국 후 정국을 안정시키기 위해 탕평교서를 반포했다. 그러나 숙종은 탕평의 근본 의도와는 다르게 상황에 따라 한 붕당을 내몰고 상대 붕당에 정권을 위임하는 환국을 통해 정치를 운영했다. 이후 희빈 장씨 소생의 세자를 교체하려는 노론의 손을 들어준 이후 노론 중심으로 일당전제화가 추구되면서 더 이상 탕평의 이념은 거론되지 않았다.

영조는 붕당을 초월하여 온건하고 타협적인 인물을 등용하여 왕권을 강화시키려 했지만, 즉위를 도운 노론을 무시할 수 없었다. 그런데 경종의 갑작스런 죽음에 영조가 관여되었다며 소론과 남인들이 중심이 된 이인좌(李麟佐)의 난이 일어나자, 붕당은 타도되어야 한다는 생각을 가졌다. 영조는 붕당 내의 강경론자들을 배제하고 탕평론자들로 조정을 구성했다. 또 붕당세력의 핵심인 서원을 철폐하고 전랑직을 혁파했다. 하지만 영조의 탕평책은 자신을 지지하는 소론과 노론의 완론(緩論)만을 등용하고, 의리를 중시하는 노론의 준론(峻論)과 남인은 정국 운영에서 배제했다는 한계가 있다.

정조 역시 탕평책을 통해 정국의 안
정, 더 나아가 왕권강화에 힘썼다. 정
조는 영조의 완론탕평이 노론의 독주
와 외척세도를 야기했다고 생각하여
홍봉한(洪鳳漢)과 김구주(金龜柱) 등 외척
세력을 제거했다. 규장각(奎章閣)·초계
문신(抄啓文臣) 등을 통해 시위세력을 육
성하고, 친위군인 장용영(壯勇營)을 설치

◐ 정조 개혁정치의 산실인 어수문(魚水門)과 주합루(宙合樓)

하여 왕권강화의 무력적 기반도 갖추었다. 노론과 깊은 관계에 있던 특권 상인들의
상권을 억제하고, 자신의 친위지역으로 육성하던 신도시 화성(華城)의 경제 활성화를
위해 금난전권(禁難廛權)을 폐지했다[辛亥通共]. 이처럼 정조는 왕권강화를 통해 군주도통
론(君主道統論)을 펴며 국왕의 주도하에 탕평책을 펼쳐나갔다.

영·정조 대 행해진 탕평책은 왕권의 우위를 통해 관료제를 재정비함으로서 사회
안정을 도모하려는 정국운영 노력이었다. 그 결과 붕당 간 갈등을 어느 정도 해소시
킬 수 있었다. 이러한 점에서 탕평책은 전 시대보다 발전된 정책운영론이었다고 할
수 있다. 하지만 탕평을 지지하는 세력과 반탕평파 간 갈등이 있었고, 탕평을 표방
하는 세력 안에서도 붕당을 타파해야 한다는 완론, 붕당의 의리 자체가 붕당 타파보
다 더 중요하다는 준론 등으로 의견이 나뉘었다. 탕평의 주체인 완론은 왕실·외척과
연합한 특권세력이었고, 국왕 자신도 정치적 중립을 지키지 못했다. 특히 탕평책의
결과로 이루어진 붕당의 퇴조현상은 정조 사후 왕권이 약화되면서 세도정치의 빌미
를 제공했다.

'세도정치(世道政治)'는 조광조 등 사림이 주장한 통치 원리로 '천리를 밝히고, 인심을
바르게 하며, 정학을 북돋우다'라는 뜻이다. 하지만 조선 후기에 등장한 '세도정치(勢
道政治)'는 견제와 균형의 붕당정치가 기능을 상실하면서 국왕의 외척들에게 권력이
집중된 변태적인 형태라 할 수 있다. 세도정치는 시파와 벽파 간 알력 속에 홍국영
(洪國榮)의 도움으로 왕위에 올랐던 정조가 그에게 정국의 운영을 맡기면서 처음 등장

했다. 홍국영은 자신의 누이를 후궁으로 들여보내고 후사를 기대했다. 그러나 홍국영의 여동생 원빈 홍씨가 죽고, 홍국영이 탄핵을 받아 정조가 친정하면서 세도정치는 사라졌다.

정조의 뒤를 이어 왕좌에 오른 순조의 나이가 12세에 불과했으므로 영조의 계비 정순왕후의 수렴청정이 실시되었다. 1803년 정순왕후가 수렴청정을 거두면서 김조순(金祖淳)을 중심으로 한 안동김씨 세력이 비변사(備邊司)를 장악했다. 김조순은 자신의 딸을 헌종의 왕비로 들였고, 순조의 뒤를 이어 헌종이 8세의 나이로 등극하면서 순원왕후(純元王后)의 수렴청정 아래 안동김씨가 세력을 확대시켰다. 안동김씨는 헌종 대 풍양조씨에 잠깐 세력을 내주기도 했지만, 60여 년간 권력을 독점했다. 안동김씨의 세도정치는 1864년 고종이 왕위에 오름으로써 막을 내렸다. 하지만 홍선대원군이 섭정(攝政)을 맡게 되면서 새로운 모습의 전제정치가 등장했다.

✿ 참고문헌

- 金駿錫, 「탕평책 실시의 배경」, 『한국사』 32, 국사편찬위원회, 1997.
- 吳洙彰, 「세도정치의 전개」, 『한국사』 32, 국사편찬위원회, 1997.
- 李範稷, 「사림세력 구성의 특징」, 『한국사』 28, 국사편찬위원회, 1996.
- 李秉烋, 『朝鮮前期 士林派의 現實認識과 對應』, 一潮閣, 1999.
- 이성무, 『조선시대 당쟁사』 1·2, 아름다운날, 2007.
- 이원명, 「한양천도」, 『서울 2천년사』 11, 서울특별시 시사편찬위원회, 2013.
- 李泰鎭, 『朝鮮儒學社會史論』, 지식산업사, 1995.
- 鄭萬祚, 「사족의 향촌지배와 서원의 발달」, 『한국사』 31, 국사편찬위원회, 1998.
- 최완기, 「붕당정치의 전개와 정국의 변화」, 『한국사』 9, 한길사, 1994.
- 최이돈, 『朝鮮中期 士林政治構造研究』, 一潮閣, 1997.

10

조선시대 국왕

10강 조선시대 국왕

① 왕위계승의 원칙

전근대시대 누가 왕이 되는지는 국가의 앞날이 결정되는 중요한 사안인데, 왕위계승은 종법(宗法)을 따랐다. 종법은 중국 은(殷)과 주나라 때 성립한 것으로, 왕비가 낳은 첫째 아들인 적장자(嫡長子)가 왕위에 오르는 것을 원칙으로 한다. 종법에 따른 적장자 상속의 왕위계승 원칙은 조선 초기부터 제대로 지켜지지 않았다. 태조는 아들 이방석을 세자로 책봉하여 '1차 왕자의 난'의 빌미를 제공했다. 정종은 아들을 제쳐두고 동생 이방원에게 왕위를 넘겼고, 태종 역시 장남 양녕대군(讓寧大君)을 세자로 책봉했지만 폐하고, 3남 세종에게 왕위를 계승하게 했다.

조선시대 27명의 왕 중 적장자로 왕위를 계승한 것은 문종·단종·연산군·인종·현종·숙종·순종으로 7명에 불과하다. 세조의 장자 덕종, 명종의 장자 순회세자(順懷世子), 인조의 장자 소현세자(昭顯世子), 순조의 장자 익종(翼宗) 등은 세자에 책봉되었지만 왕위에 오르지 못했다. 연산군의 아들 이황(李𩾌)과 광해군의 아들 이지(李祬)는 연산군과 광해군이 왕위에서 물러나면서 폐세자가 되었다.

적장자 외에 덕이 있는 이가 왕이 된다는 원칙도 있는데, 세종이 여기에 해당한다. 왕이 후사를 두지 못하고 세상을 떠날 경우 왕실의 어른이 새로운 왕을 지명하기도 했다. 선조·철종·고종 등이 이러한 경우이다. 선조는 어려서부터 궁궐을 드나들며 왕자(王者)

○ 철종이 왕위에 즉위하기 전 생활했던 용흥궁(龍興宮)

가 갖추어야 할 덕목을 공부했고, 고종에게는 흥선대원군(興宣大院君)이라는 버팀목이 있었다. 그러나 철종은 아무런 준비 없이 왕위를 계승하여 많은 어려움이 있었다. 성종은 예종의 아들 제안대군(齊安大君)과 형인 월산대군(月山大君)이 있었지만, 한명회와 결탁한 세조의 비 정희왕후의 지명으로 왕위에 올랐다.

왕의 아우가 왕위를 계승하기도 했다. 태종은 정종의 동생이지만 세제(世弟)가 아닌 세자로 책봉되어 왕위를 이었고, 영조는 세제의 자격으로 왕좌에 올랐다. 명종은 세제는 아니었지만, 즉위 후 9개월 만에 세상을 떠난 형 인종의 뒤를 이어 왕위에 올랐다. 정조와 헌종은 세손(世孫)으로 아버지가 아닌 할아버지의 뒤를 이어 왕위에 오르기도 했다.

적장자 계승의 원칙은 왕비가 아들을 생산한다는 가정하에 가능한 것이다. 하지만 왕비가 아들을 낳지 못할 경우에는 후궁의 소생으로 왕위를 이어야만 했다. 순조처럼 외아들일 경우는 큰 문제가 없지만, 후궁 소생이 여러 명일 경우 정쟁이 벌어져 나라가 혼란에 빠지기도 했다. 광해군은 어렵게 왕위에 올랐지만 '폐모살제'로 결국 인조반정의 빌미를 제공했다. 이는 자신이 후궁 소생임에 반해 동생 영창대군이 적장자임을 지나치게 의식했기 때문이다. 경종 역시 어머니인 희빈 장씨의 떳떳하지 못한 죽음 때문에 노론과 동생 연잉군(延礽君)에게 계속 시달려야만 했다. 자신을 지지하는 소론과 연잉군을 지지하는 노론 사이에 끊임없는 정쟁이 있었고, 결국 석연치 않은 죽음으로 연잉군이 영조로 즉위했다.

왕위에 오르기 위해 무력을 사용한 경우도 있었다. 세조는 조카 단종을 폐위시키고 왕위에 올랐으며, 중종과 인조는 반정을 통해 왕위에 올랐다. 세조는 자신이 주도하여 단종을 축출하고 왕위에 올랐지만 1467년 이시애(李施愛)의 난, 사육신과 생육신의 경우에서 알 수 있듯이 반대세력의 견제에 늘 신경 써야만 했다. 중종과 인조는 반정 후 추대되어 왕위에 오른 만큼 반정공신의 입김에서 벗어나기 힘들었다. 결국 무력을 통해 왕좌를 찬탈한 경우 잡음이 따랐고, 왕권 역시 일정한 제약을 받았다.

실제 왕은 아니지만 왕으로 추존(追尊)되어 종묘에 모신 경우도 있다. 성종은 생부를 덕종으로 추존하여 예종의 조카가 아닌 덕종의 후계자로 왕위를 계승한 것으로 했다. 인조는 반정을 통해 즉위한 만큼 광해군이 아닌 선조의 뒤를 이은 것으로 여겨졌다. 그 결과 자신과 부친 정원군이 같은 항렬이 되어 부친의 제사 때 칭호와 모친이 세상을 떠나자 상복을 입는 기간이 문제가 되었다. 결국 인조는 신하들의 반대를 무릅쓰고 부친을 원종으로 추존하여 선조 → 원종 → 인조의 순으로 왕위계승이 이루어진 것으로 했다. 정조는 사도세자의 형인 효장세자(孝章世子)의 양자 자격으로 왕위를 계승했기 때문에 효장세자를 진종, 부친 사도세자(思悼世子)를 장조로 추존했다. 순조의 세자 효명세자(孝明世子) 역시 익종으로 추존되어 종묘에 모셨다. 이처럼 왕이 아니었던 선조들을 왕으로 추존하는 것은 적장자 상속이 이루어지지 않아 발생하는 문제를 해결하기 위한 것이었다. 즉, 5대가 지나 종묘에서 신주를 옮기는 문제[親盡], 선왕이나 친부모의 상복을 입는 기간이나 칭호 등의 예론, 선조의 명예회복 등과 관계가 있다. 궁극적으로 추존은 당대 왕의 정통성을 보다 명확히 하는 수단이었다고 할 수 있다.

왕위계승과 관련된 사항 중 하나가 수렴청정이다. 수렴청정은 나이 어린 왕이 즉위하면 성인이 될 때까지 왕대비나 대왕대비가 국정을 대신 처리하는 것을 말한다. 고구려의 태조, 신라의 진흥왕과 혜공왕 대에도 수렴청정이 행해졌다. 조선시대에는 예종이 14세에 즉위하자 세조의 비 정희왕후가 7년간 수렴청정을 행한 것이 처음이었다. 그 후 명종 대 문정왕후가 8년, 선조 대 명종의 비 인순왕후가 1년 동안 수렴청정을 했다.

수렴청정이 가장 많이 행해진 것은 세도정치기였다. 1800년 순조가 11세로 즉위하자 영조의 비 정순왕후가 약 3년 동안 수렴청정을 행했다. 순조의 비 순원왕후는 1834년 순조가 죽고 왕세손 헌종이 즉위하자 약 6년, 헌종이 죽고 철종이 즉위하자 약 2년간 두 차례에 걸쳐 수렴청정을 했다.

1863년 철종이 죽었을 때 대왕대비의 위치에 있던 여성이 바로 신정왕후(神貞王后)

이다. 신정왕후는 순조의 아들인 효명세자의 비인데, 효명세자가 죽은 후 익종으로 추존되면서 그녀 역시 왕비로 추존되었다. 고종이 즉위하자 신정왕후가 약 2년 동안 수렴청정을 했다. 그러나 이때는 신정왕후가 흥선대원군에게 정권을 일임하여 흥선대원군이 정치일선에 나설 수 있었다. 수렴청정이 행해질 때에는 나라의 모든 일이 왕실의 여성에게 맡겨지는 만큼 외척의 정치 참여를 가져와 혼란에 빠지는 모습이 나타나기도 했다.

② 왕의 일상

조선시대 왕으로서의 삶은 만만한 것이 아니었다. 국가의 지존(至尊)으로서 모든 정사를 판단하고 결정해야 하는 왕의 기본 일과는 공부였다. 조선의 지배 이데올로기가 성리학인 만큼 도학정치를 펴기 위해서는 수양이 필요했기 때문이다.

왕은 아침 업무 이전에 조강(朝講), 약식조회인 상참(常參) 또는 조참(朝參)을 행한다. 이는 제대로 지켜지지 않았고 의례적인 면이 컸지만, 왕의 공부인 경연(經筵)은 정상적으로 실행되었다. 중국 한대 어전강의 형태로 시작된 경연은 북송 대 제도로 정착되었고, 우리의 경우 고려시대에 경연을 도입했다. 조선시대에는 세종 대 1일 1강으로 운영되었다. 성종 대 5~7시 조강(朝講)·11~13시 주강(晝講)·15~17시 석강(夕講)의 1일 3강으로 정형화되었고, 야대(夜對)와 소대(召對)가 추가되었다. 경연에는 승지(承旨)와 홍문관 및 의정부 대신들이 참석했고, 학문이 뛰어난 학자들이 초빙되기도 했다.

경연의 내용은 유학 경전과 중국 및 우리 역사를 위주로 하여 선왕의 덕과 군자의 도리, 위민정치에 대한 것이 주를 이루었다. 경연에서는 학문적 내용을 토대로 당시의 국정현안을 토론하기도 했다. 성종 대 어떤 학자는 책을 제대로 읽지 못해 비난을 받았고, 정조는 오히려 신하들의 잘못을 지적하며 경연을 이끌어나갔다. 이 때문에 경연관들은 망신을 당하지 않고, 자신의 실력을 과시하기 위해서 미리 충분히 공부를 해야만 했다. 반면 연산군은 고리타분한 말이 듣기 싫다고 경연을 폐지했다.

왕은 자신을 수양하면서 국정도 함께 살펴야 했다. 왕은 편전(便殿)에서 정치현안을 보고받고 결재했다. 상소문 등의 모든 공문을 왕이 직접 살피는 것은 아니며, 왕의 비서실인 승정원(承政院)의 승지가 미리 살펴 필요한 현안만 보고했고, 내용을 간략하게 정리하고 처리 방침까지 첨부하면 왕이 이를 살핀 후 결재를 내렸다. 또 의정부나 육조 및 삼사의 관료들과 국정현안을 협의했고, 외국의 사신을 맞이했다.

왕의 생활은 궁궐 안에서 이루어진다. 그러나 군사훈련, 외국 사신 영접, 선왕의 능에 참배가 있으면 수시로 궁궐 밖으로 행차했다. 이때 민들은 억울한 일이 있으면 격쟁(擊錚) 등을 통해 왕에게 직접 하소연할 기회를 가질 수 있었다. 즉, 왕의 궁궐 밖 행차는 공무의 집행이면서 민생현장을 직접 보고 듣는 정치의 연장선이었다.

왕으로서의 생활은 무척 벅찬 것이기 때문에 왕은 조수라(朝水刺)와 석수라(夕水刺) 외 이른밥으로 초조반(初早飯), 낮에 낮것상, 밤에 야참 등 모두 다섯 끼를 먹었다. 초조반은 주로 죽을 먹었기 때문에 죽수라로도 불렸다. 낮것상은 조다소반과(早茶小盤果)라고도 하는데, 면이나 다과로 차려졌다. 야참은 야다소반과(夜茶小盤果)로 불리기도 했다.

왕의 수라상은 남성 조리사인 숙수(熟手)들이 담당했다. 수라간에도 상궁(尙宮)과 나인(內侍)들이 있지만, 이들은 숙수를 돕는 보조역할을 수행했다. 왕의 밥상은 7첩반상으로 보는 견해도 있지만 원반에 9첩, 곁반에 3첩 등 12첩반상이었던 것으로 여겨지고 있다. 수라상은 왕이 식사하는 큰 원반 외에 작은 원반, 책상반의 3개로 구성된다. 이는 일반 사가의 9·7·5·3첩반상보다 격이 높은 것이다. 명칭도 밥은 수라, 국은 탕, 찌개는 조치(助致), 조림은 조리개, 장아찌는 장과, 깍두기는 송송이로 불러 차별을 두었다.

왕이 식사할 때는 기미상궁과 수라상궁이 시중을 들었다. 물로 만든 백반(白飯)과 팥물을 이용한 홍반(紅飯)을 수라상에 올리면, 왕은 이 중에서 골라서 먹었다. 그 외 보리·기장·찹쌀·팥·수수·콩·밤 등이 들어간 잡수라를 먹기도 했다. 조선 후기에는 밥에 채소·육류·어류 등을 섞은 지금의 비빔밥과 같은 골동반(骨董飯)을 수라상에 올리기도 했다. 탕은 미역국과 곰탕, 조치는 토장조치와 젓국조치의 2가지를 올려 선택할 수 있도록 했다. 그 외 찜·전골·김치가 기본으로 차려진다. 조미품으로는 청장·

초장·겨자즙 등을 종지에 담아내었다. 수라상에는 은수저가 두 벌 놓이는데, 한 벌은 기름이 있는 탕을 먹을 때 다른 한 벌은 숭늉이나 물김치를 먹을 때 사용한다. 반상기는 겨울에는 은반상기, 여름에는 사기반상기가 사용되었다.

왕이 식사를 마치면 상을 퇴선간(退膳間)에 물린다. 퇴선간에서는 왕이 물린 음식들을 다른 그릇에 옮겨 담는다. 이 음식들은 지밀나인(至密內人)의 다음 식사에 사용했다. 왕은 수라상을 물리는 각선(却膳)을 통해 신하들에게 자신의 뜻을 관철시키기도 했고, 음식을 신하들에게 나누어줌으로써 협조를 구하기도 했다. 조선시대 수라는 정치행위를 위한 도구로 이용되기도 했던 것이다.

왕이 마시는 물은 새벽 5시경 양기가 왕성할 때 떠서 마셨다. 그 외 99번 끓여 식혔다가 필요할 때 마지막으로 끓여 마시는 백비탕(白沸湯), 끓는 물과 냉수를 반씩 섞은 생숙탕(生熟湯), 황토를 파서 물을 넣고 저어 한참 후 찌꺼기가 가라앉으면 맑은 물을 취한 지장수(地漿水), 납일에 내린 눈을 녹인 물인 납설수(臘雪水) 등을 마셨다.

왕은 화장실도 달랐다. 좌변기인 매우(梅雨)틀 또는 매화(梅花)틀을 사용했다. 매화틀에는 우단을 덮었고, 아래에 구리로 된 그릇을 두고 매추라는 여물을 잘게 썰어놓았다. 대소변을 본 후 복이나인(僕伊內人)이 다시 매추를 뿌린 후 가져가는데, 필요한 경우에는 내의원(內醫院)에서 검사하여 왕의 건강을 살폈다.

◐ 매화틀(국립고궁박물관 소장)

③ 왕이 사는 곳

궁궐은 왕과 가족이 거주하는 궁(宮)과 궁을 지키기 위한 담장·문루(門樓)·초루(譙樓) 등의 시설인 궐(闕)로 구성된다. 궁궐은 왕명을 수행하는 궐내각사(闕內各司)의 공간인 외조(外朝), 왕의 정치공간인 치조(治朝), 왕과 그 가족들의 생활공간인 연조(燕朝)의 삼문삼조의 형식을 취한다. 조선의 궁궐은 앞에 집무를 위한 정전(正殿)을 두고, 뒤에 생활공간인 침전(寢殿)을 두는 전조후침(前朝後寢)의 구도에 따라 건물을 배치했다.

조선시대 궁궐은 북쪽에 있다고 해서 북궐(北闕)로 불리는 경복궁, 동쪽에 있다고 해서 동궐(東闕)로 불린 창덕궁(昌德宮)·창경궁(昌慶宮), 서궐(西闕)인 경희궁(慶熙宮), 그리고 덕수궁(德壽宮)으로 잘 알려져 있는 경운궁(慶運宮) 등이 있다. 경복궁은 한양 천도와 함께 만들어진 궁궐이다. 정종이 개경으로 천도했고, 한양으로 돌아온 태종이 창덕궁을 지어 그곳에 머물렀기에 빈 궁궐로 남기도 했다. 이후 세종·문종·단종은 주로 경복궁에 기거했다. 조일전쟁으로 훼손된 경복궁은 흥선대원군에 의해 1867년 완성되었다. 아관파천(俄館播遷) 이후 고종이 경운궁으로 이어하면서 다시 빈 궁궐이 되었고, 1917년 창덕궁 대조전(大造殿)에서 발생한 화재 복구를 위해 일본인들은 경복궁 건물 400여 칸을 헐어 창덕궁을 재건했다. 그 외 광화문(光化門)을 비롯한 여러 건물을 철거하거나 이건하였고, 조선총독부청사를 비롯하여 여러 건축물을 지었다.

1404년 태종은 개경에서 한양으로 천도하면서 왕자의 난으로 피비린내가 배어 있는 경복궁으로 돌아가지 않았다. 그리고 향교동의 이궁에 거처하면서 창덕궁을 짓기 시작하여 1405년에 완공했다. 그 후 계속 인정전(仁政殿)·선정전(宣政殿) 등 많은 전당이 건립되었고 1407년 돈화문(敦化門)을 건립하여 궁궐의 면모를 갖추었다. 이후 태종은 창덕궁에 기거했고, 외교 의전과 국가 의례를 행할 때에는 경복궁을 이용했다. 창덕궁 역시 조일전쟁 때 불탔고 1607년 복구가 시작되어 1610년에 중건이 거의 끝났다. 그러나 인조반정 때 인정전을 제외한 대부분의 전각이 다시 불탔고 1647년에야 복구가 끝났다. 1917년 대조전을 중심으로 내전 일곽이 소실되자 경복궁의 건물을 해체·전용하여 1920년에 완공했다.

일제강점기 창덕궁 선정전(공공누리 제1유형 국립중앙박물관 공공저작물 이용)

세종은 즉위하면서 상왕으로 물러난 태종의 처소인 수강궁(壽康宮)을 지었는데, 성종 대 이를 확장하면서 창경궁으로 이름 지었다. 그러나 창경궁은 정식 궁궐이라기보다는 왕실 가족의 생활공간이었다. 조일전쟁 때 불탄 창경궁은 광해군 대 복원되었다. 그러나 인조 대 이괄의 난으로 다시 손상되었다가 복구되었다. 1636년 청의 침략 후 인조가 창경궁의 양화당(養和堂)을 거처로 삼으면서 독자적 궁궐로 기능했다. 1907년 순종이 황제로 오른 후 창덕궁으로 이어하자, 일제는 순종을 위로한다는 명분으로 창경궁 내에 동물원·식물원·박물관 등을 설치하고 일반인들의 관람을 허가했다. 1910년에는 이름도 창경원(昌慶苑)으로 바꾸고 자신들의 국화인 벚꽃(さくら)을 심었다. 1924년부터는 창경원에서 밤벚꽃놀이를 열어 창경궁을 완전히 훼손했다. 해방 후에도 공원으로 활용되던 창경궁은 1983년 동물원과 식물원을 서울대공원으로 옮기고 창경궁으로 환원되었다.

광해군은 이복동생 정원군(定遠君)의 집터에 왕기가 있다는 말을 듣고 그곳에 궁궐을 지어 경덕궁(慶德宮)이라 했다. 인조는 이괄의 난으로 창덕궁과 창경궁이 불에 타 경덕궁으로 이어하면서 이궁으로 사용했다. 그런데 '경덕'은 인조의 아버지 원종의 시호와 같아 1760년 경희궁으로 이름을 바꾸게 된다. 서쪽에 있어 서궐로도 불린 경희궁은 인조 대 이후 이궁으로 사용되었고, 현종과 숙종은 경희궁에서 정사를 돌봤다. 그러나 고종이 경복궁을 중건하여 이어하면서 빈 궁궐이 되어 창고나 다른 용도로 사용되었다. 일제강점기 조선총독부는 경희궁에 경성중학교를 세우고, 궁궐 대부분을 헐어 총독부 관리들의 관사를 만들었다. 1987년부터 발굴조사와 복원사업이 진행되어 궁궐의 일부가 복원되었다.

조일전쟁으로 궁궐이 모두 불탄 뒤 한성으로 돌아온 선조는 정릉동에 있던 세조의 장손인 월산대군 이정(李婷)이 살던 집에 임시로 거주했는데, 이곳을 '정릉동 행궁'으로 불렀다. 1611년 창덕궁을 중건하고 임시로 이어하면서 흥경궁(興慶宮)이라 했다가, 다시 경운궁이라는 이름이 붙여졌다. 경운궁은 '서궁유폐', 즉 광해군에 의해 인목대비가 유폐되고, 반정에 성공한 인조의 즉위식이 거행된 역사적 장소였다. 이후 경운궁은 주인이 없었는데, 아관파천 후 고종이 경운궁으로 이어하면서 중건되었다. 당시 경운궁 근처에는 미국·영국·프랑스·러시아공사관 등이 있었는데 신변의 위협을 느낀 고종은 서양공사관 근처로 옮겨 일본의 압박을 피하려 했다. 헤이그 특사사건 이후 일제는 고종을 강제 퇴위시키고 궁호를 덕수(德壽)로 하면서 경운궁은 덕수궁으로 불리게 되었다. 1919년 고종 사후 일제는 경운궁터를 매각하고 궁궐을 훼손하여 공원으로 만들었다. 선원전(璿源殿)·의효전(懿孝殿)·경효전(景孝殿) 등은 창덕궁으로 이건되거나 창덕궁 내 건물 신축에 활용되었다. 경운궁 복원사업이 계속 이루어지고 있지만, 일제에 의해 훼손된 경운궁의 원형은 쉽게 찾아볼 수 없을 것 같다.

조선시대 왕은 1명이지만 여러 궁궐이 존재했다. 왕이 주로 머무르는 곳이 법궁(法宮) 또는 정궁(正宮)이다. 그런데 화재나 전염병 등 뜻하지 않은 일이 있을 때, 혹은 쉬기 위해 옮겨가는 별도의 궁궐인 이궁도 있었다. 왕의 순행 등 잠시 머무르는 행궁도 필요했다. 그 외 성종이나 선조와 같이 궁궐 밖에서 생활하다가 왕이 되는 경우 왕이 되기 전에 살던 집을 잠저(潛邸)라 하는데, 이는 곧 별궁(別宮)이 된다. 왕과 왕비의 시신을 모신 관은 재궁(梓宮), 왕릉에서 재궁을 모시는 지하 석실을 현궁(玄宮)이라고 했다. 결국 왕이 살아서건 죽어서건 머무르는 곳은 모두 궁궐인 셈이다.

④ 왕의 죽음과 평가

1. 국장과 왕릉

왕이 죽으면 생명의 근원인 태양이 있는 동쪽으로 머리를 놓은 후, 내시가 지붕에 올라가 왕이 입던 옷을 들고 혼이 돌아오기를 빌었다[招魂; 皐復]. 혼이 돌아오기를 기다리는 5일 동안 왕은 살아 있는 것으로 간주되며, 이때 국장(國葬)을 준비했다. 5일 후 시신을 목욕시키고 의복을 갈아입히는 습(襲), 옷과 이불로 시체를 감싸는 소렴(小殮)과 대렴(大殮)이 진행되었다. 대렴이 끝나면 시신을 관에 넣어 찬궁(欑宮)이라는 큰 상자에 모셨다. 입관 5개월 후 국장을 치렀는데, 국장 기간이 긴 것은 왕릉을 조성하는 데 시간이 필요했기 때문이었다. 5개월 동안 시신을 모시는 곳을 빈전(殯殿)이라 한다. 국장기간 동안 새로 즉위한 왕은 수시로 찾아와 곡을 했다.

왕이 묻히는 무덤인 왕릉은 왕이 살아 있을 때 남면(南面)하던 것과 마찬가지로 남향으로 축조되는 것이 원칙이며, 좌청룡·우백호·배산임수의 지형에 선정된다. 왕릉은 왕과 왕비 중 한 사람만 안장된 단릉(單陵), 하나의 곡장(曲墻) 안에 왕과 왕비를 나란히 안장하여 봉분이 2기인 쌍릉(雙陵), 하나의 봉

◎ 문종과 현덕왕후의 능인 현릉(顯陵)

분 안에 왕과 왕비를 함께 안장한 합장릉(合葬陵) 등으로 구분된다. 또 곡장 안에 왕·왕비·계비를 3기의 봉분으로 조성한 삼연릉(三連陵), 정자각(丁字閣) 뒤 좌우 각기 다른 언덕에 단릉처럼 조성한 동원이강릉(同原異岡陵), 하나의 언덕 위와 아래에 왕과 왕비의 능을 조성한 동원상하릉(同原上下陵) 등이 있다.

2. 시호·묘호의 제정과 실록의 편찬

왕이 죽으면 그의 일생과 업적을 평가하여 시호와 묘호를 정하고, 실록을 편찬했다. 시호는 죽어서 남기는 이름이다. 예를 들면 세종의 시호는 장헌(莊憲)이며, 중종의 계비 문정왕후(文定王后)의 시호는 문정이다. 왕실 외에 종친이나 공신들도 시호를 받을 수 있는데, 이순신(李舜臣)의 시호가 충무(忠武)인 것이 그 예이다.

왕의 시호를 정하기 위해 왕의 일생을 기록한 행장(行狀)을 먼저 만들었다. 행장이 완성되면 중국의 황제에게 청시사(請諡使)를 보내 시호를 결정해줄 것을 요청했다. 천자가 행장을 읽어본 후 그에 합당한 시호 두 글자를 내려주면, 다시 조선에서 추가하여 왕의 시호를 정했다. 왕비의 경우는 조선 내에서 의논하여 결정했다. 시호가

정해지면 이를 옥에 새긴 뒤 탁본하여 책으로 만들고 도장으로 새겼는데, 여러 편의 시호를 새겨 책으로 만든 것을 시책(諡冊)이라고 했다.

왕이 죽으면 장례 후 신주를 궁궐 안의 혼전(魂殿)에 모셨다가 3년 상이 끝나면 종묘에 모셨다. 이때 종묘에서 부르는 호칭인 묘호가 정해진다. 묘호는 공(功)과 덕(德)으로 정하는데, 공은 무질서와 혼돈을 바로잡은 대업을 이룬 경우로 조를 붙였다. 태조의 조선 개창, 세조의 조선 중흥, 선조와 인조의 국난 극복, 영조의 유학 진흥, 정조와 순조가 사교(邪敎)인 천주교로부터 유학을 지킨 공이 인정된 것이다. 반면 덕은 선왕의 정치이념을 계승하여 태평성대를 계속 이어가는 것으로 종을 붙였다. 세종·중종 등이 이러한 예이다.

왕의 평가와 관련된 중요한 것 중 하나가 실록의 편찬이다. 실록의 편찬은 선왕이 죽은 후 다음 왕의 즉위 초에 이루어지는데, 이는 역사를 객관적으로 서술하기 위한 조처였다. 실록의 편찬을 위해 춘추관(春秋館) 내에 임시로 실록청을 설치했다. 실록청은 고위관료인 3정승 중 1명이 주관했고, 문필이 뛰어난 인물을 도청(都廳) 및 각 방당상(各房堂上)으로 임명하여 진행했다.

실록은 왕이 세상을 떠난 후 편찬되지만, 준비는 왕이 살아 있을 때부터 계속된다. 춘추관에서는 국정이 행해지는 곳곳에 사관(史官)을 배치했는데, 이들이 겸임사관이다. 전임사관은 왕 옆에서 모든 것을 기록으로 남겼다. 전임사관의 기록물이 사초(史草)이다. 사초는 매일 춘추관에 제출되지만, 비밀사항이나 인물에 대한 평가는 가장사초(家藏史草)라 하여 집에 보관해두었다가 실록청이 열리면 그때 제출한다. 사초는 매년 연말에 시정기(時政記)로 정리되었다.

실록은 사관들이 정리한 사초와 시정기 외에 겸임사관이 기록한 『각사등록(各司謄錄)』·『승정원일기(承政院日記)』·『비변사등록(備邊司謄錄)』·『일성록(日省錄)』 등을 참고로 정리되었다. 편찬 과정은 자료를 분류·정리하는 초초(初草), 내용을 수정·보완하는 중초(中草), 교열·수정·첨삭 등이 이루어지는 정초(正草)의 3단계로 진행되었다.

명나라는 황제가 실록을 볼 수 있지만 조선의 실록은 왕도 볼 수 없다. 오직 사관만이 국가의 제례나 사신 접대 등 주요 행사가 있을 때와 이전의 예를 참고하기 위해 내용의 일부를 확인할 수 있을 뿐이다. 실록이 편찬되면 편찬에 이용된 시정기·사초 및 초·중·정초는 세검정(洗劍亭) 부근 차일암(遮日巖)에서 사초를 물로 씻는 세초(洗草)를 행했다. 세초는 기밀누설을 막기 위한 것이지만, 종이를 재사용하기 위한 방편이기도 했다.

실록이 완성되면 인쇄하여 사고(史庫)에 보관한다. 조선 전기에는 춘추관과 충주·전주·성주 등 4곳에 사고가 있었는데, 조일전쟁 중 전주사고를 제외한 모든 사고가 불탔다. 경기전(慶基殿)의 참봉 오희길(吳希吉)은 손홍록(孫弘祿)과 함께 전주사고에 보관된 실록을 내장산으로 옮겼고, 이를 근거로 1603~1606년 태조에서 명종까지 13대에 걸친 실록을 다시 4부씩 인쇄했다. 다시 인쇄된 실록은 춘추관·묘향산·태백산·오대산·강화도 마니산 등에 새로 사고를 설치하여 보관했다. 춘추관에서 보관하던 실록은 이괄의 난으로 소실되었다. 마니산 사고의 실록은 조청전쟁 중 피해를 입어 1678년에 가까운 정족산 사고로 옮겨졌으며, 묘향산 사고본은 1633년 전라도 적상산 사고로 옮겨졌다.

현재 남아 있지 않지만 고려시대에도 실록이 있었고 중국[명실록·청실록], 일본, 베트남에도 실록이 있었다. 하지만 이들 실록은 원본이 전해지지 않거나, 남아 있는 것이 소략하다. 또한 내용도 조선의 그것보다는 한 단계 떨어지는 것으로 여겨진다. 예를 들면 어떤 사안에 대해 사관이 자신의 생각을 서술한 사론(史論)이 있는 것은 《조선왕조실록》이 유일하다. 우리가 목숨을 다해 지켜온 《조선왕조실록》에는 25왕 472년의 사실이 담겨 있다. 단일 책으로는 세계 최대 분량이고, 기록된 기간도 가장 길다. 1997년 유네스코가 《조선왕조실록》을 세계기록유산으로 지정한 것을 통해서 《조선왕조실록》이 가지는 역사적 의미를 알 수 있다.

◆《조선왕조실록》이 보관되어 있던 오대산 사고

✿ 참고문헌

- 나각순, 「궁궐의 건설과 재건 과정」, 『서울 2천년사』 13, 서울특별시 시사편찬위원회, 2013.
- 신명호, 『조선 왕실의 의례와 생활』, 돌베개, 2002.
- 이강근, 「왕권의 상징 궁궐 건축」, 『삶의 공간과 흔적, 우리의 건축문화』, 경인문화사, 2011.
- 이성무, 『조선왕조실록 어떤 책인가』, 동방미디어, 1999.
- 李迎春, 『朝鮮後期 王位繼承 研究』, 集文堂, 1998.
- 이태진, 「조선왕조실록」, 『한국사 시민강좌』 23, 일조각, 1998.
- 이호일, 『조선의 왕릉』, 가람기획, 2003.
- 홍순민, 『우리 궁궐 이야기』, 청년사, 2002.

11

조선시대 민과 여성

11강 ● 조선시대 민과 여성

① 민의 생활

1. 끼니와 음식

조선시대에는 아침과 저녁 두 끼를 먹었기에 식사를 조석(朝夕)이라 불렀다. 한 끼의 식사량은 남성 7홉, 여성 5홉 등 지금의 5배에 이르렀다. 여름에는 낮이 긴 만큼 아침과 저녁 사이 별도의 식사도 했는데, 이를 새참이라 불렀다. 고려시대에는 역과 역 사이에 참(站)을 두었는데, 허기진 사람들은 이곳에서 식사를 했다. 식사 때가 아니면서 밥을 먹는 것을 새참으로 부른 이유이다. 양반은 아침 식사 전 이른밥[早飯; 早朝飯; 朝早飯]을 먹었고, 잠자리에서 일어나 간단히 먹는 욕식(蓐食)도 있었다. 욕식이 이른밥과 결합하여 자릿조반이라는 말이 생겨났다. 민 역시 밥 몇 숟갈에 한두 가지 반찬으로 간단하게 먹는 낮밥[午飯], 낮에 손님 등을 대접할 때 차려내는 별식인 낮것[晝物] 등을 먹기도 했다. 차와 간단한 정과(正果)를 차린 다담(茶啖)도 있었다.

중국 남북조시대 양(梁)나라 무제의 아들 소명태자(昭明太子)는 곡물 값이 오르자 소식(小食)을 명했는데, 적게 먹는 음식이 디엔싱(點心)이었다. 불가에서도 배고플 때 조금 먹는 음식을 점심이라 불렀다. 조선시대 점심은 공부하는 사람이 정신을 차릴 만큼 간단하게 먹는 간식을 일컫는 말이었는데, 18세기 낮에 먹는 식사의 의미로 굳어졌다. 점심과 유사한 것으로 중화(中火)가 있다. 중화 역시 여행객이 중간에 먹는 식사를 일컫는 말이 18세기 이후 낮에 먹는 식사로 변질된 것이다.

우리는 식사 때 밥과 함께 국을 먹는다. 그 이유는 밥은 양, 국은 음이기 때문에 음양의 조화를 이루기 위한 것이다. 그것이 장시(場市)의 발전과 함께 객주집이나 주막에서 국밥으로 발전하기도 했다. 국 외에 찌개도 먹었는데, 찌개를 함께 먹는 행위를 통해 협동심이나 한 식구임을 확인했다.

명절이나 계절이 바뀌면 별식을 먹었다. 흰떡을 먹으면서 새해를 깨끗하게 맞이하고, 엽전처럼 썬 떡국을 먹으며 부자가 되기를 기원했다. 삼복에는 개장국을 먹었다. 개는 불[火], 복날은 쇠[金]이므로 불이 쇠를 이긴다[火克金]는 원리에 따라 개고기를 먹으면 더위를 이길 수 있다고 여겼던 것이다. 또 개는 몸을 따뜻하게 하는 음식으로 열

⊙ 김홍도의 점심(공공누리 제1유형 국립중앙박물관 공공저작물 이용)

로써 더위를 다스린다는 이열치열(以熱治熱)의 원리도 포함되어 있다. 삼국~고려시대에는 불교의 영향으로 육식을 삼갔던 만큼 개고기를 먹지 않았는데, 원간섭기 육식이 성행하면서 개고기를 먹게 되었다. 이날 개장국을 먹지 못하는 사람은 소고기를 끓인 육개장을 대신 먹기도 했다. 추석에는 달을 상징하는 송편을 먹으면서 소나무처럼 곧은 인생이 되기를 기원했다.

우리가 즐겨 먹은 음식 중 하나가 국수이다. 국수는 메밀·녹말·마·수수·팥·율무 등을 재료로 사용했는데, 특히 밀로 만든 국수를 가장 귀하게 여겼다. 면은 국수틀을 사용하거나, 구멍 뚫은 바가지에 반죽을 밀어 뽑아내거나, 반죽을 밀어 도마 위에 놓고 썰어서 만들었다. 이렇게 만든 면을 육수장국·동치밋국·참깻국·콩국·오미잣국 등에 말아 먹었다. 겨울에는 동치밋국에 면을 만 냉면을 즐겼다. 기호에 따라서 비빔국수인 골동면(骨董麵)을 먹기도 했다. 조선 중기 이후 국수 먹는 풍속이 폭넓게 퍼져 양반가에서는 집안에 국수 뽑는 기계를 장만하기도 했다.

조선시대 반찬의 특징은 맵고 짠맛을 지녔다는 것이다. 이는 적은 반찬으로 밥을 많이 먹기 위한 것이었다. 소·개·꿩 등의 고기를 먹기도 했지만, 반찬의 주를 차지한 것은 채소였다. 양반가의 경우 지금의 비닐하우스처럼 겨울에는 땅속에 움집을 짓

고 채소를 재배하기도 했다.

우리가 반찬이나 국을 만들 때 반드시 사용되는 것은 간장·된장·고추장 등이다. 원래 간장과 된장은 섞여 있는 형태였는데, 삼국시대부터 간장과 된장이 분리되었다. 간장과 된장을 먹은 이유는 농경민족인 만큼 육류 소비량이 적어 콩으로 단백질을 섭취하기 위한 것이었다. 콩은 기름이 있어 불을 붙이면 타서 하늘로 가는 양의 성격이다. 반면 물을 주면 땅 밑으로 자라는 음의 성격을 지닌다. 간장과 된장은 콩으로 만든 메주에 물을 붓고 불을 더해 삶는 것인 만큼, 음양이 조화된 음식이라고 할 수 있다.

고추가 수입되기 이전 매운맛을 내기 위해 산초(山椒)와 겨자 등을 사용했고, 맨드라미 잎과 꽃을 이용하여 붉은색을 내거나 붉은 고명으로 대추를 사용했다. 조일전쟁 전후 일본에서 고추가 수입되면서, 우리 음식에서 고추는 빠질 수 없는 것이 되었다. 처음 고추가 전래되었을 때, 고추를 남방에서 전래되었다고 해서 남번초(南蕃草), 매운맛을 지녔다고 해서 고초(苦草), 일본에서 건너왔다고 해서 왜개자(倭芥子) 등으로 불렀다. 고추는 미생물에 의한 부패를 억제하여 음식을 상하지 않게 하는 기능을 한다. 고추장은 맵고 짜고 단 3가지 맛이 조화를 이루어 조미료와 향신료의 역할을 하며, 붉은색이 식욕을 자극한다. 고추와 고추장이 조선인의 입맛을 사로잡은 이유이다.

우리를 대표하는 음식 중 하나가 김치이다. 우리는 늦어도 청동기시대부터 김치를 먹기 시작했던 것 같다. 그러나 이때의 김치는 순무·가지·부추 등을 소금으로 절인 형태의 음식이었다. 통일신라~고려시대에는 동치미와 나박김치 등도 먹었다. 지금의 고추와 젓갈이 들어간 배추김치는 19세기에야 등장했다.

2. 술과 술집

우리가 언제부터 술을 마셨는지는 확실하지 않은데, 전통주가 누룩을 곡물에 섞어 알코올을 발효시킨 곡주(穀酒)인 것으로 보아 농경을 시작하면서부터 술을 마신 것으로 추측된다. 조선시대인이 마신 술은 탁주(濁酒)·청주(淸酒)·소주(燒酒) 등이다. 탁주는 누룩을 발효시켜 막 거른 술로 막걸리라고 하며 민이 주로 마셨다. 청주는 탁주를 용수에서 맑게 걸러낸 것으로, 약주(藥酒)로도 불렀고 양반이 즐겨 찾았다. 고려시대 원의 군대가 주둔하면서 소주가 전래되었다. 소주는 소줏고리를 이용하여 알코올이 수분보다 먼저 증발하여 이슬처럼 내려오는 것을 받은 것이다. 소주는 독주인만큼 잘 상하지 않아 여름에 주로 마셨다. 그 외 소주·청주·탁주 등에 과일·꽃·약재 등을 넣어 술을 만들기도 했다.

조선시대에는 술의 재료가 멥쌀에서 찹쌀로 바뀌고, 발효기술이 발달하면서 질 좋고 다양한 술이 제조되었다. 특히 손님에게 내놓는 술은 그 집의 격을 나타내는 만큼, 양반가에서 다양한 술이 만들어졌다. 집집마다 다른 비법을 가지고 있던 우리의 술은 일제에 의해 1909년 주세법(酒稅法), 1916년 주세령(酒稅令) 등이 시행되면서 획일화되었다.

술은 적당히 마시면 심신의 피로를 풀 수 있지만, 과음하게 되면 많은 문제를 일으킬 수 있다. 따라서 조선 조정은 금주령을 내려 음주를 철저히 단속하려 했다. 금주령을 내린 이유는 술을 빚음에 따른 곡식 소비를 줄이고, 강상윤리와 분수의 강조를 통해 체제안정을 도모하기 위한 것이었다. 금주령을 내릴 때에는 한 달 정도의 유예기간을 두어 기존에 빚어놓은 술을 소비할 수 있도록 배려했다. 금주령하에서도 궁궐에서 소용되는 술, 사신접대·제사에 사용되는 술, 약으로 마시는 술은 금주령의 규정을 받지 않았기 때문에 금주령은 쉽게 지켜지지 않았다.

조선시대에 술을 마실 수 있는 곳은 주막(酒幕)·선술집·내외주점·색주가·기방(妓房) 등이었다. 고려시대 화폐 유통을 위해 설치하면서 생겨난 주막은 술막·숯막[炭幕]·주가(酒家)·주사(酒肆)·주포(酒鋪)·

▲ 대쾌도(大快圖)의 들병장수(공공누리 제1유형 국립중앙박물관 공공저작물 이용)

주점(酒店)·여점(旅店)·여사(旅舍)·야점(夜店)·점막(店幕)·노렴(壚帘)·노저(壚邸)라고도 했는데, 시장 부근이나 교통 요충지에 위치했다. 원래 이곳은 밥과 술을 함께 판매했고, 술이나 음식을 먹을 경우 봉놋방에서 무료로 숙박을 할 수 있었다. 19세기에는 촌락마다 주막이 설치될 정도로 크게 번성했다. 선술집은 서서 술을 마시는 곳으로, 술 한잔에 안주 한 접시가 제공되었다. 좁고 긴 상인 목로(木爐) 위에 술과 안주를 놓고 판다고 해서 목로주점 또는 목로술집으로도 불렀다. 내외주점은 앉힘 술집이라고도하는데, 몰락한 양반가의 여성이 생계를 위해 술을 파는 곳이다. 외관은 가정집의 형태를 지니지만, 대문 옆에 '내외주가(內外酒家)'라고 써서 술을 판매하는 곳임을 알렸다. 내외주점에서도 술과 함께 안주가 제공되는데, 술을 추가할 경우 새로운 안주가제공되었다. 서로 얼굴을 보지 못한 채 팔뚝만 뻗쳐 상을 내밀고 받기 때문에 팔뚝집으로도 불렀다. 색주가는 여성과 함께 술을 마시는 곳이다. 색주가와 유사한 기방(妓房)은 기녀 한 명에 여러 명의 술꾼이 동석하여 술을 마셨다. 들병장수는 사람이많이 모이는 곳에서 술을 파는 사람을 일컫는 말이다. 바침술집은 병술집 또는 병주가(瓶酒家)라고도 하는데, 대개 1년 동안 술을 제공하고 추수 후 곡식을 받아 경비를 충당했다.

3. 담배

마야문명은 태양신을 숭배했는데, 향기로운 연기가 나오고 들이마시면 기분이 좋아지는 담배 연기에 불의 신의 정령이 존재한다고 믿었다. 마야문명에서 소중히 여겼던 담배는 크리스토퍼 콜럼버스(Christopher Columbus)에 의해 스페인과 포르투갈에전해졌고, 15세기 말에는 전 세계에 전파되었다.

조선에 담배가 처음 전래된 것은 16세기 말~17세기 초 일본 또는 중국을 통해서이다. 전래될 당시 담배는 스페인어 타바코(tabacco)를 발음한 담바구, 남쪽에서 전래된 풀이라는 의미의 남초(南草), 남쪽에서 전래된 약초라고 해서 남령초(南靈草), 피우면기분이 묘해진다고 해서 요초(妖草), 항상 생각나는 풀이라는 의미의 상사초(想思草), 혼취하게 하는 것이 술과 같다고 해서 연주(煙酒), 피로를 풀어주는 차라는 의미에서 연차(煙茶) 등으로도 불렸다.

○ 김홍도의 담배 썰기(공공누리 제1유형 국립중앙박물관 공공저작물 이용)

조선시대인들은 잠에서 깨었을 때, 식사 후, 비오는 날, 놀 때, 생각할 때, 고민이 있을 때, 무료할 때, 냄새가 날 경우 담배가 좋다고 여겨 이를 담배의 8가지 맛으로 극찬했다. 4~5세부터 담배를 피울 정도로 수요가 폭발적이어서, 벼나 다른 작물을 경작하는 것보다 이익이 훨씬 많았다. 이 때문에 담배는 수입된 지 20여 년 만에 농가의 대표작물이 되었다.

이익(李瀷)은 담배의 해로운 점으로 머리가 하얗게 되고, 이가 빠지며, 쉽게 늙고, 폐에 좋지 않다고 했다. 반면 가래가 목에 걸릴 때, 비위가 거슬려 침이 흐를 때, 소화가 안 될 때, 먹은 것이 걸려 신물이 올라올 때, 더위와 추위를 막을 때, 잠이 오지 않을 때 담배를 피우면 좋다고 했다. 또 담배는 회충을 없애주고, 술을 깨게 하고, 똥 쌀 때 악취를 막아주는 효과도 있다고 여겼다. 담뱃가루는 종기나 상처의 약으로도 사용되었다. 조선시대에는 담배를 몸에 좋다고 여겼던 것이다.

민은 담뱃잎을 찢거나 대충 썬 뒤 담뱃대에 피웠고, 양반은 지삼(枝三)으로 불리는 잘게 썬 담뱃잎을 피웠다. 민은 곰방대[短竹]로 담배를 피웠지만, 양반은 대꼬바리 또는 꼬불통으로 불리는 장죽(長竹)으로 권위를 나타냈다. 양반은 연동(煙僮)이 부싯돌과 연초를 가지고 다니게 했고, 장죽을 권위의 상징으로 삼고 무기나 회초리로도 이용했다. 이처럼 담배를 통해서도 가진 자는 못 가진 자와 차별화를 이루었다.

4. 뒷간

조선시대 왕은 이동식 변기인 매화틀을 사용했지만 양반과 민은 지정된 장소에서 볼일을 해결했다. 볼일 보는 곳을 흔히 변소(便所) 또는 화장실(化粧室)이라고 하지만, 변소는 일제강점기에 사용된 용어이며 화장실은 Toilet을 번역한 말이다. 고려시대에는 볼일 보는 곳을 측(厠)으로 적었는데, 조선시대의 경우 민은 뒷간[北水間], 양반은 측간(厠間)이라고 했다. 측간은 남녀유별이 적용되어 여성들의 생활공간인 안채의 내측(內厠)과 남성들의 생활공간인 사랑채의 외측(外厠)으로 구분되었다. 그 외 정랑(淨廊)이나 통시로도 불렀다. 궁중 나인들은 급한데·작은집·부정한데 등으로도 불렀다. 사찰에서는 정랑이나 해우소(解憂所) 등의 용어를 사용했다.

왕의 매화틀처럼 민도 이동식 변기를 사용했다. 대표적 이동식 변기가 요강이다. 요강은 익항(溺缸)·익강(溺江) 등으로 적었고,《조선왕조실록》에는 익기(溺器)로 표현되기도 했다. 민은 요강을 오줌단지 또는 야호(夜壺)로도 불렀다.

요강은 거동이 불편한 환자들이 주로 사용했지만, 양반가 여성이 가마로 이동할 때 이용하기도 했다. 가마에서 주로 사용된 것은 지승요강(紙繩尿綱)이다. 지승요강은 한지에 기름을 먹이거나 옻칠을 하여 만든다. 한지에 기름을 먹이면 공기가 채우고 있던 공간을 기름이 대신하여 물이 들어오는 것을

● 남성용 이동식 변기 호자(국립부여박물관 소장)

막는 역할을 한다. 따라서 물이 묻어도 찢어지지 않고 강도를 유지할 수 있어 가마에서 사용되었다. 그 외 호자(虎子)가 있는데, 이는 주로 공부하는 남성들이 사용한 이동식 소변기이다.

조선시대에는 똥을 거름·사료·약재·술·무기·건강 확인 등 다양한 용도로 활용했다. 고려시대에는 가축의 똥을 거름으로 사용했지만, 조선시대에는 다양한 영양분이 있고 양도 많은 사람의 똥을 거름으로 활용했다. 똥을 사료로 이용하는 것은 주로 섬 지역이다. 섬은 농경이 주업이 아닌 만큼 사료가 부족하여 똥을 돼지 등의 사료로 이용한 것이다. 똥물은 황룡탕(黃龍湯)이라 해서 독을 해소하는 데 사용되었고, 화기(火氣)를 가라앉힐 때 똥을 약재로 활용했다. 똥을 초에 버무려 붙여 종기를 치료

했고, 타박상이 심하면 똥을 삼베에 걸러 마시고 땀을 냈다. 분주(糞酒)라고 해서 똥을 싼 후 누룩을 뿌려 발효시켜 술을 만들어 마셨다. 정약용(丁若鏞)은 화성에 분포(糞砲)를 설치했는데, 분포는 물총과 같은 구조로 똥물을 쏘아 성을 지킬 때 사용하는 무기이다. 조선시대 효자가 되기 위해서는 단지(斷指)·할고(割股)·상분(嘗糞) 등을 해야만 했다. 이 중 상분은 부모님 똥의 색깔·냄새·맛 등을 확인하여 건강을 지켜드리는 것이었다.

볼일을 본 후 마무리하는 것이 밑씻개이다. 지금은 대개 휴지를 사용하지만, 조선시대에는 여러 가지가 이용되었다. 왕의 경우 명주나 천을 사용했지만 민은 돌멩이·나뭇잎·짚·호박잎·옥수수수염·대나무주걱[厠木] 등을 사용했다. 대개는 돌멩이로 초벌 닦기를 한 후 짚이나 나뭇잎으로 마무리했다. 경제적 여유가 있는 사람은 호박잎, 나아가 대나무주걱을 사용하기도 했다. 대나무주걱은 중국 진(秦) 대부터 등장한 것이 우리에게 전래된 것이다. 우리는 대나무주걱을 뒷나무라고 불렀다.

② 여성의 생활

1. 혼인

조선시대 법전인 『경국대전』에는 남성은 15세, 여성은 14세가 되면 혼인할 수 있다고 규정했다. 또 조선시대 일상생활을 규정했던 『주자가례(朱子家禮)』에는 남성은 16~30세, 여성은 14~20세가 혼인 적령기였다. 다만 부모님의 나이가 50세가 넘었거나 질병이 있으면 12세 이상의 남녀는 관의 허락을 받아 혼인을 할 수 있었다. 그러나 실제로는 남성 15세, 여성 14세 이하의 혼인이 적지 않았다.

민의 혼인은 특별한 절차가 없었다. 노비의 경우는 주인의 합의가 필요했고, 혼인하여 자식을 생산할 경우 소유권은 비(婢)의 주인에게 있었다. 그러나 양반의 혼인은 일정한 절차를 거쳐 이루어졌다.

양반의 배우자 결정 요건은 남성은 가문과 능력, 여성은 재산이 중요시되었다. 남성의 사회진출을 여성의 집안에서 도왔기 때문이다. "어려서는 외가 덕, 자라서는 처가 덕, 늙어서는 며느리 덕으로 산다"는 말은 이런 모습을 잘 보여준다. 혼인은 중매인이 양가를 왕래하면서 의견을 알아보는 의혼(議婚) → 남성 집에서 며느릿감을 살피는 간선(看選) → 남녀가 화합할 수 있는지를 알아보는 궁합(宮合) → 신랑 집에서 신부 측에 결혼을 청하는 사주단자를 보내는 납채(納采) → 함을 보내는 납폐(納幣) 등으로 이루어진다. 혼례 날짜는 여성의 집에서 잡았는데, 그 이유는 여성의 경도일(經度日)을 피하기 위해서이다.

신부가 두리번거리며 쳐다보는 것이 점잖지 않다고 여겼기에, 신부는 혼인식 날 눈에 꿀을 발라 눈을 뜰 수 없게 했다. 또 갑자기 측간을 가는 것을 막기 위해 음식은 물론 물도 마시지 않았다. 혼례식에서 신랑은 신부에게 1번, 신부는 신랑에게 2번 절한다. 남성을 홀수, 여성을 짝수로 여겼기 때문이다.

혼례는 신랑이 신부 어머니에게 기러기를 드리는 전안례(奠雁禮)로 시작된다. 원래는 살아 있는 기러기를 사용했지만, 나무를 깎아 만들기도 했고 지역에 따라 청동으로 만든 오리로 대신하기도 했다. 이어 신부가 2번 절하면 신랑이 답으로 1번 절하며 백년해로를 약속하는 교배례(交拜禮), 천지신명에게 혼인 서약을 하는 서천지례(誓天地禮), 배우자에게 결혼 생활에 성실할 것을 맹세하는 서배우례(誓配偶禮)를 행했다. 신랑과 신부가 술잔을 나누는 근배례(卺杯禮)를 마지막으로 혼례는 끝난다. 근배례는 합근례(合卺禮)라고도 하는데, 조롱박 하나를 2개로 나눈 표주박으로 신랑 신부가 술을 마시는 의식이다. 표주박은 둘이지만 합치면 하나가 되는 것처럼, 서로 다르게 태어났지만 일심동체의 부부가 되었음을 의미한다.

혼례가 끝나면 신부 집에서는 신랑 집에 음식을 보냈다. 이를 상수(床需)라고 하며, 우리말로는 이바지음식이다. 이바지란 이바디에서 파생된 말로 대접·봉양의 의미이다. 시부모님께 자신이 먹고 자란 음식의 내력을 소개하고, 손님들께 감사의 마음을 음식으로 표현하는 것이다. 이바지음식에는 술·과일·고기·생선·포(脯) 등이 포함되며 가짓수는 홀수로 한다.

혼례를 치른 후 신랑은 처가살이를 했다[男歸女家婚; 婿留婦家婚]. 그런데 성리학에서는 신랑이 신부를 데려와 신랑 집에서 혼례를 치르고 신부가 신랑 집에서 사는 친영례(親迎禮)가 원칙이었다. 조선 조정은 가례에 따른 생활윤리를 제시하면서 친영례를 적극 도입하려 했지만, 장가(杖家)가는 풍습은 쉽게 변하지 않았다. 17세기 이후 우리의 전통에 친영례를 합친 반친영(半親迎)의 혼례 형식이 나타나게 되었다. 즉, 신랑이 신부 집에서 혼례를 치른 후 3일 정도 머물다가 신부와 함께 집으로 돌아왔던 것이다[三日于歸].

신랑 집에 도착하면 신부는 시부모님께 인사를 드리는 현구고례(見舅姑禮)를 행했다. 인사를 드린 후 신부가 방에 들어가 있으면 시어머니는 신부에게 큰상으로 대접했다. 신부는 큰상을 물린 후 시부모에게 폐백(幣帛)을 드렸다.

조선시대 혼인은 날이 저물 무렵 행해졌다. 양인 남성과 음인 여성이 만나는 것인 만큼 양인 낮과 음인 밤이 만나는 때 혼례를 행했다. 이런 이유로 '昏禮'라 하던 것이 '婚禮'가 되었다.

조선시대에는 혼인과 관련한 특별한 풍속도 있었다. 결혼하지 못한 남성이 신부를 사는 매매혼이 행해졌다. 신부의 값은 대개 소 한 마리 또는 돼지 한 마리였다. 재물이 없을 경우는 머슴살이를 하며 노동력을 제공키도 했는데, 이를 머슴서방이라 불렀다. 강제혼으로 알고 있는 보쌈도 행해졌다. 하류사회에서 성행했던 보쌈은 홀아비가 과부를 물색해두었다가 밤에 업어오는 것이다. 대개 쌍방 간 합의하에 이루어졌지만, 그렇지 않은 경우 자신의 집으로 가지 않고 물레방앗간이

◐ 김홍도의 신행길(공공누리 제1유형 국립중앙박물관 공공저작물 이용)

나 헛간에 가서 먼저 여성을 범한 후 집으로 데려갔다. 여성이 소박당해 갈 곳이 없으면 새벽에 성황당 앞에 서 있다 처음 만난 남성이 데리고 살아야 하는 관습인 습첩(拾妾)도 있었다.

조선시대에는 처녀와 총각이 나이가 들어도 혼인하지 못할 경우 관청에서 적극적으로 개입했는데, 이것이 원조혼인이다. 양반의 자녀로 혼인비용이 없어 서른이 넘도록 혼인을 하지 못하면 호조에서 비용을 제공했다. 여성이 서른이 넘어도 혼인하지 않을 경우 가장을 처벌했다. 향약에도 장성한 처녀가 시집을 가지 못할 경우 관청에서 혼숫감을 주고 부조를 하여 시집을 보내야 한다는 규정이 있었다. 이는 재생산이 강조되고, 음양의 조화가 깨지면 가뭄 등 재해가 일어난다고 생각하여 나타난 풍속이었다.

2. 이혼과 재혼

조선시대 양반이 이혼을 하려면 사헌부나 예조에 이혼을 신청한 후 왕과 대신들의 판례를 받아야 했다. 또 처를 버리면[棄妻] 장 80, 본처를 구박하면 장 90에 처했다. 따라서 양반의 이혼은 사실상 불가능했다고 할 수 있다. 반면 민은 옷섶을 잘라 상대방에게 주는 수세[休書]를 하면 이혼이 성립했다.

조선시대에는 국가가 강제로 이혼시키는 이이(離異)가 있었다. 첫째, 신분이 다른 혼인은 강제 이혼의 사유가 되었다. 구체적으로는 노와 양인 여성이 혼인한 경우 이혼시키고 자녀를 노비로 삼았다. 이는 양반이 기득권을 유지하기 위한 방편이었다. 둘째, 결혼한 남자가 정처를 두고 중혼(重婚)할 경우 남편에게 매를 때리고 두 번째 처와 이혼시켰다. 셋째, 남녀 양쪽 집안 중 어느 한쪽이 대역죄로 멸문을 당할 경우 연좌되는 것을 피하기 위해 강제로 이혼시켰는데, 이를 역가이혼(逆家離婚)이라고 한다. 마지막으로 동성동본 간에 맺어진 혼인은 이혼시키고 장 60에 처했다.

조선시대 여성이 이혼당하는 사유로 칠거지악(七去之惡)이 있었다. 칠출(七出)이라고도 했던 칠거지악은 중국의 풍속을 받아들인 것이다. 그 내용은 부모에게 순종하지 않는 여성, 아들을 낳지 못한 여성, 음란하거나 질투하는 여성, 고질적 병이 있거나 말이 많은 여성, 남의 것을 탐하는 여성은 내칠 수 있다는 것이다. 칠거지악은 주관적인 만큼 여기에 해당되지 않을 여성은 없다. 즉, 칠거지악은 이혼의 사유가 아니라 남성이 여성을 억압하기 위한 하나의 장치였던 것이다. 혹시 남성이 칠거지악을 악용할 것을 막기 위해 부모의 삼년상을 치른 아내, 가난했던 집안을 일으킨 아내, 돌아갈 곳이 없는 아내는 내칠 수 없다는 삼불거(三不去)의 방어권을 주었다.

남성의 이혼 요구는 일반적이었지만, 여성이 이혼을 요구할 수 있는 경우는 남편이 처를 팔았을 경우, 사위가 장인·장모를 구타한 경우, 사위가 장모와 간통한 경우뿐이었다. 이는 조선시대 남편과 부인의 관계를 주종관계로 인식했기 때문이었다.

재혼의 경우 양반 남성은 부인 사후 3년이 지나야 가능했지만, 부모의 명이 있거나 40세 이상인데 아들이 없으면 1년 후에도 재혼이 인정되었다. 그러나 이러한 규정은 거의 지켜지지 않았다. 여성은 남편 사후 재가하는 일이 거의 없었다. 법적으로 여성의 재가는 인정했지만, 삼가는 금지했다. 특히 3번 이상 결혼한 여성은 자녀안(恣女案)에 기록되어 음부(淫婦)로 규정되었다.

조선 전기에는 호적에 딸을 기재할 때 사위를 여부(女夫), 재가할 경우 후부(後夫)라고 하여 재혼한 남편의 성명도 함께 기재하는 등 재혼에 대해 비교적 관대했다. 하지만 성종 대인 1477년 재가한 여성의 자식은 과거에 응시할 수 없다고 하여 여성의 재가를 금지하는 등 여성의 재가를 강력하게 규제하기 시작했다. 여성의 재가를 금지한 것은 가계계승에 있어 순수한 혈통을 보장받고 싶어 하는 남성의 욕망이 작용했기 때문이며, 다른 한편으로는 조선시대 남존여비(男尊女卑)적 모습의 단면이라 할 수 있다.

3. 임신과 출산

16세기 후반 지주제 경영이 보편화되고 『소학』의 보급과 함께 종법(宗法)에 대한 이해가 깊어지면서 가족제도와 상속제도가 남계(男系) 중심으로 바뀌었다. 그러면서 남아선호사상이 유행했고, 아들을 낳는 것은 여성의 당연한 의무인 것처럼 여겨졌다. 이 때문에 조선시대 여성에게는 임신하기 좋은 날인 귀숙일(歸宿日)을 계산하는 법, 임신을 위해 삼가야 하는 법 등을 가르쳤다. 남성 집에서는 며느리가 아들을 잘 낳을 체형인지를 살폈는데 눈빛이 초롱하고, 입술이 붉고, 손바닥 혈색이 붉으며 뱃살이 두텁고, 배꼽이 깊숙하고, 젖꼭지는 검고 단단하며, 엉덩이는 펑퍼짐하고 배가 큰 여성이 아들을 잘 낳는다고 여겼다.

임신하면 태아의 성별에 각별한 관심을 가졌다. 태몽이 해·별·용·신선·부처·대추·사과·밤·오이·고추·가지 등이면 아들, 복숭아·구슬·꽃·열매·뱀·금붕어·은비녀 등이면 딸로 간주했다. 배가 편평하고 태동이 심하면 아들, 배가 솟아 있고 태동이 조용하면 딸이라고 생각했다. 화장실을 갈 때 뒤에서 불러 왼쪽으로 돌아보면 아들, 오른쪽으로 돌아보면 딸이라고 여기기도 했다. 임신 초기에는 성별이 결정되지 않았다고 여겨 딸을 아들로 바꾸려는 전녀위남법(轉女爲男法)이 행해지기도 했다.

아이를 가지면 임신부는 말과 행동을 조심하고, 마음가짐을 바르게 하는 등 태교에 신경 썼다. 빛깔이나 냄새가 좋지 않은 음식은 피하는 등 음식에도 주의를 기울였다. 임신 7~8개월이 되면 여성은 친정으로 돌아갔는데, 안정된 분위기 속에 출산하기 위한 배려였다. 다른 한편으로는 출산에 따르는 위험과 경제적 부담을 여성 집에 전가하기 위한 것이기도 하다. 친정에 돌아온 여성은 아기의 기저귀를 만들며 출산을 기다렸다. 산달이 되면 돼지고기를 먹었고, 돼지고기를 구하지 못하면 참기름을 먹기도 했다. 이는 아이를 미끄럽게 잘 낳으라는 의미가 담겨 있다. 해산할 때면 미역·쌀·정화수 등을 떠서 삼신상을 차렸다. 삼신은 삼신할매·삼승할망·세존할머니·지앙할매 등으로도 불렸는데, 아기 낳는 일을 총괄하는 신이다.

조선시대 여성이 아이를 출산할 때는 좌산(坐産)을 했다. 누워서 아기를 낳는 자세는 산모가 힘을 주기 힘들며, 아이가 엄마 몸에서 나오기에도 적합하지 않다. 이는 단지 의사가 관찰하기 편하고, 제왕절개 수술에 적합한 자세일 뿐이다. 좌산이 불가능한 경우에는 엎드려서 아이를 낳았다.

◐ 아기를 점지해준 것에 감사하며 올렸던 삼신상(온양민속박물관)

출산 후 삼신상에 놓았던 미역과 쌀로 국과 밥을 지어 삼신께 바친 후 산모가 미역국[藿湯]에 밥을 말아 먹었다. 이것이 '첫국밥'이다. 미역국은 산모의 산후조리를 돕고 육아를 지켜준 삼신께 바치는 제물이었기에, 우리는 생일날 미역국을 먹는 것이다. 아기의 장수를 기원하기 위해 미역을 꺾거나 자르지 않았고, 살생을 피해 고기가 아닌 말린 홍합·간장·참기름 등으로 국을 끓였다. 미역국을 먹는 이유는 미역에 요오드 성분이 많아 모유 분비에 도움이 되고 여혈(餘血)을 풀어주기 때문이다. 미역을 구하기 힘들 경우에는 아욱국을 먹기도 했다. 아이가 태어나면 삼칠일, 즉 21일 동안은 외부인의 출입을 금지했는데, 그 이유는 산모와 아이의 질병 감염을 막기 위해서였다.

❀ 참고문헌

• 강명관, 『조선의 뒷골목 풍경』, 푸른역사, 2003.

• 국사편찬위원회, 『혼인과 연애의 풍속도』, 두산동아, 2005.

• 국사편찬위원회, 『자연과 정성의 산물, 우리 음식』, 두산동아, 2006.

• 서울문화사학회, 『조선시대 서울 사람들』 1·2, 어진이, 2003.

• 신동원, 『조선사람의 생로병사』, 한겨레신문사, 2001.

• 이배용, 『우리나라 여성들은 어떻게 살았을까』 1, 청년사, 1999.

• 이배용, 『한국역사 속의 여성들』, 어진이, 2005.

• 정연식, 『일상으로 본 조선시대 이야기』 1·2, 청년사, 2001.

• 주영하, 『그림 속의 음식, 음식 속의 역사』, 사계절, 2005.

• 한국고문서학회, 『조선시대 생활사』 1, 역사비평사, 1996.

• 한국고문서학회, 『조선시대 생활사』 2, 역사비평사, 2000.

• 한국고문서학회, 『조선시대 생활사』 3, 역사비평사, 2006.

• 한국역사연구회, 『조선시대 사람들은 어떻게 살았을까』 1·2, 청년사, 1996.

12

조선 후기 **사회변화**와 **서민문화**의 **발달**

① 사회적 변화

1. 신분제의 동요

　조일전쟁·조청전쟁·이괄의 난 등에서 군공(軍功)을 세운 자에게 면천·면역의 특권이 주어졌다. 전란 중 군량조달이나 전란 후 재정부족 등을 충당하기 위해 실시한 납속(納贖)과 공명첩(空名帖) 등은 신분변화를 더욱 촉진했다. 현종~숙종 대에는 연속된 흉년으로 대기근 극복을 위해 납속과 공명첩을 확대했는데, 이 역시 하층민에게 신분상승의 기회로 작용했다. 그 외 관문서 소각과 위조, 족보 매매 등 불법적인 방법으로 신분변화가 이루어지기도 했다. 그 결과 양반층의 급격한 증가, 양인의 감소, 외거노비의 실질적 소멸, 솔거노비의 도망 현상 등이 발생했다.

　양반은 일본 및 청과의 전쟁으로 권위가 떨어졌고, 붕당정치 과정에서 자체 분화되어갔다. 권력의 핵을 이루면서 대토지 소유자로 변해가거나, 향반(鄕班)이나 토호(土豪)와 같이 권력의 주변에서 경제적으로 일정한 지위를 확보한 양반도 있었다. 하지만 그 외 양반은 정치적으로나 경제적으로 민과 거의 다름없는 잔반(殘班)으로 몰락했다. 양반의 양극분화가 이루어졌던 것이다.

　양반과 양인 사이에 위치한 중인은 사회·경제적 변화를 배경으로 신분상승을 추구했다. 서얼(庶孼)에 대한 차별은 조일전쟁 이후 완화되었고, 납속과 공명첩 등을 통해 관직에 나갈 수 있었다. 1772년 영조는 통청윤음(通淸綸音)을 내려 서얼을 중요 관직에 등용토록 했고, 1777년 정조는 서얼허통절목(庶孼許通節目)을 반포하여 서얼의 관직 진출을 공식적으로 허용했다. 그 결과 정조 대 유득공(柳得恭)·박제가(朴齊家)·이덕무

(李德懋) 등 서얼 출신들이 등용되어 능력을 발휘할 수 있었다. 서얼의 신분상승은 기술직 중인에게도 자극을 주어, 철종 대 대규모 소청운동을 일으키기도 했다. 이들의 노력은 성공하지 못했지만, 전문직으로서의 중요한 역할을 부각시켰다.

양인 역시 양반과 마찬가지로 양극 분화되는 모습을 보였다. 농민층 일부는 상업적 농업과 합리적 영농방법을 통해 새로운 지주로 성장하거나 자영농민적인 중소상품 생산자층으로 발전했다. 반면 대다수의 농민은 소작농이나 임금노동자층으로 전락했다.

천민은 군공, 노비문서의 소각, 피역과 도망 등을 통해 신분해방의 길을 열었다. 1801년 순조는 공노비 6만 6천여 명을 해방시켰다. 1866년에는 노비세습제를 폐지하여 스스로 노비가 된 자는 인정했지만, 세습은 금지시켰다. 사노비는 1894년 갑오개혁으로 신분제가 폐지되면서 우리 역사에서 사라졌다.

양인과 천민 등 피지배계층의 분해 및 신분해방은 그들의 의식성장의 결과이며, 그 결과는 당연히 지배체제에 저항하는 민란 등으로 나타났다. 양인 이하 피지배신분층의 신분해방 및 신분상승 욕구는 봉건적 신분사회에 대한 부정과 저항이었으므로, 반봉건적 근대화의 방향과 같은 것이었다고 할 수 있다.

2. 향촌 질서의 변화

18세기 전후 사족 중심의 향촌 지배질서가 해체되기 시작했다. 그 이유는 사족들의 물적 토대의 약화와 민과 천민층이 부농으로 성장하면서 요호부민(饒戶富民)층이 등장하였기 때문이다. 이와 함께 새로 등장한 신향은 구향에 대해 향권장악을 위해 향전을 벌였는데, 향전은 대개 신향이 승리를 거두었다. 신향과 이서(吏胥)층은 수령권과 결탁하여 향촌 지배세력을 구축했다. 이러한 체제는 지방관·이서층·신향의 부의 증식욕구가 일치됨으로써 정립될 수 있는 것이었다.

18세기 면리제가 전면적으로 실시되면서 면의 민 전체가 가입해야 하는 주현향약(州縣鄕約)이 등장했다. 주현향약의 주체는 수령이었으므로, 향약조직은 수령의 부세운영을 청부받는 기구로 전락했다. 이 뿐만 아니라 수령은 향교나 서원의 운영에도 관여했다. 향촌사회가 수령의 일원적 지배를 받는 구조로 변했던 것이다.

수령은 요호부민 동원을 위해 향청에서 일을 보는 이방·병방의 좌수, 호방·예방의 좌별감, 형방·공방의 우별

● 전주향교 명륜당

감 등의 향임직을 돈을 받고 팔았다. 향리층은 수령의 부세행정을 수행하면서 자신들의 요구를 관철시켰고, 요호부민을 적절히 이용했다. 반대로 요호부민은 부세행정의 특성을 이용해 각종 부담에서 벗어났다. 이러한 체제는 요호부민을 포섭하기 위한 것이었지만, 그들이 각종 부세납부 대상에서 빠져나감으로써, 부담은 다시 자신들에게 돌아올 수밖에 없었다. 이에 따른 요호부민의 반발은 필연적인 것이었고, 이는 관 주도 향촌통제책의 파탄을 가져왔다.

수령과 향리 주도의 향촌지배는 수령 → 감사 → 중앙 집권세력으로 이어지는 중층적 체계하에서 수탈적 성격을 표출했는데, 이것이 바로 19세기 전반 사회모순의 원인이었다. 특히 수취방식에서 큰 변화가 있었는데, 각 군현에 할당된 여러 조세를 토지에 부과하는 결렴(結斂)이 행해졌다. 결렴의 징수는 8결 단위로 1부를 조직한 작부제(作夫制)를 통해 조세수납 책임자인 호수(戶首)가 관에 조세를 납부하고 자신이 차지하는 형태였다. 그런데 관이 직접 화폐로 거두는 도결(都結)이 행해졌다. 도결은 중세적 부세운영원리에서 벗어난 근대적 조세제도라 할 수 있다. 그러나 수령이 직접 작부에 간여하여 이익을 탈취하는 등 비리를 심화시키기도 했다.

요호부민 중에는 일방적 수탈대상이 되자 소빈민층과 계급적 이해를 같이하기도 했다. 소빈민층은 두레나 향회를 통해 자체 조직역량을 키워가며 저항의식을 키워나갔다. 이들은 이후 농민항쟁의 주체로 등장했다.

② 경제적 변화

1. 농업

고려 후기 못자리의 모를 논에 옮겨 재배하는 이앙법(移秧法)이 보급되었다. 이앙법을 행하면 종자가 절약되며, 옮겨 심을 때 풀을 완전히 제거하기에 김매기 노동력이 절감되고, 일정한 간격을 두고 심으므로 벼의 생육에도 도움을 주어 단위 면적당 생산량이 늘어난다. 또 모판에 모를 기르는 동안 논에 보리를 재배하는 도맥이모작(稻麥二毛作)이 가능했다. 하지만 이앙법은 모내기철 가뭄이 들 경우 농사를 망칠 수 있어 국가에서 금지시켰다. 농민들은 수리시설인 보(洑)를 증가시켰고, 물이 없는 모판에 모를 키우다 비가 오면 이앙하는 건앙법(乾秧法)을 개발했다. 또 이앙법에 적합한 벼의 품종도 개발되었다. 그 결과 17세기 후반부터 이앙법이 일반화되었다.

밭농사에서는 낮게 파인 고랑에 씨를 뿌리던 농종법(壟種法)에서 밭두둑을 높이 만들어 이랑에 씨를 뿌리는 견종법(畎種法)이 보급되었다. 밭갈이를 할 때 높게 올라온 부분을 이랑 또는 두둑이라 하는데, 이곳에 파종하면 모종이 추위를 견딜 수 있어 단위면적당 수확량이 증가했다. 이랑 아래 낮게 파인 부분인 고랑에는 보리를 파종하여 1년 2작을 하는 사이짓기[間種法] 등도 널리 보급되었다. 가을에 보리 등 작물을 심어 여름에 수확한 후 바로 콩이나 조 등을 재배하는 그루갈이[根耕法]도 행해졌다.

비료를 주는 방법도 파종 전후 비료를 주던 기비법(基肥法)뿐 아니라 작물이 농토에서 자라는 동안 비료를 주는 추비법(追肥法)이 보급되었다. 비료도 인분뿐 아니라 풀이나 가축의 분뇨, 동물성 비료, 짚을 태운 재 등이 다양하게 이용되었다.

다양한 농법의 보급은 노동력 절감과 생산력 증대로 이어져 경영 규모의 확대를 가져와 광작(廣作)이 가능케 되었다. 또 생산력의 발달이 상품화폐 경제의 발전으로 이어지면서 장시가 활발해졌다. 그 결과 담배·차·약재 등 특용 작물 판매를 목적으로 하는 상업적 농업도 크게 증가했다.

지대(地代)에도 변화가 나타났다. 타조법(打租法)은 수확의 절반을 지주가 가져가며,

종자·전세(田稅)·대동미(大同米)·삼수미(三手米)·결작(結作) 등은 지주가 부담하는 것이다. 타조법에서는 작황에 따라 지주의 소득이 변하기 때문에 농업경영전반에 대한 지주의 간섭이 심하다. 타조법과 달리 도조법(賭租法)은 소출의 변화에 관계없이 일정량의 지대를 수취하는 정액지대이다. 전호는 전세와 추가부담이 있지만 정해진 지대만 지주에게 납부하면 된다. 전호의 생산의욕이 강화되고, 지주는 정해진 지대만 수취하면 되기 때문에 간섭할 필요가 없다.

타조법하에서 농민은 지대납부를 거부하거나 지주 소유 볏단을 빼돌리는 항조운동(抗租運動)을 전개했다. 그러자 지주들은 도조법을 채용하여 지대수취의 안정화를 꾀했다. 18세기 후반이 되면 타조와 도조의 중간 형태인 집조(執租)가 등장한다. 집조는 수확을 앞두고 지주가 답험(踏驗)을 통해 작황 수준을 살펴본 후 현장에서 지대량을 결정하는 것인데, 지주의 소작량은 3분의 1 정도였다.

농업의 전반적인 변화를 토대로 농민은 자급자족 상태에서 벗어나 단순 상품생산자로 시장에 등장하면서 상품화폐경제의 영향에 들어가게 된다. 상업적 농업이 발전함에 따라 농민층의 소득은 증대했고, 그것은 농민층의 분화 및 사회의식과 정치의식을 향상시키는 결과를 가져왔다. 다른 한편으로는 토지소유와 경영의 집중화현상이 일어나면서 농민층 분해현상이 나타났다. 그 과정에서 지주제 모순의 심화, 부세정책 변화, 이에 대한 사회세력 및 지방지배층의 반발 등이 상호 긴밀하게 연결되면서 조선후기 농민항쟁이 발생하게 된다.

◎ 김홍도의 벼타작(공공누리 제1유형 국립중앙박물관 공공저작물 이용)

2. 수공업과 광업

조선시대 수공업은 관영수공업·민영수공업·가내수공업 등으로 나뉘는데, 조선 전기에는 관영수공업이 주를 이루었다. 관영수공업체제하에서 수공업자들은 중앙 관청에 소속된 경공장, 지방 군현에 소속된 외공장 등에서 1년 중 4~6개월 관청에 소속되어 수공업 제품을 만드는 것으로 세금을 대신했다.

국가재정의 악화로 대우가 나빠지고, 교대근무제가 지켜지지 않는 등 열악한 조건에 놓이면서 관청에 소속된 수공업자들이 이탈하기 시작했다. 17세기 부역제가 비용을 지불하고 노동력을 제공하는 급가고용제도로 전환되면서, 장인들의 부역노동에 의거한 관영수공업은 점차 쇠퇴하게 되었다. 특히 대동법(大同法)의 실시로 관영수공업자들이 제조·상납하던 물품을 공인이 직접 시장에서 구입·조달하면서 관영수공업은 몰락하기 시작했다.

부역에서 벗어난 장인들은 점(店) 또는 점촌(店村)으로 불리는 수공업장에서 시장의 수요에 대응하는 상품을 생산했다. 장인은 자영수공업에 종사하기도 했지만, 상인 자본에 의해 경영되는 민영수공업체에 고용되는 경우도 있었다. 한편 가내수공업은 조선 후기에 이르러 특산물로 면화나 모시 등이 재배되면서 부업이 전업으로 변모되는 모습을 보이기도 했다.

이 시기 수공업은 상인이 임금노동자를 고용하여 수공업체를 경영하는 기업적 형태로 전환되는 양상을 보였다. 또 분업에 기초한 협업으로 진행되어 일종의 공장제적 수공업(manufacture) 단계에 도달하고 있었다. 이뿐만 아니라 상업자본이 생산 과정에 침투하여 선대제(先貸制)를 발생시키기도 했다. 물론 모든 수공업에서 이런 모습을 보인 것은 아니지만, 조선 후기 수공업에서 자본주의적 생산양식의 맹아적 요소가 나타나고 있었던 것은 분명한 사실이었다.

◎ 김홍도의 길쌈(공공누리 제1유형 국립중앙박물관 공공저작물 이용)

조선 전기 수공업이 관장제 중심이었던 것과 마찬가지로 광업 역시 중앙에서 파견된 관리가 잡역 형태로 징발한 농민과 군인 또는 전문 장인 등을 동원해 채굴하고 제련하는 관채(官採) 중심이었다. 조일전쟁과 조청전쟁 이후 각 군영은 군수광업을 발전시켰고, 그 결과 철과 유황이 광업의 중심이었다. 한편 전쟁비용과 외교비용으로 막대한 양의 은이 필요했다. 민간에서는 17세기 중엽 이후 상품화폐경제의 발전과 대외교역의 활성화에 따라 금·은·동의 사회적 수요가 증가했다. 그 결과 몰래 채굴하는 잠채(潛採)가 행해지기도 했다.

관채 중심의 광업은 조정의 재력과 인력의 부담을 가중시킬 뿐이었다. 광산의 부역 농민들은 사적 생산을 요구했고, 조정은 이를 받아들여 세금을 수취하면서도 사적 생산을 허용하는 분익제(分益制) 형태의 운영체제로 전환시켰다. 1651년에는 재정수입의 증대와 생산의 촉진을 위해 호조에서 채굴제련장과 부대시설 등을 마련해주고 민간인에게 광산개발을 허용하여 세금을 징수하는 설점수세(設店收稅)를 실시했다. 1687년에는 각 점에 별장을 파견하여 수세하는 별장수세제(別將收稅制)가 실행되었다.

18세기 말 이후에는 상인이나 물주가 광산에 자본을 투자하고, 경영인인 덕대(德大)가 노동자를 거느리고 광산을 개발하여 이윤을 물주와 분배하는 덕대제가 나타나 큰 광산촌을 이루게 된다. 이는 광업에서도 수공업과 마찬가지로 상업자본의 등장과 분업적 협업 형태가 갖추어졌음을 보여준다.

3. 상업과 장시의 발달

조선은 본업에 힘쓰고 말업을 억누른다는 무본억말(務本抑末)정책을 펼쳤다. '억말'이라고 해서 상업을 억압한다는 것이 아니라, 상인의 활동을 인정하지만 이를 국가가 간여한다는 것이었다. 구체적으로는 도성의 시전상인과 지방의 행상을 국가가 허용하고 파악·통제했다.

15세기 후반 시전 외 사상(私商)이 크게 늘어나자 사상의 일부를 시전에 편입시키기도 했다. 17세기에는 중국의 비단을 수입 판매하는 입전(立廛), 중국의 은과 국내산 무명을 판매하는 백목전(白木廛), 중국의 면포를 수입 판매하는 청포전(靑布廛), 종이류를 판매하는 지전(紙廛), 삼베를 판매하는 포전(布廛), 어물을 판매하는 어물전(魚物廛) 등의 육의전(六矣廛)을 구성했다. 시전상인은 행랑에 대한 사용료를 지불했고, 궁궐과 왕실에 국역을 부담하는 대가로 시전으로서의 권리를 획득했다. 국역체제와 육의전체제가 확립되면서 육의전도 국역을 부담하는 유푼각전[有分各廛]과 국역을 부담하지 않는 무푼각전[無分各廛]으로 구별되었다.

농업·수공업·광업 등 모든 산업이 급속도로 발전하자 상품생산이 증대하고 상업이 발달했다. 특히 여성도 여인전 등을 통해 적극적으로 경제활동에 참여하거나 경제력을 향상시켰다. 이처럼 상업이 활발해지자 종래 특권상인으로 이익을 독점했던 시전상인은 큰 위협을 받게 되었다. 시전상인은 사상에 대항하기 위해 정부의 도움이 필요했고, 조정 역시 재정궁핍에 시달리고 있었으므로 시전상인에게 의존할 수밖에 없었다. 그 결과 조정은 시전상인에게 사상의 상품을 압수할 수 있는 속공권(屬公權), 사상을 잡을 수 있는 착납권(捉納權) 등의 금난전권(禁亂廛權)을 부여했다.

◎신윤복의 저잣길(공공누리 제1유형 국립중앙박물관 공공저작물 이용)

금난전권이 실시되면서 시전상인은 상품 가격을 높여 이윤을 극대화했다. 그 결과 도성 내 물가가 크게 올랐고, 시전상인에 대한 반감도 커졌다. 반면 사상은 도성 근교로 상권을 확대해가고, 상품화되지 않았던 물품을 개발하는 등 자유롭고 폭넓은 상업 활동을 영위해나갔다. 1791년 조정은 육의전을 제외한 시전의 금난전권을 폐지하고, 독점상인인 도고(都賈)의 매점매석을 금지했다[辛亥通共].

신해통공의 실시로 사상의 활동은 한층 더 활발해졌다. 사상은 칠패·송파 등의 도성 주변과 개성·평양·의주 등 도시에서 주로 활약했다. 이들은 각 지방의 장시를 연결하면서 물품을 교역하고, 각지에 지점을 두어 상권을 확장했다. 개성의 송상은 주로 인삼을 재배·판매하고 대외 무역에도 깊이 관여하였으며, 전국에 지점을 설치했다. 경강은 한성부가 주관하는 광나루에서 양화진까지를 가리키는데 모든 조운의 집결지였다. 경강상인은 쌀·어물·소금 등의 유통을 주도했고, 선박의 건조 등 생산

분야까지 활발하게 진출했다.

상업의 발달과 함께 주목해야 할 것이 장시의 등장이다. 고려시대에는 주현의 관아 부근에서 장시가 열렸지만, 조선시대에는 사라졌다. 그러다가 1472년 전라도 무안지역에서 장문(場門)이라는 이름으로 장시가 섰다. 장시는 지방에서 열린다고 해서 향시(鄕市), 사람들이 거래를 마친 후 흩어지고 나면 텅 빈다고 해서 허시(虛市)라고도 불렀다. 이후 장시는 충청도와 경상도 지역에서도 개설되었고, 16세기 중엽에는 장시가 열리는 곳이 크게 증가했다.

처음 장시는 15일장이었는데, 이후 10일장으로 변해갔다. 대동법 실시에 따른 공인의 활동과 화폐의 유통 등으로 장시는 점점 더 활성화되었다. 18세기 이후에는 5일장이 일반적이었다. 특히 5일장은 군마다 4~5개소에서 서로 다른 날짜에 번갈아 열려 지역적으로는 상설시장과 같은 역할을 하게 되었다. 이뿐만 아니라 장시를 연결하는 상품유통의 거점인 큰 장[大場]도 형성되었다.

장시를 하나의 유통망으로 연계시킨 상인은 보부상(褓負商)이었다. 보부상은 보상과 부상을 통틀어 일컫는 말로, 보상은 비교적 값비싼 필묵·금·은·동제품 등을 보자기에 싸서 들고 다니거나 질빵에 걸머지고 다니면서 판매하던 봇짐장수이다. 부상은 나무 그릇·토기 등의 일용품을 지게에 지고 다니면서 판매하던 등짐장수이다. 보부상들은 자신의 이익을 지키고 단결을 위해 보부상단이라는 조합을 이루었다.

③ 서민문화의 발달

1. 문학

조선 전기의 문학작품은 대부분 성리학적 윤리관을 강조한 것으로, 문학은 교양이나 심신수양의 수단이었다. 그런데 17세기에 이르러 문학은 인간감정의 적나라한 묘사나 사회의 부정과 비리에 대한 고발정신을 강하게 표현했다. 문학작품의 주인공도 영웅적인 존재에서 벗어나기 시작했고, 배경도 공상적인 세계보다는 시정적(市井的)인 인간관계로 옮아갔다. 특히 이 시기 한글소설은 양반을 풍자하고 사회의 제반 문제를 날카롭게 비판했다. 『흥보전』에서 흥보는 피해를 입은 민의 모습이며, 『토끼전』의 토끼는 꾀를 부리는 민으로 용왕과 교활한 벼슬아치를 골려주며 풍자하고 있다. 특히 박지원은 『양반전(兩班傳)』에서 양반의 특권을 신랄하게 비판했고 『호질(虎叱)』에서 선비의 허위의식을 폭로했다.

이 시기 문학작품은 전통적 여성관에 대한 변모와 함께 남성 중심의 사회를 비판하고 있다. 『심청전』의 주제는 효이지만 심봉사는 사기나 당하는 나약한 아버지이며, 『장화홍련전』에서 장화와 홍련의 아버지는 둘째 부인에게 꼼짝 못 하는 무능한 가장이다. 『춘향전』은 여성의 절개를 강조하고 있지만 민 역시 양반과 동등한 인격체임을 표방하고 있다.

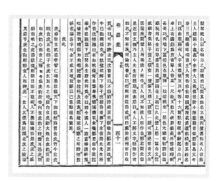
○ 선비의 위선을 신랄하게 비판한 『호질』

민은 사회·경제적 성장의 결과 문학에 보다 적극적인 모습을 보였다. 문학작품을 전해주는 강담사(講談師), 이야기책을 읽어주는 강독사(講讀師), 이야기를 창에 얹어 구연하는 강창사(講唱師) 등이 등장했다. 18세기 초 필사본을 빌려주는 세책점(貰冊店)이 생겨났고, 18세기 후반에는 영리를 목적으로 목판이나 판목에 새겨 대량으로 찍어내는 방각본(坊刻本)이 유행했다. 이러한 모습은 소설이 상업화되어 민과 밀접한 관계를 맺고 있음을 입증한다.

2. 음악

조선 전기는 국가제례에서 연주되는 음악이 주류를 이루었다. 하지만 조선 후기 사회·경제적 변동은 양반뿐 아니라 민이 음악을 향유할 수 있는 계기를 마련해주었다. 5일마다 열리는 장시에서 민은 서로 소통하며 문제의식을 확대시켜나갔으며, 그 결과 민이 주체가 되는 음악이 발전했다. 농민이나 어민은 노동요를 통해 생산 활동의 능률을 올리기도 했다. 19세기에 들어와서는 잡가가 널리 퍼졌다. 음악 향유 집단의 범위가 넓어지면서 민이 음악의 주요 향유층이 되었고, 중인 이하 계층의 음악적 요구에 부응하여 직업 소리꾼인 가객과 악사도 등장했다.

사찰 건축의 경비 마련을 위해 전국을 떠돌면서 연희판을 벌이던 사당패는 이 시기 유랑악단이 되어 전국을 돌며 민들의 애환과 생활정서를 노래했다. 구전설화 등을 서사화한 판소리사설을 소리[唱]·아니리·발림[科] 등을 통해 연희하는 판소리도 크게 유행했다. 판소리는 민의 문제의식을 수용하여 사건을 이끌어가고 인물을 형상화함으로써 현실수용의 폭을 넓혔다. 하지만 지배층이 판소리에 관심을 가지면서 판소리꾼은 예술적 자립을 지키지 못하고 양반에 종속되는 모습을 보이기도 했다. 그렇다고 해서 양반 풍자 등 판소리의 민중적 정서가 완전히 배제된 것은 아니었다.

3. 탈춤

조선시대 연극과 춤 등의 예술은 유교적 전통의 일무(佾舞), 궁중의 나례(儺禮)나 행사에서 연행된 잡희(雜戱) 등이 중심이었다. 그런데 인조는 나례를 폐지했고, 영조와 정조 대에는 산대(山臺)들의 잡극이 폐지되면서 연극과 춤 문화는 전반적으로 퇴보했다.

탈춤은 풍년을 기원하는 농경의례에서 행해지던 굿놀이가 발전한 것으로 동제(洞祭)에서 행해지던 것이다. 조선 후기 민은 양반과의 대립을 희극적으로 처리하는 종합예술로서 탈춤을 발전시켜나갔다. 탈춤은 양반지주층에 대한 농민 말뚝이의 적대감을 심화시켜나갔는데, 이후 상인 등의 후원으로 도시에서 전문인에 의한 가면극으로 발전했다. 이처럼 조선 후기 민은 사회의 모순과 자신의 불만을 탈춤 등을 통해 대담하게 비판했다. 이는 민의 의식성장의 결과 변혁의 주체로서 역사 전면에 부상한 자신들의 생활감정과 변혁기의 시대적 역동성을 꾸밈없이 표출한 것이었다고 할 수 있다.

　탈춤과 함께 전국을 떠돌면서 공연하는 무리들이 대거 생겨났다. 여성 연희자의 노래와 춤을 앞세운 사당패, 솟대타기와 기예를 내세운 솟대쟁이패, 승려의 풍물 연주와 춤을 주술적 행위와 합친 굿중패 등이 그것이다.

4. 그림

　조선 전기 그림은 도화서(圖畵署)를 중심으로 한 직업적 화단과 문인사대부들의 문인화로 대별할 수 있다. 도화서 화원들의 그림은 왕의 어진(御眞), 왕비의 진영(眞影), 공신들의 초상화 등이 주를 이루었다. 문인화의 경우 사대부의 인격이나 정신세계, 자연에 대한 통찰을 드러내는 작품이 주류를 이루었다. 이처럼 조선 전기의 그림은 정치적 목적이나 교화의 수단이었다.

　조선 후기 중국의 화법을 모범으로 하여 이상향을 그리는 관념산수화(觀念山水畵)에서 벗어나 조선의 실제모습을 그리는 진경산수화(眞景山水畵)가 등장했다. 진경산수화는 '있는 그대로의 경치'를 화폭에 담았는데, 이는 중국 중심의 중화의식에서 탈피하여 조선이 문화중심국이라는 조선중화주의가 바탕이 된 것이었다. 즉, 우리 문화에 대한 자부심이 국토에 대한 관심으로 이어졌고 이를 그림으로 표현하였던 것이다.

　진경산수화의 선구자인 정선(鄭敾)은 바위산이 많은 조선의 산수를 강렬한 흑색으로 표현했다. 정선에 의해 집대성된 진경산수의 화풍은 강희언(姜熙彦)·최북(崔北)·정수영(鄭遂榮) 등에게 영향을 주었다. 순조 대 이후에는 자연에서 느끼는 서정을 조형적 공감대로 표현한 김홍도(金弘道)의 진경산수화가 부각되었다.

◎ 정선의 수성구지(공공누리 제1유형 국립중앙박물관 공공저작물 이용)

　진경산수화와 함께 인물산수화도 등장하기 시작했다. 이전의 산수화에는 사람이 나타나지 않거나 사람은 산수의 일부분에 불과했다. 하지만 조선 후기에 이르러 산수를 관찰하고 즐기는 존재로서 인물이 등장하기 시작했다. 이는 자연이 대상 자체로서 관찰되어야 한다는 전환된 의식의 소산이다.

조선 후기 그림에서 나타난 또 하나의 새로운 경향이 풍속화이다. 18세기 초 윤두서(尹斗緖)·조영석(趙榮祏) 등 문인화가들에 의해 시작된 풍속화는 김홍도와 신윤복(申潤福) 등에 의해 크게 꽃피웠다. 김홍도는 배경을 생략한 채 농촌 생활상 등 노동의 일상 풍속을 그림의 주제로 삼았다. 이는 신분질서 이완 속에서 직접생산자인 민의 성장을 의미하는 사회변화를 시사하는 것이었다. 하지만 김홍도는 찰방(察訪)으로 근무한 이후부터 사대부적 취향의 관념성을 띤 작품을 주로 남겼다. 신윤복은 도시를 배경으로 여성의 풍속이나 남녀의 애정 표현을 예술세계로 끌어올렸다. 신윤복의 선정적이면서도 낭만적인 그림은 관념적이고 독선적인 유교적 예술세계에서 벗어나 현실 생활을 주제로 삼은 것이었다.

풍속화는 인간의 생활상을 직접 대상으로 삼은 그림으로, 이를 통해 조선 후기 사회상을 읽을 수 있다. 풍속화가 유행했다는 것은 성리학적 예술세계에서 벗어난 인간주의의 표방이었다. 한편 조선 후기 경제력 상승에 따라 기존의 신분질서가 동요하는 가운데 이루어진 서민문화와 민의 의식 성장이 바탕이 되었던 것이다. 하지만 19세기 지배층 문화의 보수화와 실사구시의 풍토가 약화되면서 풍속화는 현실감을 잃게 된다. 즉, 19세기에 들면서 현실감이나 회화 기량은 떨어지고 형식화하는 반면 민간 생활 속의 장식 그림으로 정착되면서 양적 증가가 이루어진다.

풍속화와 함께 민화(民畵)도 크게 유행했다. 꽃과 새가 어우러져 있는 화조도(花鳥圖)는 안방의 장식용으로 인기를 끌었고, 까치와 호랑이를 그린 작호도(鵲虎圖)는 새해를 축하하는 그림이면서 재앙과 잡귀를 물리치는 의미를 가졌다. 그 외 성희 묘사를 직설적으로 담은 춘화첩

○ 호작도(공공누리 제1유형 국립중앙박물관 공공저작물 이용)

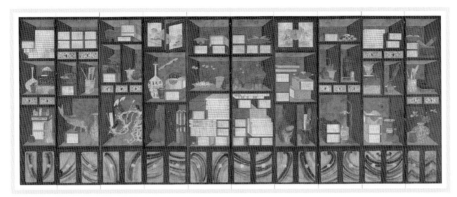

◔ 책가도 병풍(공공누리 제1유형 국립전주박물관 공공저작물 이용)

도 유행했다.

　책과 문방구 일상용품 등이 조화를 이룬 책가도(冊架圖)는 사랑방의 장식용으로 많이 쓰였다. 책가도는 정조가 학문으로 왕권을 강화하기 위해 장려했던 그림이지만, 양반에게는 수집을 목적으로, 민에게는 배움의 열망과 출세를 상징하는 그림으로 인기를 끌었다. 제사문화가 일반화되면서 사당을 갖출 형편이 되지 못하는 이들의 바람이 사당도(祠堂圖)를 통해 나타나기도 했다. 또 강세황(姜世晃)은 원근법과 명암기법 등 서양화법을 도입하여 사물을 실감 나게 표현하였는데, 이는 이 시기 수용된 서양문화에 대한 반응이었다고 할 수 있다.

◔ 사당도(공공누리 제1유형 국립민속박물관 공공저작물 이용)

❀ 참고문헌

· 姜萬吉, 「市長과 商人」, 『韓國史市民講座』 9, 一潮閣, 1991.

· 강명관, 『조선 풍속사』 1·2·3, 푸른역사, 2010.

· 국립중앙박물관, 『朝鮮時代 風俗畵』, 2002.

· 金泳鎬, 「수공업의 발달」, 『한국사』 33, 국사편찬위원회, 2003.

· 柳承宙, 「광업의 발달」, 『한국사』 33, 국사편찬위원회, 2003.

· 宋贊植, 「手工業構造의 性格」, 『韓國史市民講座』 9, 一潮閣, 1991.

· 이강옥, 「양반문화의 변화와 서민문화의 형성」, 『한국사』 10, 한길사, 1994.

· 이영학, 「농업생산력의 발달과 지주제의 변동」, 『한국사』 9, 한길사, 1994.

· 李永鶴, 「농업생산력의 발달과 상품작물의 재배」, 『한국사』 33, 국사편찬위원회, 2003.

· 이태호, 「조선 후기 회화」, 『한국전통문화론』, 북코리아, 2006.

13

제국주의세력의 **침략**과 **조선**의 **대응**

① 흥선대원군의 섭정

1849년[헌종 15] 헌종이 사망하고 25대 왕으로 철종이 즉위했다. 철종의 즉위는 왕실의 직계 혈통이 단절된 가운데, 순조의 비인 순원왕후(純元王后)와 집권세력인 안동김씨 가문의 주도로 이루어졌다. 철종의 이름은 이원범(李元範)으로, 사도세자의 손자인 전계대원군(全溪大院君)의 셋째 아들로 태어났다. 이원범은 1844년에 그의 형 이원경(李元慶)이 역모사건에 연루되어 죽자, 강화도로 유배되었다. 이후 헌종이 후사가 없이 죽음을 앞두자, 이원범은 순조의 양자로 입적되어 즉위하게 된다. 하지만 항렬상 철종은 순조의 5촌 조카였고, 헌종에게 7촌 재종숙이 된다는 점에서 철종의 즉위는 왕실 종통(宗統)상에 문제가 있었다. 철종이 즉위하자 대왕대비인 순원왕후가 수렴청정했고, 안동김씨 김문근(金汶根)의 딸이 철종의 왕비가 되었다.

철종의 재위기에는 수취체제인 삼정[전정(田政)·군정(軍政)·환정(還政)]의 문란이나, 매관매직의 성행 등으로 도처에서 민란이 발생했다. 이때의 대표적인 농민항쟁으로는 1862년[철종 13] 2월에 발생한 임술민란(壬戌民亂)이 있다. 삼정의 문란을 해결하기 위해 삼정이정청(三政釐整廳)이 설치되었지만, 개혁은 성공하지 못했고 삼정이정청은 폐지되었다. 한편 이 시기에 조선의 해안가에는 이양선(異樣船)이 자주 출몰했고, 17세기부터 조선에 유입된 서학(西學)에 대한 박해가 지속되었는데, 서학에 대응해 1860년에 최제우(崔濟愚)가 동학(東學)을 창시했다.

1863년에 철종이 33세의 나이로 후사 없이 사망하자 또다시 왕실의 후계 문제가 발생했다. 당시 왕실의 가장 큰 어른은 효명세자의 부인이자 헌종의 어머니인 신정왕후(神貞王后)였다. 풍양조씨 가문인 신정왕후는 안동김씨세력을 견제하고자 했다. 신정왕후는 왕실의 가장 가까운 종친 중 한 명인 흥선군(興宣君) 이하응(李昰應)과 손을 잡았다. 흥선군은 그의 아버지인 남연군(南延君)이 사도세자의 아들인 은신군(恩信君)의 양자로 입적되면서 왕실과 가까운 혈족이 되었다. 이런 배경으로 1863년에 흥선군의 둘째 아들이 12세의 나이로 조선 26대 왕 고종으로 즉위했다.

● 흥선대원군이 업무를 보던 운현궁(雲峴宮)의 노안당(老安堂)

어린 고종의 즉위로 대왕대비인 신정왕후의 수렴청정이 시작되었다. 하지만 1866년에 신정왕후가 수렴청정의 폐지를 선언하면서 공식적으로 고종의 친정(親政)이 시작되었다. 그러나 고종 초반의 문제들은 흥선대원군과 의논해서 결정했던 만큼 흥선대원군이 국정 운영에 실질적인 권력을 행사했다.

흥선대원군은 세도정치의 온상이 된 비변사의 권한을 축소시키고, 행정기구인 의정부의 기능을 회복시켰으며, 국방의 주요 기구로서 삼군부(三軍府)를 설치했다. 그 외 왕권 강화와 민생 안정을 위한 개혁정책을 펼쳤다. 흥선대원군의 주요한 개혁정책은 다음과 같이 4가지로 정리할 수 있다.

개혁의 첫 번째 조치는 경복궁의 중건이었다. 당시 경복궁은 조일전쟁 중 불타 없어지고 터만 남아 있는 상태였다. 흥선대원군은 실추된 왕권을 대내외에 과시하기 위한 방법으로 경복궁의 중건을 선택했다. 1865년 4월 2일에 대왕대비는 전교를 내려 조상의 사업을 계승한다는 명분으로 경복궁의 중건을 명했다. 이를 위해 영건도감(營建都監)이 설치되었고 종친 및 관료들과 민이 납부한 원납전(願納錢)으로 부족한 공사비가 보충되었으며, 민은 자발적으로 부역을 제공하며 경복궁의 중건에 박차를 가했다. 하지만 1866년에 공사가 절반 정도 진행된 상황에서 화재가 발생해 경복궁 중건에 차질이 발생했고 공사비용의 확보를 위해 여러 명목의 세금을 거두어들였다. 이에 불만이 나타나게 되는데 자진해서 내는 원납전은 원망하며 낸다는 뜻의 원납전(恕納錢)으로, 기존의 전세에 1결당 100문을 더 받는 결두전(結頭錢)은 남성의 신체구조를 의미하는 신낭전(腎囊錢)으로 불리기도 했다. 특히 상평통보(常平通寶)의 100배에 해당하는 고액화폐인 당백전(當百錢)의 발행과, 청에서 수입해온 동전인 청전(清錢)의 유통은 물가를 폭등시키는 경제 혼란을 초래했

○ 일제강점기에 촬영된 근정전의 모습(공공누리 제1유형 국립중앙박물관 공공저작물 이용)

다. 비용과 부역 문제로 지체되었던 경복궁 중건사업은 시작한 지 2년 만인 1867년에 완공되었고, 흥선대원군은 경복궁뿐만 아니라 의정부 및 6조 관아와 북한산성까지 수축(修築)함으로써 한성의 면모를 일신해 왕실의 권위와 위엄을 어느 정도 회복할 수 있었다.

두 번째 개혁 조치는 만동묘(萬東廟)와 서원 철폐 정책이었다. 만동묘는 조일전쟁 때 조선을 도와준 명나라의 황제 의종(毅宗)과 신종(神宗)에게 제사 지내기 위한 사당이었다. 노론의 영수인 송시열의 건의로 1704년[숙종 30]에 충청북도 괴산군 화양리에 건립되었는데, 당시 만동묘는 노론의 정치적인 구심점 역할을 하고 있었다. 이런 만동묘를 지켜볼 수만은 없었던 흥선대원군은 1865년에 철폐를 지시했다.

조선시대 서원은 지방의 사립교육기관으로서, 학문의 수양과 선현의 제향이라는 목적으로 설립되었고, 향촌 교화의 기능도 담당했다. 하지만 서원의 수가 크게 증가하면서 서원이 갖는 면세·면역의 특권은 국가 재정의 악화로 연결되었다. 또한 서원은 특권을 바탕으로 지역민을 수탈하는 등의 영향력을 과시하고 있었다. 이에 흥선대원군은 600여 개의 서원 중 왕이 이름을 지어 현판을 내린 사액서원(賜額書院) 47개를 제외한 나머지 서원을 모두 철폐했다. 이렇게 서원이 폐지됨에 따라 토지와 노비는 몰수되어 국가재정이 확충되었고, 조선 조정의 지방통제력을 회복할 수 있었다.

세 번째는 삼정(三政)의 개혁이다. 삼정은 전정·군정·환정으로 조선시대 국가 재정의

근본이 되었다. 홍선대원군은 전정에 있어서는 양전(量田)사업을 실시해 누락된 토지인 은결(隱結)을 색출할 수 있었고, 그 결과 국가 재정이 확보되었다. 군정에 있어서는 호포제(戶布制)를 실시해 신분의 구별 없이 양반에게도 군포를 징수하는 정책을 펼쳤다. 환정에 있어서는 양반 지주들이 창고에 모아둔 곡식을 대여해주는 사창제(社倉制)를 시행해 향촌에서 자치적으로 사창을 운영하게 했다. 삼정의 폐단에 대한 개혁을 통해 왕실의 재정을 확보하는 한편, 민의 부담을 덜어줄 수 있는 세제의 개혁이 이루어졌다는 점에서 큰 의미가 있다. 하지만 양반층에게는 만동묘와 서원 철폐에 이어 기득권층의 불만이 가중되는 또 하나의 요인이었다.

네 번째는 인사개혁이었다. 홍선대원군은 당파에 편중되지 않고 기존에 소외되었던 남인과 북인을 적극 등용했다. 무신들의 권한을 강화했으며, 기존의 집권세력인 안동김씨에 대해서도 포용정책을 펼쳤다. 영의정에 조두순(趙斗淳)을, 좌의정에 김병학(金炳學)을 임명해 세력의 균형을 이루었고 실력 있는 인재들을 등용했다. 한편, 종친부(宗親府)의 건물을 중수하여 종실의 권위를 회복하고자 했다. 전주이씨 전체를 포괄하는 대동보(大同譜)의 편찬 작업을 진행하여 1867년에 『선원속보(璿源續譜)』를 편찬했다. 1868년에는 종친을 대상으로 종과(宗科)를 실시했다. 종과는 단 한 차례 시행되었을 뿐이지만, 봄에 종묘에서 제사를 지낸 후에는 전주이씨 유생을 대상으로 선파응제(璿派應製)를 실시했다. 홍선대원군은 이를 통해 종친들을 자신의 세력으로 삼으려 했던 것이다.

② 외세의 침략

1. 프랑스의 침략

19세기 국내외 정세에서 기존 질서가 붕괴되고 새로운 변화의 움직임이 감지되었다. 1840년에 1차 아편전쟁이, 1856년에 2차 아편전쟁이 일어나는 등 청과 영국 간에 두 차례의 전쟁이 발발하자 기존 중국 중심의 사대교린체제가 흔들렸다. 전쟁의 결과로 청은 1842년에 영국과 난징조약(南京條約)을, 1858년에는 미국·영국·프랑스·러시아와 톈진조약(天津條約)을 맺었다. 1854년에 일본은 미일화친조약을 맺어 문호를 개방하고 근대화의 길로 들어섰다.

조선에서는 잦은 이양선의 출몰과 서학의 확산으로 인해 정치·경제·사회분야에서 큰 변화의 움직임이 예고된 상황이었다. 서학은 1791년[정조 15]의 신해박해(辛亥迫害), 1801년[순조 1]의 신유박해(辛酉迫害), 1839년[헌종 5]의 기해박해(己亥迫害), 1846년의 병오박해(丙午迫害) 등을 거치면서도 꾸준히 교세를 확장시켜나갔다.

흥선대원군은 집권 초기에는 서학에 관대한 모습을 보였다. 하지만 1865년에 러시아와의 관계에서 프랑스 선교사들을 이용하려던 계획이 실패하면서 정치적 입지가 좁아지자, 천주교에 대해 강경책으로 입장을 전환했다. 1866년 1월에 남종삼(南鍾三)·홍봉주(洪鳳周)·전장운(全長雲)·최형(崔炯) 등

● 정족산성의 동문(東門)

의 교인들과 프랑스 신부 9명이 서울과 충청도 일대에서 처형되었는데, 이것이 병인박해(丙寅迫害)이다. 천주교인에 대한 박해는 1871년까지 지속되었고, 수천 명의 신자가 순교했다.

병인박해 당시 조선을 탈출한 펠릭스클레르 리델(Félix-Clair Ridel) 신부는 톈진(天津)에 도착해서 프랑스 사령관인 피에르 로즈(Pierre Roze) 제독에게 박해소식을 전했다. 로즈 제독은 병인박해에 대한 책임을 묻고 항의하기 위해 1866년 10월 6일에 강화도를 침략했다. 하지만 정족산의 수성장(守城將)인 양헌수(梁憲洙)가 정족산성에서 기병작전으로 프랑스군을 크게 물리쳤는데, 이 사건이 병인양요(丙寅洋擾)이다. 당시 퇴각하던 프랑스군은 강화도의 외규장각(外奎章閣)을 불태우고, 왕이 보는 어람용의 의궤(儀軌)

를 비롯한 많은 문화재와 은괴를 약탈해갔다. 외규장각은 1782년에 정조가 왕실의 서적을 보관하기 위해 설치했는데, 창덕궁에 설치된 규장각의 부속 도서관 역할을 했던 곳이었다.

프랑스가 약탈해간 외규장각 의궤는 1975년에 박병선 박사에 의해 프랑스의 국립도서관인 베르사유 분관 폐지창고에서 확인되었다. 외규장각 의궤 297책은 2007년에 유네스코 세계기록유산으로 등재되었고, 5년 단위로 갱신되는 대여 형식으로 약탈당한 지 145년 만인 2011년에 우리나라에 돌아왔다. 특히 외규장각 의궤 297책 중 30책은 외규장각에만 보관된 유일본이라는 점에서 사료적 가치가 뛰어나다.

2. 오페르트 도굴사건

프랑스의 침략 이후에도 서양세력에 의한 개항 요구는 계속되었다. 병인양요를 일으킨 프랑스였지만 약간의 약탈물을 획득한 것 외에는 얻은 것이 없었다. 이 때문에 프랑스 신부인 스타니슬라스 페롱(Stanislas Féron)은 베이징 주재 프랑스 공사인 알베르 드 랄르망(Albert de Lallemand)에게 다시 조선

◎ 오페르트가 도굴하려다 실패한 남연군묘

을 공격할 것을 주장했다. 하지만 제안을 거부당하자 독일 상인 에른스트 오페르트(Ernst Oppert)에게 흥선대원군의 부친인 남연군묘의 도굴을 제안했다. 오페르트는 상하이(上海)에 체류하면서 조선에 관심을 갖게 되었고, 1866년에 이미 두 차례나 조선을 방문하여 통상 의사를 밝혔지만 거절당한 경험이 있었다.

1868년 4월에 오페르트는 조선과의 통상을 위해 다시 조선을 찾았고, 흥선대원군과의 교섭을 위해 남연군묘를 파헤쳤다. 하지만 남연군의 묘는 석회로 단단하게

밀봉된 회곽묘였기 때문에 도굴은 실패로 끝났다. 도굴 소식이 알려지자 프랑스 정부는 국제사회의 비난을 염려하여 페롱을 소환했다. 나중에 오페르트는『금단의 나라 조선 기행(Ein Verschlossenes Land, Reisen Nach Corea)』을 출간하여 도굴사건의 전말을 회고했다. 오페르트가 남긴 기록은 당시 서양인의 눈으로 바라본 조선사회를 살펴볼 수 있다. 결과적으로 오페르트의 남연군묘 도굴사건은 흥선대원군의 해금정책(海禁政策)을 더욱 강화하게 된 배경이 되었다.

3. 미국의 침략

프랑스의 침략 이전인 1866년 7월에 제너럴셔먼(General Gherman)호가 평양에서 조선과의 통상을 요구하며 무력을 사용하고 민간인을 살해했다. 평안도 관찰사인 박규수(朴珪壽)와 분노한 백성들은 이에 대한 대응으로 제너럴셔먼호를 불태웠고 선원들을 몰살했다. 제너럴셔먼호 사건을 계기로 조선 내에서 서양세력에 대한 거부감이 고조되었다.

한편, 미국 정부는 제너럴셔먼호의 소식을 듣고 로버트 슈펠트(Robert Shufeldt)에게 진상조사를 명했다. 1866년 12월 18일에 슈펠트는 와추세트(Wachusett)호를 이끌고 황해도 장연군(長淵郡)에 정박한 후 제너럴셔먼호 사건의 진상을 묻는 글을 조선에 보냈다. 하지만 조선의 답신을 받기도 전에 이미 슈펠트는 장연을 떠나 옹진만(甕津灣) 일대를 탐사한 후 돌아갔다. 1868년 3월에 미국은 다시 군함인 셰난도어(Shenandoah)호를 파견해 대동강 입구까지 와서 진상조사를 했다. 조선군은 이를 영토침략으로 간주하여 포격을 가했다. 그러자 미군은 성조기를 게양한 함정에 대한 포격은 국가모독죄에 해당한다며 응징보복을 위한 침략을 경고하고 철수했다. 미국은 이 사건을 조선과의 교역을 확보할 수 있는 절호의 기회로 판단했다. 주청미국공사인 프레드릭 로우(Frederik Low)에게 교섭의 전권을 부여하고, 아시아함대의 사령관인 존 로저스(John Rodgers)에게 병력을 이끌고 로우 공사를 호위토록 했다.

1871년 3월 27일에 로우와 로저스는 5척의 군함과 1,230명의 군사를 이끌고 조선을 침략했다. 신미양요(辛未洋擾)가 일어난 것이다. 조선군은 광성보(廣城堡)에서 어재연(魚在淵)과 관군이 결사항전으로 맞섰지만 대부분 전사했다. 광성보를 점령한 미군은 무력으

● 광성보 내에 세워진 신미양요순국무명용사비

로 조선의 개항을 이끌어내는 것이 어렵다고 판단하여 강화도에서 철수했다. 그 와중에도 미군은 어재연의 대장기인 수자기(帥字旗)를 본국으로 가져갔다. 수자기는 2007년에 우리나라로 돌아와 현재 강화역사박물관에 영구 임대형식으로 보관 중이다.

이러한 일련의 서양세력과의 분쟁 속에서 흥선대원군은 외세를 경계하기 위해 전국에 척화비(斥和碑)를 세웠다. 척화비에는 "서양 오랑캐가 침입하는데 싸우지 않으면 화친하는 것이요, 화친을 주장하는 것은 나라를 팔아먹는 것이다. 우리들 만대 자손에게 경고하노라! 병인년에 짓고 신미년에 세운다[洋夷侵犯 非戰則和 主和賣國 戒我萬年子孫 丙寅作 辛未立]"라고 새겨 척화의 의지를 드러냈다.

③ 척사와 개화의 갈등

1. 위정척사파

위정척사(衛正斥邪)란 바른 것을 지키고 사악한 것을 물리친다는 뜻으로, 성리학적 사상이나 가치관은 지키고 성리학 외의 서양사상이나 종교 등을 배척하는 것을 말한다. 이항로(李恒老)와 기정진(奇正鎭) 등을 중심으로 위정척사사상을 견지한 사람들을 위정척사파라고 한다.

이항로는 학문적으로 주리론(主理論)을 주장하며 화서학파(華西學派)를 형성했고, 존주론(尊周論)의 연장선으로 위정척사사상을 전파했다. 1866년에 프랑스가 조선을 침략하자 주전론(主戰論)을 건의했다. 흥선대원군이 추진한 경복궁 중건 등의 정책에는 비판적이었지만, 통상수교거부정책은 지지했다. 김평묵(金平黙)·최익현(崔益鉉) 등이 그의 문하에서 위정척사사상을 계승하며 중추적 역할을 했다.

기정진은 성리학적 이론을 독자적으로 해석한 이기론(理氣論)을 주장하며 노사학파(蘆沙學派)를 이끌었다. 기정진은 프랑스의 침략 당시 외적의 침입을 방어하기 위한 조목 6가지를 조정에 올리기도 했다. 후에 기정진의 문인 및 그의 후손들은 호남지역에서 항일의병운동을 이끌었다.

🐚 표 1_ 위정척사파의 전개 과정

시기	사건	활동	중심인물
1860년대	프랑스의 침략	통상반대운동	이항로, 기정진
1870년대	조일수호조규 체결	개항반대운동	최익현(지부복궐척화소)
1880년대	『사의조선책략』 수입	개화반대운동	이만손(영남만인소), 홍재학(만언척사소)
1890년대	을미의병 봉기	항일의병운동	유인석(격고팔도열읍), 이소응, 기우만 등

위정척사파의 활동은 시기에 따라 구분된다. 프랑스의 침략 이후에는 척화주전론을 주장하며 통상반대운동을 전개했고, 조일수호조규(朝日修好條規)를 맺은 전후로는 왜양일체론을 주장하며 개항을 반대했다. 2차 수신사로 파견된 김홍집(金弘集)이 황쭌셴(黃遵憲)의 『사의조선책략(私擬朝鮮策略)』을 들여왔을 때에는 이에 반대하는 신사척사운동(辛巳斥邪運動)을 전개했다. 이후 위정척사파의 사상은 항일의병운동으로 계승되었다.

2. 개화파

고종은 흥선대원군의 통상수교거부정책에서 벗어나 외국과의 통상수교를 통한 개화정책을 단행한다. 고종의 개화정책을 뒷받침한 것은 북학파(北學派)의 영향을 받은 박규수·오경석(吳慶錫)·유홍기(劉鴻基) 등의 통상개화론자들이었다. 이들은 북촌에 거주하던 박규수의 집에서 북촌 명문가의 자제들에게 개화사상을 교육했다. 그 후속 세대가 김옥균(金玉均)·서광범(徐光範)·홍영식(洪英植)·박영효(朴泳孝)·유길준(俞吉濬)·김홍집(金弘集) 등이다. 이들은 개화파를 형성했고 관직에 진출해 개화정책을 추진하는 주요 인물로 성장했다.

개화파는 임오군란(壬午軍亂) 이후에 청나라의 내정간섭에 대한 대응과 개화정책 실현에 입장 차이를 보이며 온건개화파와 급진개화파로 분화되었다. 온건개화파는 수구당(守舊黨) 또는 사대당(事大黨)으로 불렸으며, 김홍집·김윤식(金允植)·어윤중(魚允中)·박정양(朴定陽) 등이 중심인물이었다. 중체서용론(中體西用論)에 입각한 청의 양무운동(洋務運動)의 영향을 받은 이들은 조선의 전통적 가치관인 동도(東道)를 지키면서, 서양의 기술인 서기(西器)를 받아들이자는 '동도서기론'의 입장에서 개화정책을 추진하려 했다. 개항 이후에 시행된 개화정책은 온건개화파의 사상과 친청의 입장을 견지한 고종과 명성황후(明成皇后)의 입장이 반영된 결과라고 할 수 있다.

표 2_ 개화파의 분화

구분	온건개화파(수구당, 사대당)	급진개화파(개화당)
중심인물	김홍집, 김윤식, 어윤중	김옥균, 박영효, 홍영식, 서광범, 서재필
개혁 방향	점진적 개혁(동도서기론)	급진적 개혁(문명개화론)
영향	청의 양무운동	일본의 메이지유신

개화당(開化黨)으로 불린 급진개화파는 김옥균·박영효·서광범·홍영식·유길준 등과 같은 젊은 인사들이 중심이었는데, 서양의 기술과 문명을 모두 수용하자는 문명개화론에 입각한 일본의 메이지유신(明治維新)의 영향을 받았다. 이들은 보빙사(報聘使)나 조사시찰단 등으로 미국과 일본 등을 방문했는데, 이러한 경험이 개화의 방향을 정하는 데 영향을 준 것 같다. 급진개화파는 청의 내정간섭을 비판하고 자주적 개화를 주장했다. 이러한 사상은 갑신정변(甲申政變)의 개혁 정강에도 잘 표현되어 있다. 급

진개화파가 추구했던 개혁은 갑신정변의 실패와 김옥균의 사망, 주요 인물들의 망명 등으로 좌절되었지만, 훗날 갑오개혁(甲午改革)과 독립협회(獨立協會)의 활동에 영향을 미쳤다.

④ 운요호사건과 개항

미국의 함포 외교에 의해 개항한 일본은 1868년에 메이지유신을 단행하며 근대화를 추진했다. 일본은 대마도 번주인 소 요시아키라(宗義達)를 통해 조선에 서계(書契)를 보내 왕정복고(王政復古)의 사실을 전했다. 공식 외교 문서인 서계에는 일정한 규격과 양식이 정해져 있었다. 하지만 일본이 보낸 서계에는 지금까지 사용하지 않았던 '황실(皇室)'·'봉칙(奉勅)' 등의 용어가 들어 있었다. 이뿐만 아니라 공식문서임을 인증하기 위해 조선 국왕이 쓰시마도주에게 내린 도서(圖書)가 없었다. 일본이 보낸 서계에서 형식적 결함이 발견되자 조선은 서계의 접수를 거부했다. 그러자 일본에서는 조선침략론이 대두되기도 했다.

1873년에 박규수에 의해 일본과의 국교 문제가 제기되었고, 이듬해 일본은 다시 국교 재개를 요청했다. 이번에 올라온 서계는 쓰시마를 경유하지 않고 일본 외무성(外務省)에서 직접 보낸 것이었으나, 앞서 문제가 된 용어가 또다시 사용되었다. 박규수 등의 관료들은 서계 접수 자체를 거부해서는 안 된다고 주장했지만, 조정의 관료들은 용어와 내용의 문제를 지적하며 서계 접수를 거부하고자 했다. 이처럼 서계 접수에 대해 고종과 관료들의 의견이 일치하지 않았기 때문에 신중해질 수밖에 없었다. 한편 조선이 서계 접수를 거부하자 일본은 군사적 방법을 동원하게 되는데, 미국이 함포 사격을 통해 일본을 개항시켰던 방법을 그대로 조선에 적용했다. 1875년 운요호(雲揚號)를 비롯한 여러 척의 군함을 조선에 입항해 함포 사격을 가하며 위협했지만 조선은 여전히 서계 접수를 거부했다.

8월 22일에 영종첨사 이민덕(李敏德)이 일본의 군함인 운요호가 영종진의 난지도에 정박함을 조정에 알렸다. 운요호는 항로 측량을 빌미로 강화도에 불법으로 침입했다. 이들은 초지진(草芝鎭)을 공격했고, 영종도에서 무기를 탈취하고 양민을 학살했다. 조선의 수군은 이들과 대치하며 포를 발사하고 대응 공격을 펼쳤다. 일본은 운요호사건을 논의한다는 명목으로 강화도로 찾아와 조선에 통상 수교를 강요했다.

◉ 포탄 자국이 선명하게 남아 있는 초지진의 성벽

마침내 박규수와 오경석 등 통상수교론자들의 주장과 고종의 의사가 반영되어 1876년 2월 3일에 강화도 연무당(鍊武堂)에서 전권대관인 신헌(申櫶)과 특명전권변리대신인 구로다 기요타카(黑田淸隆) 사이에 조일수호조규가 체결되었다. 12개 조로 구성된 이 조약은 강화도조약(江華島條約) 또는 병자수호조약(丙子修好條約)으로도 불린다.

조일수호조규의 내용을 살펴보면, 1관에서 조선국이 자주국가로서 일본과 평등한 권리를 보유한다고 하면서 조선이 자주국가임을 명시했다. 이것은 청나라의 간섭을 배제하려는 의도였다. 4관과 5관에는 부산 외 두 곳의 항구를 개항하여 통상한다는 내용이 있다. 그 결과 부산·원산·인천이 개항되었고 일본인의 거류지가 조성되었다. 부산 초량항(草梁港)에는 이미 일본 공관(公館)이 있었고, 일본과 근거리에 위치한다는 점에서 경제적 목적이 반영된 것이었다. 원산은 러시아의 남하 방지와 중국 진출을 위한 군사적 목적이 반영되었다. 인천은 서울과 근거리에 위치한다는 점에서 정치적 목적이 반영된 결과라고 할 수 있다. 7관은 조선의 해안을 측량할 수 있는 권리인 해안 측량권에 관한 조항이고, 10관은 외국인이 체류국의 국내법을 적용받지 않는 치외법권에 관련된 조항이다. 조일수호조규는 조선이 외국과 맺은 최초의 근대적 조약이었지만 불평등 조약이었다. 위정척사론자인 최익현은 조일수호조규 체결에 반대하며 지부복궐척화의소(持斧伏闕斥和議疏)를 올려 "그들은 왜인이라고 평계대지만 실제로는 서양 도적들"이라며 왜양일체론을 주장하다 흑산도로 유배되었다.

1876년 7월 6일에는 조일수호조규를 보완하기 위한 조일수호조규부록이 체결되었다. 여기서는 일본인의 간행이정(間行里程)을 10리로 정하고, 조선 내에서 일본 화폐의 사용이 허용되었다. 이후 1882년 7월 17일에는 조일수호조규속약이 체결되었는데, 여기서는 간행이정이 50리로 확대되었고 2년 후에는 다시 100리로 확대할 것을 명시했다. 또 일본국 공사와 그 가족들의 조선 내 여행권이 보장되었다.

조일수호조규가 체결된 배경에는 1873년에 그동안 척화를 주장해오던 흥선대원군의 실각이 있었다. 여기에 외국과의 통상을 주장하는 통상개화론의 대두와 이에 따른 고종의 개화 의지가 반영된 결과로 조선의 문호가 개방된 것이다. 한편 일본의 의도를 알아채지 못한 조선 조정은 조일수호조규를 조선과 일본의 우호 유지 및 기존의 외교관계를 회복하기 위한 수단 정도로만 인식했던 것 같다.

⑤ 개화정책의 추진과 갈등

1. 개화정책의 추진

조일수호조규가 체결된 후 조선은 일본 시찰을 위해 수신사(修信使)를 파견했다. 1876년에 1차 수신사로 일본을 다녀온 김기수(金綺秀)는 견문을 기록한 『일동기유(日東記游)』를 저술했다. 1880년에 2차 수신사로 파견된 김홍집은 일본 주재 청나라 공사관의 참사관으로 있던 황쭌셴이 저술한 『사의조선책략』을 들여왔다. 황쭌셴은 러시아의 남하에 대비하기 위해 '친중국(親中國)'·'결일본(結日本)'·'연미국(聯美國)'을 강조했다. 『사의조선책략』은 조선이 서양과 맺은 최초의 조약인 조미수호통상조약(朝美修好通商條約)이 체결되는 배경이 되기도 했다. 이 책의 유입은 조선의 향후 외교정책 수립에 영향을 미쳤지만, 한편으로는 척사론자들에게 비판의 대상이 되었고 영남만인소(嶺南萬人疏)가 올라오는 등 전국적으로 큰 반향을 불러일으켰다.

1880년 고종은 개화정책 추진을 위한 근대적 행정기구로서 통리기무아문(統理機務

衙門)을 설치했다. 이듬해 1월에는 일본에 신사유람단(紳士遊覽團)을 파견해 4개월간 일본의 선진문물을 시찰하게 했고, 9월에는 청에 영선사(領選使)를 파견해 서구식 무기 제조법을 익히고 미국과의 수교 문제를 논의했다.

개화정책의 결과, 국방강화를 위해 기존의 5군영을 무위영(武衛營)과 장어영(壯禦營)의 2군영체제로 축소하고, 신식군대인 별기군(別技軍)을 창설하여 일본인 교관을 두어 서양식 군사훈련을 시행했다. 하지만 별기군은 임오군란(壬午軍亂)의 영향으로 1882년 폐지되었다. 1883년에는 민영익(閔泳翊)을 전권대신으로 한 사절단인 보빙사를 미국으로 보냈다. 그 외에도 무기제조공장인 기기창(機器廠)이나 출판기관인 박문국(博文局) 등이 설립되었다. 박문국에서는 한국 최초의 근대 신문인 〈한성순보(漢城旬報)〉가 발행되었다. 조폐기관인 전환국(典圜局)이나 우체 업무를 담당하는 우정국(郵政局) 등의 근대적 기구들도 조직되었다.

한편, 교육의 중요성을 인식하고 근대적 학교도 건립했다. 최초의 근대학교는 1883년에 개항지인 원산에 설립된 원산학사(元山學舍)로 민간의 자본으로 설립되었다. 이후 육영공원(育英公院)·배재학당(培材學堂)·이화학당(梨花學堂) 등이 세워지며 근대 교육의 장이 마련되었다.

2. 임오군란

근대화를 위해 추진된 급격한 개화정책은 부작용이 초래되기도 했는데, 1882년에 일어난 임오군란이 대표적인 사례이다. 임오군란은 구식군인들에 대한 차별과 일본의 쌀 수탈로 힘들어진 하층민들이 개화정책에 강한 불만을 표출한 사건이었다. 구식군인들은 13개월 동안 급료를 받지 못하다가 겨우 지급받은 1개월분의 쌀에 겨와 모래가 섞여 있었다. 성난 구식군인들이 불만을 제기하고 다툼이 발생하자 주동자들을 체포했다. 구식군인들은 홍선대원군을 찾았고 암묵적인 지지를 받았다. 그들은 선혜청(宣惠廳) 당상인 민겸호(閔謙鎬)를 비롯한 민씨 척족들과 개화 관료들을 제거하고자 했고, 일본인 교관인 호리모토 레이조(掘本禮造)를 죽이고 일본공사관을 파괴했다. 이들은 개화정책을 지휘한 명성황후를 찾기 위해 창덕궁으로 갔지만 이미 명성황후는 피신한 상태였다. 고종은 수습을 위해 흥선대원군을 불러들이면서 대원군이 재집권하게 된다.

흥선대원군은 새로운 정권을 수립하고 인사를 단행하는 한편, 구식군인들에게 밀린 급료의 지급을 약속하며 해산을 권고했다. 하지만 흥선대원군은 집권 1개월 만에 조선에 파견된 청나라 군대에 의해 텐진으로 납치되었다. 청은 위안스카이(袁世凱)를 보내 군권을 장악하고, 마젠창(馬建常)과 독일인 파울 묄렌도르프(Paul Mollendorff)를 재정과 외교 고문으로 파견하여 조선의 내정을 간섭했다. 또 불평등조약인 조청상민수륙무역장정(朝中商民水陸貿易章程)을 체결했다. 이러한 어수선한 혼란을 틈타 일본은 조선에 임오군란의 책임과 배상을 요구하며 제물포조약(濟物浦條約)과 조일수호조규속약의 체결을 강제했다.

3. 갑신정변

임오군란 이후 청의 내정간섭이 심화되자 급진개화파 인사들은 구미열강을 끌어들여 청나라를 견제하려 했지만 실패했다. 또 국가의 재정난을 타개하기 위한 차관 도입 역시 실패하면서 정치적 입지가 우려되는 상황이었다. 위기의식이 고조되는 상황에서 급진개화파는 청으로부터 자주독립을 목표로 1884년에 갑신정변을 일으켰다. 갑신정변의 주도세력은 김옥균·홍영식·박영효·서광범·서재필(徐載弼) 등의 젊은 개화파 인사들이었다. 이들은 10월 17일 우정총국 낙성식 축하연이 열리는 날을 거사일로 결정했다. 거사가 시작되자 김옥균은 창덕궁의 고종과 왕비를 경우궁(景祐宮)으로 피신시키고, 수구파 관료들과 여흥민씨 핵심세력들을 제거했다. 이후 신정부를 수립하고 종친세력과 갑신정변을 주도한 인물들로 조직을 구성했다. 그 사이 왕비의 요구로 고종은 경우궁에서 이재원(李載元)의 집인 계동궁(桂洞宮)을 거쳐 다시 창덕궁으로 환궁하게 된다. 갑신정변의 주도세력들은 위로부터의 개혁을 추진하며 혁신정강을 공포했다. 주요 내용으로는 흥선대원군의 귀국, 신분제도와 문벌의 폐지, 군사제

도 개혁 및 경제개혁 등이 있는데, 혁
신정강 80개조 중 14개조가 김옥균
의 『갑신일록(甲申日錄)』에 전한다.

◆ 갑신정변이 일어난 장소인 우정총국

그런데 명성황후의 연락을 받은 청
군이 창덕궁을 공격하고, 호위병과 일
부 자금을 지원하겠다고 약속한 일본
공사 다케조에 신이치로(竹添進一郎)가
약속을 어기고 철병하는 등 상황이
급변했다. 결국 청의 개입으로 갑신정변은 실패했고, 김옥균을 비롯한 갑신정변의
주도세력은 일본으로 망명했다. 갑신정변은 비록 3일 천하로 끝났지만, 위로부터의
근대화를 주장하며 자주 근대 국가 건설을 목표로 한 운동이었다는 점에서 역사적
의의가 있다.

✿ 참고문헌

- 權五榮, 「개화사상의 발전」, 『한국사』 38, 국사편찬위원회, 2013.
- 김태웅·김대호, 『한국근대사를 꿰뚫는 질문 29』, 아르테, 2021.
- 노혜경, 「오페르트의 조선 인식」, 『역사와 실학』 55, 역사실학회, 2014.
- 박찬승, 『한국근현대사를 읽는다』, 경인문화사, 2014.
- 방기철, 『한국역사 속의 전쟁』, 새문사, 2014.
- 신병주, 「조선시대 의궤(儀軌) 편찬의 역사」, 『조선시대사학보』 54, 조선시대사학회, 2010.
- 愼鏞廈, 「개화파의 형성과 활동」, 『한국사』 38, 국사편찬위원회, 2013.
- 연갑수·주진오·도면회, 『한국근대사』 1, 푸른역사, 2016.
- 이성무, 『조선시대 당쟁사』 2, 아름다운날, 2007.
- 한국근현대사학회, 『한국근현대사 강의』, 한울아카데미, 2020.
- 한영우, 『다시 찾는 우리 역사』 3, 경세원, 2017.

14

근대국가 **수립**을 위한 **움직임**

14강 근대국가 수립을 위한 움직임

① 동학의 창도와 동학농민운동

1. 동학의 등장과 교조신원운동

1860년[철종 11]에 서학에 대응하는 새로운 민중 종교인 '동학'이 등장했다. 동학을 창도한 최제우(崔濟愚)는 1824년[순조 24] 경주지역의 몰락한 양반 집안에서 태어났다. 그는 생업으로 목면(木棉)을 팔며 30대까지 전국을 유랑했고, 그 과정에서 국내외의 혼란한 시대 상황과 민의 고통을 마주했다. 최제우의 원래 이름은 최제선(崔濟宣)이었는데, '어리석은 민을 구제한다'는 뜻의 제우

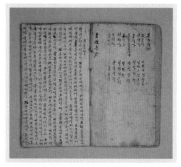

◐ 동학의 포교가사집 『용담유사』(공공누리 제1유형 국립한글박물관 공공저작물 이용)

로 개명했다. 고향인 경주로 돌아와 용담정(龍潭亭)에서 깨달음을 얻은 후 유교·불교·도교를 기반으로 한 동학을 창도했다.

동학의 핵심 사상은 '한울님은 인간에 내재한다'는 시천주(侍天主) 사상으로 평등을 강조한다는 점에서 민으로부터 큰 지지를 받았다. 최제우는 '용담가(龍潭歌)' 등의 가사를 짓고, '포덕문(布德文)' 등의 저술을 남기며 포교 활동을 지속하고 교세를 확장했다. 이러한 저술들은 2대 교주인 최시형(崔時亨)에 의해 『용담유사(龍潭遺詞)』와 『동경대전(東經大全)』 등으로 간행되었다.

동학이 민의 마음을 사로잡을 수 있었던 가장 큰 요인은 개항 이후 외세의 경제적 수탈에 따른 농촌의 붕괴였다. 조선은 일본·청·미국·영국 등 각국과 불평등 조약을

체결하면서 곡물의 무제한 유출과 무관세, 내지통상권, 화폐 유통권을 허용하는 등 경제적 이권을 침탈당했다. 특히 일본으로 유출된 미곡은 농촌 경제에 큰 타격을 입혔고 농민은 몰락했다. 이러한 흐름 속에서 동학의 이념은 민에게 현실 비판과 이상적 미래를 제시하면서 각광받았고, 교세가 급격하게 증가했다. 동학은 교단을 효과적으로 관리하기 위해 포(包) 아래에 접(接)을 두는 포접제를 실시했다. 포접제는 훗날 동학농민운동의 중요한 기반이 되었다.

동학은 지속적인 탄압을 받으면서도 성장해나갔는데, 교세가 급속도로 확산되자 조선 왕실과 지배층은 큰 위협을 느꼈다. 이에 1863년 12월에 최제우를 체포하고, 사설(邪說)로서 민을 현혹했다는 죄목으로 1864년[고종 1] 3월 효수(梟首)했다. 최제우의 처형으로 탄압과 처벌이 지속되면서 동학은 일시적으로 위축되었다. 하지만 2대 교주인 최시형이 동학의 교리를 체계화하는 한편 비밀리에 적극적인 포교활동을 펼침으로써 교세를 크게 확장시킬 수 있었다.

1892년부터 1893년까지 동학 교인들은 교조 최제우의 죽음을 신원하고 포교의 자유를 인정받기 위한 교조신원운동(敎祖伸寃運動)을 전개했다. 충청남도 공주와 전라북도 삼례에서 집회를 열고 지역의 관찰사들에게 교조 신원과 동학 교도에 대한 탄압 금지를 요구했다. 한편, 이 시기에 전라북도 금구에서는 전라도 지역의 접주들을 중심으로 기존의 온건적 성격의 운동을 비판하는 세력도 등장했다. 공주집회와 삼례집회에 이어 1893년에는 광화문 앞에서 복합상소(伏閤上疏)를 올려 교조의 신원과 포교의 자유를 요구했지만 실패했고, 주동자들에 대한 체포 명령이 내려졌다.

이후 충청북도 보은에서 대규모 집회를 열어 교조의 신원과 동학의 합법화, 보국안민(輔國安民)과 척왜양창의(斥倭洋倡義)를 주장했다. 이러한 과정에서 동학 내부에서는 운동의 방향을 두고 최시형 중심의 북접(北接)과 금구집회를 이끌었던 고부 접주 전봉준(全琫準)·정읍 접주 손화중(孫華仲) 등이 중심이 된 남접(南接)으로 나뉘었다. 북접은 교조의 신원과 포교의 인정 등을 외치며 주로 종교적 성향이 두드러졌다면, 남접은 반봉건·반외세를 외치며 개혁적·정치적 성격을 띠었다는 차이점이 있다.

2. 고부농민봉기와 동학농민운동

전라북도 고부지역의 군수로 부임한 조병갑(趙秉甲)이 민들을 수탈하는 것이 계기가 되어 농민봉기가 발생했는데 이를 고부농민봉기라고 부른다. 조병갑은 자신의 부친인 태인 현감 조규순(趙奎淳)을 위한 공적비를 세우기 위해 민으로부터 비용을 탈취했고, 만석보(萬石洑)를 축조하여 노동력과 세금을 수탈하는 등 부정을 일삼았다.

전봉준과 농민들은 조병갑을 찾아 시정해줄 것을 요청했지만 받아들여지지 않았다. 결국 1893년 11월에 20여 명이 모여 조병갑의 처단과 고부 관아에 대한 공격을 모의하며 사발통문(沙鉢通文)을 작성했다. 1894년 1월에는 전봉준의 지휘 아래 동학 교인들과 농민들이 고부 관아를 습격하고 수탈의 상징인 만석보를 파괴했다. 조선 조정은 조병갑을 범장(犯贓)과 소란을 일으켰다는 죄목으로 파직하고, 박원명(朴源明)을 새로운 고부 군수로 임명하는 한편 이용태(李容泰)를 고부군 안핵사로 임명하여 봉기를 조사하고 수습하게 했다. 하지만 이용태는 오히려 봉기의 주모자를 색출하고 농민들을 가혹하게 탄압했다. 전봉준은 인근지역 접주인 손화중·김개남(金開南) 등과 연대하여 농민들과 함께 고부를 점령하고 백산에 집결했다. 이들은 '나라를 돕고 민을 편안하게 한다'는 뜻의 보국안민(輔國安民)과 '폭도를 제거하고 백성을 구한다'는 뜻의 제폭구민(除暴救民)을 외쳤다.

동학농민군은 황토현에서 전라도 감영군을 격파했다. 조정은 홍계훈(洪啓薰)을 양호초토사(兩湖招討使)로 파견하여 농민군을 진압하려 했지만 실패했다. 농민군에 의해 전라 감영이 함락되자, 정부는 청에 군사적 지원을 요청했다. 아산만에 청의 군대가 도착하자 일본은 갑신정변 이후 청과 체결했던 톈진조약을 빌미로 군대를 파견했다. 그 과정에서 위기감을 느낀 동학농민군과

🔻 전라북도 정읍의 만석보터에 세워진 만석보유지정화기념비(萬石洑遺址淨化記念碑)

조정은 5월에 전주화약(全州和約)을 체결하고 해산했다.

동학농민군이 해산한 후 전라도에는 자치기구인 집강소(執綱所)가 설치되었고 폐정개혁안 12개조를 바탕으로 한 개혁이 추진되었으며, 개혁기구로서 교정청(校正廳)을 설치하여 내정개혁을 실시했다. 이처럼 사태가 안정되자 조선 조정은 청·일의 군대에 대한 철병을 요구했으나, 일본은 이를 거부하고 1894년 6월에 경복궁을 무단 점령했다. 이틀 후에 일본군이 아산만의 풍도(豊島) 앞바다에서 청나라 함대를 공격하면서 청일전쟁이 발발했다.

청일전쟁이 발발하자 흥선대원군은 청군이 승리하면 농민군과 협공하여 남북에서 일본군을 쫓아내기로 밀약을 맺었다. 하지만 평양전투에서 일본군이 승리하면서 모든 계획은 수포로 돌아갔다. 결국 전봉준은 "일본군을 몰아내고 개화정권을 타도하기 위해 삼례로 모이라"는 통문을 돌렸다. 1차 봉기 및 집강소 시절까지 북접은 남접과 심한 갈등관계에 있었다. 하지만 관군이 남·북접을 가리지 않고 동학도들을 탄압하자 최시형은 결국 남접과 행동을 함께하게 되었다.

조선 조정은 3,200명의 군사를 동원했고, 일본군 역시 출동했다. 농민군은 공주전투에서 큰 피해를 입었다. 특히 우금치(牛金峙)전투에서의 패배는 농민전쟁 실패의 결정적 계기가 되었다. 농민군은 논산의 노성(魯城)으로 옮겨 전열을 정비했지만 패전을 거듭했다. 농민군은 다시 전주로 이동했는데, 일본군이 전주로 향하자 금구로 후퇴했다. 결국 12월 2일에 전봉준이 순창의 피노리(避老里)에 있는 주막에서 체포되었고, 손화중·김개남·최경선(崔景善) 등과 함께 사형을 선고받고 형장에서 죽었다. 그러나 그 이후에도 동학의 남은 세력들은 차후의 의병운동에 참여하며 반외세의 뜻을 이어나갔다.

동학농민운동의 역사적 의의는 민이 주체가 되어 부정부패 척결과 외세의 침략에 대항한 근대적 민족운동이자 개혁운동이었다는 점이다. 또 이들의 활동은 이후에 전개된 갑오·을미개혁과 의병운동에도 영향을 미쳤다. 그러나 무기의 근대화가 이루어지지 못했으며, 지도층과 농민들이 군사적 훈련을 받지 않았던 만큼 전술적으로 열세했다는 한계점은 분명했다.

② 근대적 개혁의 추진

1. 갑오개혁

청일전쟁으로 청나라와 일본 간에 조선을 둘러싼 세력다툼이 시작된 가운데, 일본의 간섭 아래 조선 조정은 1894년 7월부터 1896년 2월까지 3차례에 걸쳐 개혁을 추진했다. 1894년 1·2차에 걸쳐 추진된 개혁정책이 '갑오개혁(甲午改革)', 1895년 을미사변(乙未事變) 이후 추진된 개혁정책이 '을미개혁(乙未改革)'이다. 3차에 걸친 개혁은 청일전쟁과 외세의 간섭 등 국제정세의 영향을 받으며 전개되어 각각 그 성격을 달리했다.

1차 갑오개혁은 1894년 7월부터 12월까지 시행되었다. 개혁 추진 기구로 군국기무처(軍國機務處)가 신설되었으며, 210건의 개혁안이 통과되었다. 내각의 핵심 인물은 온건개화파의 대표적 인물인 김홍집과 박정양·김윤식·유길준 등이었다. 1차 개혁은 정치·경제·사회 전 분야에서 개혁 조치가 이루어졌다. 정치는 의정부와 8개 아문체제를 확립하고, 언론기관인 사헌부·사간원·홍문관 등을 폐지했다. 과거제도가 폐지되었으며, 청의 연호 대신 개국(開國) 기년을 사용했다. 경제에 있어서는 탁지아문(度支衙門)에서 국가 재정을 관장하고, 은본위제(銀本位制)가 도입되었으며, 일본 화폐가 허용되었다. 사회적으로는 노비제와 연좌제가 폐지되었고, 과부의 재가가 허용되었다. 특히 신분제가 폐지되면서 하층민들의 정치참여 및 사회활동의 폭이 확대되었다.

대표적인 예로 백정 출신인 박성춘(朴晟春)이 독립협회가 주관한 관민공동회에서 연설을 맡았고, 백정들의 신분해방운동인 형평운동(衡平運動)을 이끌었다. 그의 아들인 박서양(朴瑞陽)은 제중원(濟衆院)에서 의학을 공부해 서양의사가 되었다. 보부상 출신으로 민영익의 천거를 받아 정계에 진출했던 이용익(李容翊)은 능력을 인정받아 탁지부대신 및 내장원경(內藏院卿)에 올랐다. 그 외에도 신분을 뛰어넘어 자신의 역량을 발휘해 정치·경제·사회·문화적으로 두각을 나타내는 인물들이 등장했다.

2차 갑오개혁은 1894년 12월부터 1895년 7월까지 시행되었다. 이때 청일전쟁에서 승기를 잡은 일본은 조선의 내정에 깊이 관여했다. 갑신정변 관련 인물들이 사면되면서 일본에 망명했다가 귀국한 박영효와 서광범 등이 각각 내무대신과 법무대신에 임명되며 정계에 복귀했다. 친일 성격의 내각인 김홍집·박영효 연립내각이 구성되었으며, 박영효의 주도로 개혁정책이 추진되었다.

고종은 종묘에 나아가 개혁 강령인 홍범14조(洪範十四條)를 공포했다. 홍범14조의 주요 내용을 살펴보면, 1조에서는 '청에 의부(依附)하는 생각을 버리고 자주독립하는 기초를 세운다'고 하여, 대외적으로 청으로부터의 독립을 선언했다. 4조에서는 '왕실사무와 국정사무를 분리한다'는 것을 명시하여, 궁내부와 의정부의 역할을 명확하게 구분했다. 7조에서는 '조세의 징수와 경비 지출은 모두 탁지아문에서 관할한다'고 하였고, 14조에서는 '문벌을 가리지 않고 인재를 등용한다'는 내용이 담겨 있다.

2차 갑오개혁은 정치면에서 내각제를 실시했으며, 의정부의 8개 아문체제가 7부제로 개편되었다. 지방행정제도는 군현제를 폐지하고 전국 8도를 23부 337군으로 개편했다. 한편, 사법권을 독립시켰으며 교육 제도의 근대화를 위한 교육입국조서(教育立國詔書)가 반포되었고, 이에 따라 각종 관립학교가 설립되었다.

조선 조정은 1895년에 있었던 삼국간섭을 계기로 러시아를 이용해 일본을 견제하고자 했다. 하지만 친일 성향의 박영효는 이를 우려하여 러시아와의 관계에서 영향력을 행사한 명성황후를 폐위시키려는 계획을 꾸몄는데, 이 계획은 사전에 발각되었고 박영효가 정계에서 축출되어 일본으로 출국하면서 2차 갑오개혁은 중단되었다.

2. 삼국간섭과 을미사변

조선을 둘러싼 청과 일본의 전쟁은 일본의 승리로 끝났고, 양국은 1895년 4월 17일에 시모노세키조약(下關條約)을 체결했다. 일본은 청으로부터 막대한 배상금과 점령지인 랴오둥반도, 타이완(臺灣), 펑후열도(澎湖列島) 등을 할양받았다. 청일전쟁은 동양권 국가들의 중국 중심 세계질서가 종식되는 시발점이 되었으며, 일본의 조선 침략 야욕이 드러난 사건이라고 할 수 있다.

일본의 세력확장을 우려한 독일·프랑스·러시아 등은 일본에 랴오둥반도 반환을 요구했고, 결국 일본은 이들의 요구를 받아들였는데 이를 삼국간섭이라고 한다. 삼국간섭이라는 국제환경은 조선에도 영향을 미쳤다. 삼국간섭을 지켜본 명성황후는 일본의 조선 지배가 더 이상 허용되지 않을 것으로 판단하고, 친일파의 거두인 군부대신 조희연(趙羲淵)을 파면했다. 또한 청이 누려온 특권을 러시아가 물려받게 함으로써 러시아를 일본에 대한 강력한 견제세력으로 지원했다. 그 결과 이범진(李範晉)과 이완용(李完用) 등이 중심된 3차 김홍집 내각이 구성되었다.

일본은 러시아의 개입으로 조선 내 일본의 영향력이 축소되는 것을 막기 위해 명성황후 시해를 계획했다. 일본은 육군 중장 출신의 미우라 고로(三浦梧樓)를 일본 공사로 임명했다. 미우라 고로의 지휘하에 일본의 무장세력은 1895년 8월 20일 새벽에 경복궁을 차단하고 기습 공격하여 건청궁(乾淸宮) 내의 곤녕합(坤寧閣) 옥호루(玉壺樓)에서 명성황후를 시해했다. 여기에 그치지 않고 미우라 공사는 명성황후의 시신을 확인한 후 증거를 없애기 위해 시신을 건청궁 동쪽 녹원(鹿苑)으로 운반한 다음 장작더미 위에 올려놓고 석유를 뿌려 태웠는데, 이 사건이 바로 을미사변(乙未事變)이다. 명성황후의 시해 사실을 알지 못했던 고종은 일본의 거짓 밀고에 명성황후가 변란을 격발시키고 나타나지 않는다고 생각해 8월 22일에 서인(庶人)으로 삼는 조령을 내렸다.

일본은 을미사변이 있었던 다음 날부터 외국 인사들에게 '일본은 사건과 무관하며, 흥선대원군이 일으킨 군사적 정변'이라고 주장하면서 사건을 왜곡했다. 하지만 러시아 국적의 우크라이나인 건축가 아파나시 세레딘사바틴(Afanasii Seredin-Sabatin) 등의 목격자가 나타나면서 사건의 진상이 국제사회에 알려졌다. 결국 일본은 국제여론에 밀려 10월 17일에 사건에 개입한 미우라 등 48명을 일본으로 소환하여 재판에 넘겼다. 하지만

◎ 명성황후가 시해당했던 옥호루
(공공누리 제1유형 국립민속박물
관 공공저작물 이용)

1896년 1월 20일에 증거불충분을 이유로 이들은 모두 석방되었다. 미우라 등 시해 사건에 가담한 이들은 그 후 애국지사로 숭앙받으면서 일본에서 출세 가도를 달렸다.

3. 을미개혁

명성황후 시해 이후 1895년 8월부터 1896년 2월까지 시행된 을미개혁은 친일적 성향의 4차 김홍집 내각에 의해 주도되었다. 조선 최초의 연호인 '건양(建陽)'이 제정되었고, 음력 대신 태양력이 사용되었다. 훈련대(訓練隊)와 시위대(侍衛隊)를 해산하고, 친위대(親衛隊)와 진위대(鎭衛隊)를 설치해 서울과 지방의 국방을 담당하게 했다. 천연두 예방을 위해 종두법(種痘法)이 시행되었으며, 단발령이 실시되었다. 그러나 단발령의 실시는 사회적으로 큰 문제를 불러일으켰다. 조선사회는 전통적으로 '신체발부 수지부모(身體髮膚 受之父母)'하여 부모님께서 물려주신 몸을 소중하게 여겼기 때문에 머리카락을 자르는 것에 대한 반발은 심각했다.

● 을미개혁 직전의 시위대 모습(공공누리 제1유형 국립중앙박물관 공공저작물 이용)

1895년 명성황후 시해와 단발령에 분노한 유학자들의 주도하에 '의를 받들어 세상을 정화한다(擧義掃淸)'는 명분으로 의병이 궐기했는데, 이것이 바로 을미의병(乙未義兵; 1차 의병)으로 전기의병이라고도 일컬어진다. 을미의병은 위정척사사상을 가진 유생이 중심이 되었으며, 농민과 동학의 잔여세력이 가담했다. 이들은 근왕창의(勤王倡義)를 내걸고 친일내각 타도를 외쳤다. 그 결과 단발령은 철폐되었고 고종이 러시아공사관으로 옮겨가면서 친일내각이 무너졌다. 의병들은 고종의 해산 권고 조칙이 내려지자 해산했다.

명성황후 시해사건으로 신변의 위협을 느낀 고종은, 이완용·이범진 등의 주도로 미국공사관으로 피신하려고 했지만 실패하게 되는데 이것을 춘생문사건(春生門事件)이라고 부른다. 이후 친러·친미 정동파 인사들의 주도로 1896년 2월 11일 새벽에 고종이 러시아공사관으로 탈출하는 아관파천(俄館播遷)이 일어나면서 4차 내각에 의한 개혁정책이 중단되었다.

아관파천의 결과 고종은 친일 내각의 관료들에 대한 체포명령을 내렸다. 총리대신인 김홍집과 농상공부대신인 정병하(鄭秉夏)는 역적의 우두머리로 지목되어 성난 군중에 의해 살해되었고, 탁지부대신인 어윤중(魚允中)도 피난 도중 살해되었다. 서광범·서재필·유길준·조희연·권영진·김윤식 등 내각의 주요 인사들은 체포되어 유배되거나 외국으로 망명했다.

이후 고종은 친러파 인사들을 중심으로 새로운 정부를 구성하고, 내각제를 기존의 의정부제로 환원했다. 조선은 아관파천을 통해 일본의 정치적 간섭에서 벗어날 수 있었으며, 일본의 영향력을 크게 축소시킬 수 있었다. 반면 러시아의 영향력이 확대되었으며 러시아를 비롯한 열강의 이권 침탈이 가속화되는 계기가 되기도 했다. 그 결과 독립협회를 중심으로 고종의 환궁을 요구하는 목소리가 거세졌다.

③ 대한제국과 광무개혁

1. 대한제국의 성립

고종은 아관파천 이후 1년 만인 1897년 2월 20일에 경운궁으로 환궁했다. 이에 앞서 러시아공사관에 머물던 고종은 경운궁의 중건을 명했다. 고종이 경복궁이 아닌 경운궁으로 환궁을 결정한 이유는 국제정세의 파악과 신변의 안전을 도모하기 위함이었다. 정동은 미국공사관과 러시아공사관 등 각국의 공사관이나, 배재학당·이화학당 등 외국인 선교사들에 의해 설립된 교육기관들이 위치하고 있어서 국제정세를 빠르게 접할 수 있고 신변을 보호할 수 있다는 이점이 있었다. 또한 경복궁

보다 규모가 작았던 만큼 소수의 병력으로 방어가 가능했다.

고종의 환궁 이후 국격을 높이기 위해 황제라고 칭하고 연호를 세우자는 칭제건원(稱帝建元)을 주장하는 상소들이 올라왔다. 이에 고종은 기존의 연호인 '건양'을 '광무(光武)'로 변경하고 1897년 10월 12일 환구단(圜丘壇)에서 황제즉위식을 거행해 대한제국(大韓帝國)을 선포했다.

환구단이란 하늘에 제사를 지내는 제단을 말하는데, 유교에서 하늘에 제사를 지내는 자격은 천자(天子)에게만 있었다. 따라서 고종은 황제를 상징하는 환구단을 짓고 이곳에서 황제즉위식을 거행한 것이었다. 환구단은 1914년에 조선철도호텔이 들어오면

🔵 고종의 황제즉위식이 열렸던 환구단터에 남아 있는 황궁우

서 철거되었고, 현재는 서울시 중구 소공동에 위치한 웨스틴조선호텔의 뒤로 환구단의 부속건물인 황궁우(皇穹宇)와 석고(石鼓)만이 남아 있다.

고종의 황제즉위식은 대내외적으로 조선이 자주독립국가임을 알리려는 정치적 의도가 다분히 내포되어 있었다. 고종의 황제 등극을 기록한 『고종대례의궤(高宗大禮儀軌)』가 남아 있어서, 참여 인물과 규모 등 당시의 준비 과정을 상세하게 살펴볼 수 있다.

2. 광무개혁

대한제국은 '옛것을 근본으로 하고 새로운 것을 참조한다'는 뜻의 구본신참(舊本新參)과 '옛것을 본받아 새로운 것을 창조한다'는 의미의 법고창신(法古創新)을 근대화의 방향으로 삼았다. 1899년에 국제법인 만국공법에 기초한 최초의 근대적 헌법인 대한국국제(大韓國國制)를 반포해 자주독립국을 선포했다. 대한국국제는 총 9조로 구성되며, 황제의 권한을 강조하고 있다. 구본신참·법고창신의 정신과 대한국국제 헌법에 기초하여 이 시기에 시행된 개혁정책을 광무개혁(光武改革)이라고 한다. 광무개혁은 대

한제국이 수립된 1897년부터 러일전쟁이 발발한 1904년까지 7년간 단행되었다.

정치에서는 황제권의 권한을 강화하는 조치가 시행되었다. 최고 군통수권 기관인 원수부(元帥府)를 설치하고 황제가 대원수로서 모든 군권을 장악했다. 중앙군으로 친위대·시위대·호위대(扈衛隊) 등을 편성하고 지방의 진위대를 확대했다. 또 군비 예산을 증가시키는 등 군사력 강화에도 힘을 쏟았다.

경제에서는 근대적인 토지소유권 확립과 세금 수취를 위해 1898년에는 토지측량을 담당하는 관서인 양지아문(量地衙門)을 설치했고, 토지조사사업을 실시했다. 토지소유권을 증명하는 문서인

● 고종황제의 어진(공공누리 제1유형 국립 고궁박물관 공공저작물 이용)

지계(地契)를 발급하기 위해 지계아문(地契衙門)이 설치되었고, 기존의 양지아문이 통합되었다. 화폐제도에서는 금본위제를 채택했으며, 민간은행으로 1896년 조선은행, 1897년 한성은행, 1899년 대한천일은행(大韓天一銀行) 등의 금융기관이 설립되었다.

교통·통신분야에서도 근대화가 이루어졌다. 서북철도국이 설치되어 서울과 의주를 잇는 경의철도 공사가 추진되었지만 중단되었다. 1899년에는 서울과 인천을 잇는 경인철도가 개통되었다. 1898년에 한성전기회사를 설립하여 서울 시내에 전차가 운행되었고, 서울에 발전소가 설치되면서 전등이 보급되었다. 전화가 설치되는 등 서양의 새로운 기술이 도입되면서 근대적 통신 체제를 갖추어나갔다.

상공업 및 근대기술을 확립하기 위해 공장·회사·학교 등이 건립되었다. 실업교육을 위해 1900년에 광무학교(鑛務學校)가, 의료기술의 근대화와 교육을 위해 1899년에 경성의학교(京城醫學校) 등이 설립되었다.

이 시기의 근대화 정책에 따른 부작용과 외국세력의 이권 침탈 및 수취제도에 대한 농민과 노동자들의 고통은 결국 무장농민봉기로 연결되었고, 반외세·반봉건적

성격의 활빈당(活貧黨)이나 동학농민운동 잔여세력에 의해 영국 종교로 위장해 조직된 영학당(英學黨) 등이 봉기하는 배경이 되었다.

광무개혁은 단기간에 집중적으로 근대적 개혁정책을 단행했으며, 외세에 의존하지 않는 자주적인 개혁을 목표로 했다. 특히 근대화에서 일정한 성과를 거두었다는 점도 주목된다. 그러나 황제와 정부 주도하에 보수적인 개혁정책이 추진되었으며, 현실적으로 외세의 간섭을 완전히 배제하기에는 어려움이 있었다.

④ 독립협회

1. 독립협회의 창립

갑오개혁으로 갑신정변 관계자들이 사면되고 정부 인사들의 귀국 요청에 따라 1895년에 미국에 있던 서재필이 귀국했다. 1896년 1월에 중추원(中樞院) 고문으로 임명된 서재필의 주도로 4월 7일에 〈독립신문(獨立新聞)〉이 창간되었다. 〈독립신문〉은 우리나라 최초의 민간신문으로 순수 한글로 간행되었다. 〈독립신문〉의 간행은 정부와 국민의 소통을 원활하게 할 수 있는 중요한 수단이자 민중계몽을 위한 근대화 활동의 일환이었다.

서재필과 정부의 관료들은 독립문(獨立門)의 건립과 독립공원의 조성을 논의했고, 그 결과 독립문 건립을 위해 독립문 건립추진위원회가 조직되었다. 1895년 7월 2일에 관료 및 지식인들에 의해 사회정치단체인 독립협회(獨立協會)가 창립되었다. 창립총회는 광화문 앞에 위치한 외부(外部)에서 열렸으며 이날 총회에서 고문에 서재필이, 회장에는 안경수(安駉壽)가, 위원장으로는 이완용이 선출되었고 '독립협회규칙'이 제정되었다.

독립문은 독립협회와 〈독립신문〉의 모금활동으로 모은 국민성금과 황실의 지원금으로 건립되었다. 명성황후 시해 사실을 목격하고 일제의 만행을 알렸던 사바틴이 설계했으며, 파리 개선문을 모델로 하여 제작되었다. 독립문은 영은문(迎恩門)을 철거하고 그 자리에 건립되었는데, '은혜를 맞이한다'는 뜻의 영은문은 조선시대에 중국 사신을 맞이했던 모화관(慕華館) 앞에 위치한 문이었다. 모화관 역시 보수하여 독립관(獨立館)으로 명칭을 바꾸고 독립협회의 사무실로 사용했다. 독립문의 건립은 청으로부터의 독립과 근대적 자주독립국가를 상징하는 것이었다.

○독립문과 그 앞의 영은문 초석

2. 독립협회의 활동

초창기의 독립협회는 개화파 인사들과 지식인층이 중심이 된 사교모임의 성격이 강했다. 그러나 독립협회의 지도층 내에서 정치적 노선 차이로 인한 갈등이 발생하면서 정치적 성향의 단체로 변모했다. 한편, 1898년에는 조선 내 러시아의 영향력이 확대되었고, 그 외 여러 열강의 이권 침탈이 심해지면서 독립협회는 사회 문제에 관심을 갖는 사회계몽단체로 성장했다.

1898년 3월에는 종로에서 각계각층의 시민들이 참여한 만민공동회(萬民共同會)를 열고, 열강의 이권 침탈을 반대하고 정부의 활동을 비판하는 대중 집회를 개최했다. 이들은 러시아·미국·독일·프랑스의 금광채굴권, 러시아의 산림채벌권, 외국의 철도 부설권, 외국 상인의 상권 침탈 등 열강의 주요 이권 침탈을 강력하게 비판하고 정부의 결정에 반대했다. 결국 만민공동회의 규탄은 러시아가 부산 절영도(絕影島)에 요구한 조차를 철회하거나 한·러은행을 철수시키는 데 큰 역할을 했다.

같은 해 10월에는 박정양을 비롯한 정부 관료들과 시민들이 모여 관민공동회를 개최해 국정개혁에 대한 헌의6조(獻議六條)를 결의했다. 헌의6조는 전제황권을 공고히 할 것, 외국과의 조약 체결 시 정부와 중추원 의장의 서명을 받을 것, 탁지부로의 재정 일원화, 중대 범죄의 공판과 재판에서 피고의 인권 보장, 칙임관 임명 시 정부의 과반수 동의, 홍범14조의 실행 등에 관한 6개의 조항이 수록되어 있다. 헌의6조를 통해 입헌군주제(立憲君主制)를 지향하는 조선의 모습을 확인할 수 있다. 고종은 관민공동회의 헌의6조를 재가했다. 또한 중추원을 구성할 때는 정부와 독립협회에서 각각 동일한 인원으로 위원을 선발했다.

독립협회의 활동은 반대파들에 의해 황제를 폐위하고 공화정(共和政) 수립을 기도한다는 모함을 받았다. 이로 인해 고종은 독립협회 간부들을 구속했으며, 보부상단체인 황국협회(皇國協會)를 이용해 집회를 탄압했고 무력충돌을 일으켰다. 결국 독립협회는 고종의 강제 해산과 명령으로 중단되었다.

독립협회는 〈독립신문〉의 간행이나 독립문 및 독립관의 건립 등을 통해 조선이 자주독립국가임을 대내외에 알리는 데 앞장섰다. 만민공동회와 관민공동회를 통해 민이 중심이 되었다는 점에서 민권 신장에 기여했으며, 열강의 이권 침탈을 강력히 비판하며 이들을 저지했다는 점에서 큰 역할을 했다. 다만 개혁의 방향과 국체를 둘러싼 지도부의 갈등, 의병을 부정적으로 평가했다는 점 등은 독립협회가 갖는 한계점이라고 할 수 있다.

○ 1899년 5월 16일자 〈독립신문〉(공공누리 제1유형 국립중앙박물관 공공저작물 이용)

✿ 참고문헌

- 김지영 외, 『즉위식, 국왕의 탄생』, 돌베개, 2013.
- 김태웅, 『뿌리 깊은 한국사 샘이 깊은 이야기』 6, 가람기획, 2013.
- 박찬승, 『한국근현대사를 읽는다』, 경인문화사, 2014.
- 연갑수·주진오·도면회, 『한국근대사』 1, 푸른역사, 2016.
- 유영익, 「갑오경장」, 『한국사』 40, 국사편찬위원회, 2000.
- 정진상, 「1차 동학농민전쟁」, 『한국사』 39, 국사편찬위원회, 1999.
- 한국근현대사학회, 『한국근현대사 강의』, 한울아카데미, 2020.
- 한영우, 『다시 찾는 우리 역사』 3, 경세원, 2017.

15

일제강점과 민족해방운동

15강 일제강점과 민족해방운동

① 일제의 국권침탈

1. 러일전쟁

　20세기 초는 러시아·영국·미국·프랑스 등이 식민지 건설을 둘러싸고 대립·동맹하며 팽팽한 각축전을 벌인 시기였다. 이 시기 일본과 러시아는 대한제국과 만주에서 지배권을 확보하기 위해 치열하게 대립하고 있었다. 한편 영국 역시 러시아를 견제하고자 했고, 그 결과 1902년 1월 30일 런던에서 일본과 영국은 1차 영일동맹을 체결했다. 6개조로 이루어진 협약의 주요 내용은 '청과 한국에서 각각 영국과 일본이 특수한 이익을 갖고 있음을 인정하고 제3국으로부터 이익을 침해받아 교전할 때는 참전한다'는 상호 간 협력에 관한 것이었다. 일본은 청일전쟁의 승리와 1차 영일동맹의 체결로 국제사회에서 입지를 강화할 수 있었으며, 동맹국과의 연대를 통해 러시아를 상대로 한 전쟁을 도모할 수 있었다.

　러시아와 일본의 전쟁 기운을 감지한 대한제국은 1904년 1월 국외중립을 선언했다. 2월 8일 일본이 랴오둥반도의 뤼순항(旅順港)을 기습 공격하면서 러일전쟁이 시작되었다. 일본은 대한제국과 러시아의 관계를 단절시키는 한편 일본에 대한 동맹과 협력을 요구하기 위해 2월 23일 강제로 한일의정서(韓日議定書)를 체결했다. 한일의정서는 일본의 조선 보호국화를 위한 첫 번째 단계였다. 한일의정서 체결 결과 일본은 대한제국의 전략상 요충지를 임의로 사용할 수 있었다. 그 결과 대한제국의 토지는 황폐화되었고, 인적 수탈이 발생하는 등 막대한 피해를 입었다.

1년 7개월간의 전쟁에서 러시아와 일본 모두 많은 사상자가 발생했고, 거액의 전쟁비용이 발생했다. 러시아의 경우 1905년 1월 상트페테르부르크에서 일어난 평화시위를 진압하며 대학살을 벌인 '피의 일요일 사건'을 계기로 1차 러시아혁명이 일어났고, 봉천전투와 쓰시마해전에서 일본에 패배하면서 전쟁을 지속하기 어려운 상황이었다. 일본 역시 인적·물적 부담감으로 인해 더 이상 전쟁을 지속시키기 어려운 상황이었다. 이에 일본은 미국에 중재를 요청했다.

◆ 러일전쟁 관련 기사를 보도한 이탈리아 신문(공공누리 제1유형 국립중앙박물관 공공저작물 이용)

미국 시어도어 루스벨트(Theodore Roosevelt) 대통령의 중재로 1905년 9월 포츠머스에서 강화회담이 열렸다. 러시아는 패배를 인정하고 일본과 포츠머스조약을 체결했다. 포츠머스조약은 총 14개 조항으로 구성되었는데, 핵심 내용은 대한제국에 대한 일본의 우월권을 인정한다는 것이었다. 그 외 러시아가 청으로부터 얻은 이권과 남부 사할린을 일본에 할양한다는 내용이 수록되었다.

일본은 대한제국의 식민지화를 위해 사전에 열강들과 조약을 체결했다. 러시아와의 조약 체결에 앞서 1905년 7월 미국과 가쓰라-태프트 밀약을 통해 일본은 미국의 필리핀 지배를 인정해주고, 미국으로부터 대한제국의 지배를 인정받았다. 8월에는 영국과 2차 영일동맹을 맺어 영국의 인도 지배를 인정해주고, 대한제국의 지배권을 보장받았다. 미국·영국·러시아 등의 동의를 얻은 일본은 대한제국의 식민지화 작업을 본격적으로 추진해나갔다.

2. 국권침탈 과정

러일전쟁이 일본에 유리한 상황으로 전개되자 일본은 1904년 8월 22일 대한제국과 1차 한일협약[한일외국인고문용빙에 관한 협정서]을 강제로 체결했다. 그 핵심 내용은 재정과 외교 부분에서 일본이 추천하는 고문을 초빙하는 것과 외국과의 조약 체결이나 기타 안건이 있을 때는 일본의 허가를 받는다는 것이었다. 1차 한일협약을 통해 일본은 정치·경제·외교 등 조선의 내정에 깊이 관여할 수 있었다.

1차 한일협약의 결과 메가타 다네타로(目賀田種太郎)가 재정고문, 미국인 더럼 스티븐스(Durham Stevens)가 외교고문으로 임명되었다. 메가타는 전환국을 폐지하는 한편, 금본위제를 채택하고 화폐정리사업을 실시했다. 기존의 백동화를 품질에 따라 등급을 나눠 신화폐로 바꿔주었고, 일본 화폐가 사용되었다. 그러나 가장 큰 문제는 일본으로부터 고이율의 차관을 도입해 대한제국의 경제에 큰 타격을 입혔다는 사실이다. 스티븐스는 일본의 침략적 행위를 찬양하고 친일적 외교정책 수립에 앞장섰다. 1908년 미국에 돌아온 스티븐스는 오클랜드역에서 장인환(張仁煥)·전명운(田明雲) 의사에게 사살되었다.

일본은 대한제국의 식민지화에 속도를 내기 위해 특명전권대사 이토 히로부미(伊藤博文)를 보내 2차 한일협약의 체결을 지시했다. 이토 히로부미는 경운궁에 군대를 배치해 강압적인 분위기를 조성하여 조약 체결을 강요했다. 결국 고종이 참석하지 않은 각료회의에서 대신들을 위협하여 일부 대신들로부터 찬성을 받아냈다. 외부대신 박제순(朴齊純)과 특명전권공사 하야시 곤스케(林權助)에 의해 1905년 11월 17일 경운궁 중명전(重明殿)에서 2차 한일협약이 체결되었다. 『고종실록』에는 '한일협상조약'이라는 명칭으로 원문이 수록되어 있다. 이해가 을사년이어서 2차 한일협약은 을사늑약(乙巳勒約)·을사5조약·을사보호조약이라고 불린다. 또 조약에 찬성한 외부대신 박제순, 내부대신 이지용(李址鎔), 군부대신 이근택(李根澤), 학부대신 이완용, 농상부대신 권중현(權重顯)을 을사오적(乙巳五賊)이라고 한다.

2차 한일협약의 조약문에는 조약의 명칭이 없으며, 국새가 아닌 박제순의 직인이 찍혀 있다. 이처럼 국제법상 조약이 갖추어야 할 기본 요건을 충족하지 못했으며, 주권자인 황제로부터 승인을 받지 못했다는 점에서 이 조약은 무효이다. 실제로 1963년 UN의 국제법위원회에서는 이 조약을 '효력을 발휘할 수 없는 조약'으로 규정했다.

2차 한일협약의 체결 소식이 알려지자 민들은 큰 충격에 빠졌다. 궁내부 특진관 이근명(李根命)을 비롯하여 이우면(李愚冕)·박기양(朴箕陽)·박봉주(朴鳳柱)·조병세(趙秉世)·민종

묵(閔種默)·민영환(閔泳煥)·이남규(李南珪) 등이 조약 체결에 찬성한 이들의 처벌을 주장하는 상소를 올렸다. 특히 시종부(侍從府) 무관장(武官長) 육군 부장(陸軍副將) 민영환은 조약 체결에 분개하여 자결했다. 조병세와 홍만식(洪萬植)도 자결하는 등 여러 대신이 죽음으로써 일본의 국권침탈에 항거했다. 〈황성신문(皇城新聞)〉의 주필 장지연(張志淵)은 11월 20일자 신문에 논설「시일야방성대곡(是日也放聲大哭)」을 실어 2차 한일협약의 부당함과 을사오적을 강하게 비난했다. 을사오적을 처단하기 위해 오적암살단(五賊暗殺團)이 조직되었고, 의병이 봉기했다. 고종은 호머 헐버트(Homer Hulbert)를 통해 조약이 무효이며 대한제국은 자주국가임을 알리는 친서를 미국에 전달하려고 했지만 실패했다.

◎ 일제의 침략을 반대하며 순국한 민영환
(공공누리 제1유형 국립중앙박물관 공공
저작물 이용)

　2차 한일협약의 핵심 내용은 대한제국의 외교권을 박탈하고 통치기구인 통감부(統監府)를 설치한다는 것이었다. 협약 이후 일본은 1906년 서울에 통감부를 건립하고 초대 통감으로 이토 히로부미를 임명했다. 고종은 1907년 네덜란드 헤이그에서 열린 제2회 만국평화회의에 이준(李儁)·이위종(李瑋鍾)·이상설(李相卨) 등을 특사로 파견하여 조약의 부당함을 세계에 알리고자 했다. 일본은 헤이그특사사건의 책임을 물어 고종을 강제 퇴위시키고, 1907년 7월 20일 순종의 양위식을 거행했다. 그러나 양위식에는 고종과 순종 모두 참석하지 않았다.

　1907년 7월 24일 한일신협약(韓日新協約)이 체결되었다. 이 조약은 정미년에 맺은 7개 조항의 조약이라는 뜻에서 정미7조약(丁未七條約)이라고도 한다. 한일신협약을 통해 통감의 권력과 권한이 한층 더 강화되었고, 일본인 차관(次官) 임명과 군대 해산 및 사법권과 행정권의 분리 등의 내용이 포함되었다. 고종의 강제 퇴위와 한일신협약의 체결로 의병운동은 더욱 확산되었으며, 국외에서는 일본의 주요 인사들을 처단하기 위한 항일단체가 조직되었다. 일본은 집회 및 언론을 차단하는 보안법과 신문지법을 제정하여 반대운동을 차단하고자 했다.

1909년 7월 12일 총리대신 이완용과 2대 통감 소네 아라스케(曾禰荒助)가 기유각서(己酉覺書)를 체결하여, 대한제국의 사법과 감옥 사무를 일본에 위탁했다. 한편, 9월 4일 일본은 청으로부터 남만주철도부설권을 넘겨받는 조건으로 대한제국의 영토 간도를 청의 땅으로 인정하는 간도협약(間島協約)을 맺었다. 같은 해 10월 6일 중국 하얼빈(哈爾濱)에서 안중근(安重根)이 이토 히로부미를 사살하는 데 성공했지만, 기유각서에 의해 일본 사법부의 지휘 아래 중국 뤼순감옥에서 사형당했다.

1910년 8월 29일 이완용과 3대 통감 데라우치 마사타케(寺內正毅)가 한일병합조약(韓日倂合條約)을 체결했다. 한일병합조약은 경술년에 당한 국가의 치욕이라는 의미에서 경술국치(庚戌國恥)라고 부른다. 이 조약으로 일본으로 통치권이 이양되었고 그 결과 대한제국은 국권을 피탈당하여 일본의 식민지로 전락했다. 조선의 상징인 경복궁 근정전에는 일장기가 걸려 일제강점기의 시작을 알렸다.

🏯 일제의 국권침탈 과정

② 국권회복운동

1. 항일의병운동

항일의병운동은 시기에 따라 을미의병[전기의병; 1차 의병], 을사의병[중기의병; 2차 의병], 정미의병[후기의병] 등으로 구분할 수 있다. 의병의 역사는 단발령과 을미사변이 원인이 되어 일어난 1895년 을미의병부터 시작된다. 제천에서 유인석(柳麟錫), 장성에서 기우만

(奇宇萬), 춘천에서 이소응(李紹膺), 강릉에서 민용호(閔用鎬), 산청에서 곽종석(郭鍾錫) 등 위정척사사상을 주장했던 인물들이 대거 참여했다. 의병운동은 주로 유생층이 주도했으며, 유생 중에는 가문의 일원들이 함께 의병을 일으키거나 대를 이어 항일운동에 참여하기도 했다. 을미의병의 결과 단발령이 철회

◎ 유인석이 유림과 의병봉기 회의를 했던 자양영당(紫陽影堂)

되는 등 일본에 의한 개화정책 추진에 큰 영향을 미쳤다. 을미의병은 고종의 권유로 해산되었지만, 후에 을사의병과 정미의병의 기반을 마련했다는 점에서 중요하다.

1905년 2차 한일협약이 체결되자 을사오적을 처단하기 위한 오적암살단이 조직되었다. 고종은 헤이그와 워싱턴에 특사를 파견하여 외교권을 회복하고자 노력했고, 밀지(密旨)를 내려 의병운동을 독려했다. 이러한 분위기 속에 의병활동이 재개되었다[을사의병].

고종의 밀지를 받은 정환직(鄭煥直)은 경상북도 영천으로 내려가 아들 정용기(鄭鏞基)와 함께 의병을 조직해 일본에 대항했다. 최익현과 제자 임병찬(林炳瓚) 등도 의병장으로서 을사의병을 주도했다. 당시 최익현의 나이는 74세로, 순창지역에서 관군과 대치하다가 체포되었고 쓰시마로 유배 간 후 순국했다. 을사의병에서 주목되는 것은 최초로 평민 출신 의병장이 등장했다는 것이다. 평민 출신 신돌석(申乭石)은 을미사변 이후 고향인 영해지역을 중심으로 의병을 모아 대규모 의병부대를 이끌었다. 이때에는 산악지대에서 의병 활동을 펼치며 태백산 호랑이로 불리는 등 활약을 펼쳤다.

1907년 한일신협약이 체결되고 7월 31일 군대 해산이 발표되었다. 다음 날인 8월 1일 시위대 1연대 1대대 대대장 박승환(朴昇煥)은 나라를 지키지 못함에 분개하며 권총으로 자살했다. 박승환의 자결 소식을 들은 시위대가 봉기하였고 군인들이 의병운동에 참여하면서 의병의 규모가 확대되어 전력이 한층 발전했다[정미의병]. 이 시기 의병은 유생과 군인뿐 아니라 노동자·상인·승려 등 여러 계층이 참여했다는 것이

특징이다.

군인의 합류로 실질적 전투능력을 갖춤에 따라 의병운동은 국권회복전쟁으로 발전했다. 이인영(李麟榮)을 총대장으로 하는 관동창의군이 조직되었고, 여기에 참여한 의병은 1만 명이 넘었다. 전국에서 모인 의병들은 양주에서 이인영을 총대장으로 한 13도창의대진소를 결성했다. 13도창의군의 의병장은 양반 유생들로 구성되었다. 평민의병장 신돌석은 포함되지 않았고, 홍범도(洪範圖)와 김수민(金秀敏) 등의 평민의병장도 참가하지 않았다. 이것은 13도창의군이 대중적 기반을 형성하지 못했음을 보여주는 것이다.

13도창의군은 24개의 진을 편성하고 서울진공작전을 추진했다. 1908년 1월 선봉대가 홍인문 30리까지 진격했다. 그러나 일본군은 이미 대비를 한 상태였고, 후속부대는 도착하지 않았다. 38회의 전투로 탄환이 고갈되는 등 더 이상 전투가 힘든 상황에 처했다. 그런 가운데 이인영이 부친상으로 고향에 돌아갔고, 이인영을 대신하여 허위(許蔿)가 총대장직을 맡았지만 서울진공작전은 중단되었다.

일본은 의병운동을 종식시키기 위해 대규모 병력을 투입한 남한대토벌작전을 실시했다. 남한대토벌작전은 1909년 9월부터 약 2달간 시행되었는데, 의병활동이 활발했던 호남지역이 대상이 되었다. 의병활동에는 민의 군수물자 조달이 중요했던 만큼, 일본은 민에 대한 수색을 강화하는 등 민의 협력을 차단하고자 했다.

남한대토벌작전으로 약 100명이 넘는 의병장이 체포되었으며, 수천 명의 의병이 체포되고 처형되었다. 이로써 호남지역 의병과 민은 큰 피해를 입었고 의병의 활동은 축소되었다. 호남지역 의병 탄압은 주변 지역의 의병 활동에도 많은 영향을 미쳤다. 그러나 의병들의 항일운동은 지속되었으며, 그중 일부는 일본의 탄압을 피해 국외로 망명하여 독립군으로서 항일운동을 지속했다.

2. 애국계몽운동

일제의 국권침탈에 우리는 애국계몽운동과 의병운동으로 대응했다. 애국계몽운동은 개화지식인·유학자·관료·자산가 등이 중심이 되어 실력을 키워 국권을 회복하고 경제적 자립을 도모하자는 운동이다. 애국계몽운동은 영국 사회학자 허버트 스펜서(Herbert Spencer)의 사회진화론 이념을 수용했는데, 사회진화론은 약육강식과 적자생존의 논리가 기반이 되었으므로 제국주의 국가들은 약소국 침탈과 식민지국가 건설을 정당화하고자 사회진화론을 내세웠다.

애국계몽운동에서는 교육과 언론분야에 대한 계몽이 강조되었다. 국민 계몽을 위해서는 신교육의 필요성이 제기되었다. 그 결과 안창호(安昌浩)가 평양에 대성학교(大成學校), 이승훈(李昇薰)이 정주에 오산학교(五山學校)를 설립했고, 그 외 다양한 사립학교가 건립되었다. 또 서북학회(西北學會)와 기호흥학회(畿湖興學會) 등 다양한 학회가 설립되었고, 학회지가 발간되었다. 그러자 일본은 1908년 사립학교령을 제정하여 사립학교의 설립을 규제하여 민족교육을 억압하고, 학회령을 제정하여 학회 설립 시 사전 허가를 받게 하는 등 학회의 자유를 빼앗았다.

1896년 최초의 민간신문인 〈독립신문〉이 발간되면서 신문 발간에 큰 영향을 미쳤다. 애국계몽운동의 일환으로 1898년 이종일(李鍾一)과 유영석(柳永錫) 등에 의해 〈제국신문(帝國新聞)〉, 1898년 남궁억(南宮檍) 등에 의해 〈황성신문〉, 1904년 양기탁(梁起鐸)과 영국인 어니스트 베델(Ernest Bethell)에 의해 〈대한매일신보(大韓每日申報)〉 등이 발간되었다. 이 당시 민족 신문은 일본의 침탈 행위를 정면에서 비판하고 국채보상운동 등 민족운동 전개에 앞장서면서 적극적인 항일운동을 전개했다. 이에 일본은 언론을 통제하고 민족 신문을 탄압하기 위해 1907년 신문지법을 공포했다. 그 외에도 양기탁을 국채보상성금 횡령 혐의를 씌워 구속시키고, 베델을 추방하려는 등 신문 간행을 막기 위한 탄압을 지속했다.

1904년 보안회(保安會), 1905년 헌정연구회(憲政研究會), 1906년 대한자강회(大韓自强會), 1907년 대한협회(大韓協會)와 신민회(新民會) 등 정치·사회단체도 활발한 활동을 전개했다. 보안회는 황무지 개간권 반대운동을 전개하여 일본의 요구를 관철시키는 데 성공했다. 헌정연구회는 헌법에 기초한 입헌정치를 근대국가 건립의 중요 요소로 파악하고 헌정 연구를 통한 국민 계몽을 주목적으로 했다. 헌정연구회를 계승한 대한자강회는 국민교육과 산업의 진흥을 이룬 후 독립을 이루자는 이념에 기초하여 만들어진 단체이다. 기관지로『대한자강회월보(大韓自強會月報)』를 발간하여 정치적 사안을 민중에게 알렸고, 고종의 퇴위와 순종 즉위 반대운동을 전개하다가 해산되었다. 대한협회는 대한자강회의 인물들이 중심이 되어 결성된 단체로 국민 계몽에 앞장서며 기관지인『대한협회보』를 창간하기도 했다. 그러나 이후 지도부의 친일화가 문제가 되었으며, 1910년 해체되었다.

1907년 결성된 신민회는 안창호의 발기로 만들어진 항일비밀결사 단체로 신민(新民)에 의한 국권 회복을 목표로 했다. 신민회는 위에서 언급한 대성학교, 오산학교 외에도 강화에 보창학교(普昌學校) 등 학교를 설립하고 강연과 학회를 통해 계몽사상을 전달하고자 했다. 한편 독립군 양성에도 뜻을

◑ 일제에 의해 연행되고 있는 105인사건 관련자

두고 국외 독립군기지 건설을 계획했지만, 일본의 방해로 실현되지 못했다. 일제는 신민회를 탄압하기 위한 목적으로 1911년 데라우치총독 암살미수사건을 조작하여 신민회 인사 105명을 구속했다[105인사건]. 105인사건으로 신민회의 주요 인사들이 구속되면서 단체는 큰 타격을 입었고 결국 신민회는 해체되었다.

애국계몽운동의 일환으로 경제적 자주를 위한 국채보상운동이 일어났다. 일본은 1차 한일협약 이후 고문을 파견해 대한제국의 경제적 예속을 본격화했으며, 대한제국의 식민지화 작업에 드는 경제적 비용을 차관을 통해 해결하고자 했다. 당시 일본의 강요로 도입된 차관과 이자는 1,300만 원에 이르렀다. 1907년 2월 대구 광문사(廣文社) 사장 김광제(金光濟)와 부사장 서상돈(徐相敦) 등의 제안으로 국민의 힘을 모아 국채를 갚자는 국권회복운동이 일어났다[국채보상운동]. 서상돈은 "2천만 동포가 3개월 동안 금연하고, 국채를 보상할 것"을 제안했다. 〈대한매일신보〉·〈제국신문〉·〈황성신문〉 등을 통해 국채보상운동의 소식이 전해졌고, 전국 각지에서 각계각층의 의연금

이 수합되었다. 하지만 국채보상운동은 일본이 양기탁을 횡령 혐의로 구속하는 등 방해하면서 지속되지 못했다.

국어와 국사 등 국학 연구를 통해 민족문화를 수호하고 실력양성을 도모하자는 민족문화수호운동도 전개되었다. 주시경(周時經)은 1906년 『대한국어문법(大韓國語文法)』을 발간하고, 국문연구회를 조직하여 국문을 연구했다. 신채호(申采浩)와 박은식(朴殷植)은 역사를 통해 민족정신을 강조했다. 애국심과 민족정신을 강조하기 위한 교과서가 출간되는 등 국사 교육이 강화되었다. 민족종교들의 국권회복운동도 전개되었다. 오적 암살단을 조직했던 나철(羅喆)·오기호(吳基鎬)가 창시한 대종교나 손병희의 천도교 등은 애국계몽운동에 적극적으로 참여하면서 국권회복을 위해 독립운동에 힘썼다.

③ 일제의 통치정책과 항일독립운동

1. 무단통치와 독립운동

1910년 8월 22일 한일병합조약 이후 1945년 8월 15일 광복까지 일제의 조선 통치 방식은 시기에 따라 변화되었다. 일제는 1895년 타이완을 식민지로 삼고 총독부를 통해 직접통치를 실시했듯이, 조선 역시 직접통치를 선택했다. 10월 일제는 조선을 효과적으로 통치하기 위해 식민지배통치기구로서 조선총독부(朝鮮總督府)를 설치했다. '총독부관제'에 따르면 조선총독부의 총독은 육해군 대장 출신으로 임명되는데, 일제의 덴노(天皇)에 직속되고 행정권 외에 군통수권·통치권·사법권 등을 갖는 막강한 권력이 부여되었다. 10월 1일 초대 총독으로는 육군 대장 출신으로 3대 통감을 역임한 데라우치 마사타케가 임명되었다. 초대 총독 데라우치 마사타케부터 9대 총독 아베 노부유키(阿部信行)까지 8명의 총독은 모두 군 출신이었다.

총독의 자문 기관으로 중추원이 설립되었다. 조선총독부 청사는 남산에 위치한 통감부 건물을 사용하다가 1916년부터 신청사 건립이 추진되었고 1926년에 완공되었다. 신청사는 조선의 상징인 경복궁 내 광화문과 흥화문(興化門) 사이에 건립되었다. 1995년 김영삼 대통령 대 역사바로세우기 운동의 일환으로 철거되었으며, 건물의 첨탑 등은 독립기념관 조선총독부 철거부재 전시공원에 전시되어 있다.

◑ 조선총독부 신청사 전경(공공누리 제1유형 서울역사아카이브 공공저작물 이용)

1910년대는 무단통치기 또는 헌병경찰통치기로 불린다. 일제는 식민지 조선을 효과적으로 통치하기 위해 헌병경찰제를 도입했는데, 헌병경찰에게 치안 유지 등의 일반 경찰 업무부터 행정 및 사법권에 이르기까지 강력한 권력을 부여했다. 1912년 헌병경찰에게 조선인의 볼기를 치는 형벌인 '조선태형령'과 재판 없이 심판할 수 있는 '즉결심판권'을 부여했다. 교원에게는 제복을 착용하고 검을 소지하도록 했다. 이 시기 일제는 강압적이고 폭력적인 통치 방식을 고수했다.

교육분야에서는 1911년 8월 1차 조선교육령을 공포하여 보통교육과 실업교육 등 식민지 국민으로서의 기본 교육만을 강조했고, 같은 해 10월 사립학교규칙을 제정하여 사립학교에 대한 규제를 강화했으며 1918년 2월 서당규칙을 공포하여 서당 설립을 규제하는 등 민족교육을 철저히 제한하고 탄압했다.

이 시기 일제는 경제적 수탈도 자행했다. 1908년 일제는 동양척식주식회사(東洋拓殖株式會社)를 설립했다. 동양척식주식회사는 1910년부터 1918년까지 토지조사사업을 실시했다. 토지 소유권을 법적으로 보장하여 근대적 토지제도를 확립하겠다는 명목이었지만, 실상은 조선 경제의 핵심인 토지 및 자원 수탈과 조세 수취를 위한 목적에서 시행되었다. 토지조사사업으로 황실 소유의 국유지 및 문중 소유 토지, 농민들의 미신고 토지 등 전 국토의 40퍼센트가 동양척식주식회사로 넘어갔고, 이 땅은 일본 이주민들에게 불하되었다. 토지조사사업으로 지주의 토지 소유권이 강화되었다. 반면 농민은 토지를 빼앗기고 소작농으로 전락하면서 고율의 소작료에 시달려야만 했다. 이 때문에 생계유지를 위해 화전민이 되거나 만주·연해주·일본 등으로 이주하는 농민들도 상당수에 달했다.

이 시기 국내에서 여러 항일독립운동 단체가 형성되어 일제의 무단통치에 저항했다. 1912년 고종의 밀지를 받은 임병찬(林炳瓚)이 대한독립의군부(大韓獨立義軍府)를 조직했다. 이들은 나라를 되찾고 국왕을 다시 세우겠다는 복벽주의(復辟主義)를 목표로 독립운동을 전개했다. 독립의군부는 일제에 국권 반환과 철병을 요구하고, 의병전쟁을 준비하는 등 일제의 통치에 저항했지만 결국 실패했다. 1915년 대구에서 박상진(朴尙鎭)을 주축으로 대한광복회(大韓光復會)가 결성되었다. 대한광복회는 무장독립운동 단체로 공화정을 지향했다. 이들은 군자금을 모아 독립군을 양성하기 위한 무관학교 건립과 친일세력 처단을 목표로 활동했다.

일제의 철저한 감시와 탄압을 피해 국외에서는 간도와 연해주지역에 독립운동기지와 독립군 양성을 위한 학교 등이 건설되었다. 서간도에는 이회영(李會榮)·이시영(李始榮)·이상룡(李相龍) 등이 독립운동기지 삼원보(三源堡)를 건설했다. 자치단체인 경학사(耕學社)와 독립군 양성을 위한 신흥강습소(新興講習所) 등도 설치되었다. 신흥강습소는 이후 신흥무관학교(新興武官學校)라는 이름으로 1919년 정식 개교한 이후 1920년 일제에 의해 폐교되기 전까지 약 2천여 명의 졸업생을 배출했다.

북간도에는 독립운동기지 용정촌(龍井村)이 형성되었다. 1906년 이상설·이동녕(李東寧) 등에 의해 교육기관인 서전서숙(瑞甸書塾)과 명동학교(明東學校)가 설립되었다. 블라디보스토크에서는 1911년 신한촌(新韓村)이 형성되었다. 신한촌 내에 대표적인 항일독립운동단체로 권업회(勸業會)가 있다. 권업회의 초대의장 이상설을 중심으로 1914년 대한광복군정부(大韓光復軍政府)가 구성되어 독립전쟁을 준비했다. 1910년대 국외 독립운동은 주요 지역을 중심으로 본격적인 독립전쟁을 위한 초석을 다졌다고 할 수 있다.

2. 3·1운동

1917년 소비에트공화국의 블라디미르 레닌(Vladimir Lenin)은 제정러시아 치하 100여 개 이상의 피압박민족에 대해 민족자결의 원칙을 선언했다. 이듬해 미국의 토마스

윌슨(Thomas Wilson) 대통령은 이에 대한 대응으로 각 민족은 정치적 운명을 스스로 결정하며, 다른 민족의 간섭을 받을 수 없다는 민족자결의 원칙을 주창했다. 윌슨의 민족자결주의의 대상은 패전국인 독일, 오스트리아, 오스만제국의 지배를 받던 곳으로 전승국 일제의 식민지인 우리는 어떤 혜택도 기대할 수 없는 상황이었다. 그러나 약소민족 문제가 거론되는 국제정세는 지도급 인사들에게 일정한 영향을 주었다.

1918년 상하이에서 여운형(呂運亨)을 중심으로 신한청년당이 조직되었다. 신한청년당은 파리강화회의에 김규식(金奎植)을 파견하여 한국 독립의 당위성을 알리고자 했다. 11월 지린성에서 대한독립선언서가 발표되었고, 1919년 2월 8일 일본 도쿄(東京)에서 조선인 유학생들이 조선청년단 이름으로 독립선언을 결의했다[2·8독립선언].

이러한 움직임에도 불구하고 일제는 무단통치와 함께 경제적 수탈을 강화했고, 이에 따른 일제와 조선인의 민족적·사회적 모순의 격화는 3·1운동을 폭발시킨 원인이 되었다. 특히 밤에 식혜를 먹은 후 갑자기 혼절한 고종이 1919년 1월 21일 승하했는데, 고종이 일본인에 의해 독살되었다는 소문이 파다하게 퍼졌다. 이는 일제를 향한 민족의 분노를 폭발시킨 도화선이 되었다. 무엇보다도 한국 민족이 일제의 식민지배에 거부의사를 분명히 한 점이 가장 큰 원인이었다고 할 수 있다.

3·1운동은 고종 황제의 장례식을 이틀 앞둔 3월 1일 민족대표의 독립선언으로 시작되었다. 천도교 손병희(孫秉熙)·불교 한용운(韓龍雲)·기독교 이승훈(李承薰) 등 종교계 인사들과 민족운동가들로 구성된 민족대표 33인은 독립의 당위성을 밝힌 「3·1독립선언서」를 작성하고 3월 1일 정오 탑골공원에서 독립선언식을 계획했다. 하지만 민족대표들은 폭력 사태를 우려해 태화관(太和館)으로 장소를 옮겨 선언문을 낭독하고 일제에 자진 신고하여 체포되었다. 같은 시각 탑골공원에서는 학생들과 시민들이 모여 「3·1독립선언서」를 발표하고 만세를 외치며 행진을 진행했다. 서울에서 시작된 만세운동은 전국으로 확산되어 격렬하게 진행되었다.

3·1운동은 서울을 비롯하여 평양·진남포·안주·의주·선천·원산 등지에서 동시에 일어났다. 이 지역은 종교조직을 통해 사전 준비가 이루어져 있었기 때문이다. 3월 5일

에는 서울의 학생들이 독자적 시위를 전개했고, 10일을 전후해서는 전국적 규모로 확산되었다. 이처럼 전국으로 확산된 3·1운동의 배후에는 나라를 되찾기 위한 비밀 결사조직이 있었다. 대표적인 조직은 서울과 대구 등에서 활약했던 혈성단(血誠團)과 혜성단(慧星團) 등이다.

3월 22일 서울에서는 노동자대회를 통해 파업으로 일제에 항거했고, 농촌지역에서는 횃불시위·산상봉화시위 등이 발생했다. 이러한 움직임은 4월까지 지속되었는데, 지역적으로는 도시 등 교통이 발달한 곳에서 차츰 농촌이나 산간벽촌으로 전파되는 형태로 전개되었다. 일제의 통계에 의하면 당시 220개 군 중에서 211개 군에서 독립만세운동이 일어났다. 중국의 만주, 러시아 연해주에서도 만세운동이 이어졌고 미국의 경우 모금운동으로 힘을 보태기도 했다.

3·1운동은 6월이 되면서 소강상태에 빠졌다. 파리강화회의에서 일제의 기득권을 인정했기 때문이었다. 그 결과 외교독립노선의 무기력함이 드러났고, 새로운 독립운동 노선으로 실력양성론과 독립전쟁론이 대두되었다. 그 결과 독립군 단체들이 조직되었고 3·1운동에 참여했던 사람들이 만주로

◉ 상하이 임시정부 청사

건너가 독립군에 참가했다. 또 전민족적 독립운동을 주도해갈 대표기구로 임시정부가 수립되었다.

3·1운동 이전 독립운동은 복벽주의와 공화주의 등 목표가 달랐다. 그러나 민들의 대거 참여를 계기로 독립운동의 목표와 이념이 근대국민국가 수립과 공화주의로 합일될 수 있었다. 또 다른 한편으로는 사회주의가 수용되는 계기가 되었다. 이뿐만 아니라 3·1운동의 경험은 독립운동을 지속적으로 추진해나갈 수 있는 원동력도 제공했다. 즉, 이때의 투쟁 경험이 일제강점기 식민정책에 항거한 농민운동·노동운동·여성운동에 영향을 미쳤다.

3·1운동은 세계 언론에 의해 대대적으로 보도되었다. 그 결과 우리 민족의 독립에 대한 열망과 일제 탄압의 실상을 알리는 계기가 되었다. 또 중국[5·4운동]·인도·베트남·필리핀·이집트 등에서 독립운동이 일어나는 데 영향을 주었다.

3. 문화통치와 독립운동

3·1운동은 일제가 9년간 닦아놓은 무단통치와 민족말살정책을 근본적으로 붕괴시켰고 일제는 통치방식을 문화통치로 전환했다. 조선총독을 문관도 임명할 수 있도록 하고 헌병경찰제를 보통경찰제로 변경했다. 하지만 실상은 경찰인력을 3배 이상 증원했으며, 경찰서 수를 확대하여 독립운동가 색출을 강화했다. 문관 출신 총독의 임명 약속도 지켜지지 않았다. 3·1운동의 책임을 물어 경질된 하세가와 요시미치(長谷川好道)를 대신하여 해군대장 출신 사이토 마코토(齋藤實)가 3대 총독으로 임명되었고, 이후 임명된 총독들도 모두 육해군 대장 출신이었다.

일제는 문화통치를 표방하면서 언론·출판·집회·결사의 자유를 인정했다. 그러나 사전 검열을 강화했고 1925년 치안유지법을 제정하여 자유를 억압했다. 그 외 민족분열과 친일파 육성을 위해 중추원 관제 및 지방제도를 수정했다.

교육분야에서는 1922년 2월 2차 조선교육령을 공포하여 보통학교 수업 연한을 4년에서 6년으로 연장했다. 이는 일본과 동일한 학제를 적용해 교육을 강화시킨 것처럼 보이지만, 실상은 일본어 교육을 확대하고 민족교육을 크게 축소했다. 식민통치를 합리화하기 위한 수단으로 한국사도 왜곡했다. 1925년 조선총독부 산하에 조선사편수회(朝鮮史編修會)를 설치하고 식민사관에 입각한 조선사연구를 시작했다. 그 결과 1937년 37권의 『조선사(朝鮮史)』를 편찬했다. 식민사관은 정체성론·타율성론·일선동조론으로 대표되는데, 이러한 논리는 조선의 근대화에 일제의 도움이 필수적이었음을 강조하며 식민통치의 당위성을 표명하기 위한 것이었다.

일제의 문화통치는 한민족의 독립운동을 회유하고 분열시키려는 목적으로 전환한 식민지 정책이었다. 하지만 무단통치에서 문화통치로의 전환은 언론·출판·집회·

결사에 최소한의 자유를 쟁취케 했고, 그 결과 민족보존을 위한 민족문화운동과 실력양성운동을 전개할 수 있는 기틀을 마련했다는 데 의의가 있다고 할 수 있다.

한편, 3·1운동의 결과 독립운동을 체계적으로 주도하기 위해 국내에서 한성정부, 상하이임시정부, 블라디보스토크 대한국민의회 등의 임시정부가 수립되었다. 이후 통합정부의 필요성에 따라 1919년 9월 상하이에 대한민국임시정부가 수립되었다. 대통령 이승만, 국무총리 이동휘가 선출되었으며, 삼권분립에 기초한 민주공화제를 표방했다. 대한민국임시정부는 국내외 비밀 연락망이자 독립운동 자금 모금 등을 위해 연통제를 실시하고 통신기관인 교통국을 설치했다.

국내에서 진행되었던 애국계몽운동은 1920년대 문화·경제·사회분야의 실력양성 운동으로 이어졌다. 민족 경제를 위해 국산품 사용을 장려한 물산장려운동, 고등교육을 위한 민립대학설립운동 등이 전개되었으며, 그 외 형평운동·여성운동·노동 및 농민운동 등의 사회운동, 광주학생항일운동 등의 학생운동이 일어났다. 민족주의 계열과 사회주의 계열의 독립운동 단체를 하나로 통합하기 위한 민족유일당운동으로 1927년 신간회(新幹會)가 결성되었다.

국외에서는 독립운동을 위한 기반이 확보되면서 본격적인 항일무장투쟁이 전개되었다. 1920년 6월 홍범도의 대한독립군부대, 최진동(崔振東)의 군무도독부, 안무(安武)의 대한북로독군부, 이흥수(李興秀)의 대한신민단 등이 중국 지린성 일대 봉오동에서 일제에 맞서 싸워 크게 승리를 거두었다[鳳梧洞戰鬪]. 봉오동전투에서 대패한 일본은 독립군 토벌을 목적으로 간도에 군대를 파병하고자 훈춘사건(琿春事件)을 일으켰고 만주의 조선인과 독립군을 학살했다.

1927년 10월 21일 김좌진(金佐鎭)이 이끈 북로군정서군이 백운평(白雲坪)에서 일본군에 대승을 거두었고, 완구루(完樓溝)에서는 홍범도가 지휘한 독립군부대가 일본군을 격파했다. 이후 26일까지 천수평(泉水坪)·어랑촌(魚郞村)·만기구(萬騏溝)·천보산(天寶山)·고하동(古河洞) 등에서 일본군에 승리를 거두었다. 북로군정서가 승리를 거둔 백운평전투만을 청산리전투로 보기도 하고, 김좌진과 홍범도부대가 연합한 전투 모두를 청산리전투로 이해하기도 한다.

청산리전투의 패배를 복수하기 위
해 일제는 10월부터 이듬해 4월까지
간도참변[경신참변]을 일으켜 민간인을
학살했다. 일제의 추격을 피해 밀산(密
山)에 집결한 독립군은 1920년 12월
총재 서일(徐一), 부총재 홍범도가 중심
이 된 대한독립군단(大韓獨立軍團)을 조직

○ 청산리전투의 주역 김좌진

하고 소련의 자유시(自由市; Alekseyevsk; Svobodny)로 이동했다. 소련 내 적색군과 백색군의
대립 상황에서 1921년 6월 자유시참변이 일어나면서 많은 사상자가 발생했다. 생존
한 독립군 중 일부가 만주로 돌아와서 무장독립투쟁을 이어갔다. 독립군은 참의부
(參議府)·정의부(正義府)·신민부(新民府)의 3부로 재편성하고 항일독립운동을 추진했다. 그
러자 일제는 1925년 미쓰야협정(三矢協定)을 통해 만주지역 독립군을 탄압했다.

이 시기 만주에서 조직된 항일무력독립운동 단체인 의열단(義烈團)의 활약도 두드러
졌다. 1919년 11월 만주에서 조직된 의열단의 중심인물은 김원봉(金元鳳)이며, 신흥무
관학교 출신들로 구성되었다. '오파괴(五破壞)', '칠가살(七可殺)'을 행동 강령으로 삼고 일
제의 주요 기관을 파괴하고 대상을 암살하는 것을 목표로 삼았다. 의열단의 대표적
인 활동은 1921년 김익상(金益相)의 조선총독부 폭탄투척의거, 1922년 오성륜(吳成崙)
등이 상하이에서 일본 육군대장 다나카 기이치(田中義一)를 암살저격하려 했던 황포탄
의거(黃浦灘義擧), 1923년 김상옥(金相玉)의 종로경찰서 폭탄투척의거, 1924년 김지섭(金祉
燮)의 도쿄 사쿠라다몬(櫻田門) 폭탄투척의거, 1926년 나석주(羅錫疇)의 동양척식주식회
사 폭탄투척의거 등이 있다.

4. 민족말살통치와 독립운동

일본은 내부의 불만과 경제 위기를 타개하기 위해 1930~40년대 침략전쟁을 확대

해나갔다. 1931년 9월 만주사변(滿洲事變)을 일으켜 만주국(滿洲國)을 수립했으며, 1937년 7월 중일전쟁을 일으켜 대륙 침략을 본격화했다. 1941년 12월에는 하와이 진주만(眞珠灣)을 공습하여 태평양전쟁을 일으켰다. 이 시기 일제의 통치방식을 민족말살통치라고 하는데, 민족말살통치의 목적은 조선을 병참기지화하고 조선인을 침략전쟁에 동원하는 것이었다. 그러기 위해서는 우리의 민족성을 말살하고, 조선인을 일본인화시키는 작업이 필요했다.

민족말살통치기 대표적인 정책 중 하나가 황국신민화정책(皇國臣民化政策)이다. 내지[일본]와 조선은 한몸이라는 뜻의 '내선일체(內鮮一體)', 일본과 조선의 조상은 같다는 뜻의 '일선동조론(日鮮同祖論)' 등을 내세워 한민족을 일본에 동화시키고자 했다. 1936년 7대 총독으로 부임한 육군대장 출신 미나미 지로(南次郞)는 내선일체를 강조하며 황국신민화정책을 수행했다. 일제는 신사참배(神社參拜)와 궁성요배(宮城遙拜)를 강제하고, 황국신민서사(皇國臣民誓詞)를 외우게 하여 덴노에 충성을 강요했다. 이름을 일본식으로 바꾸는 창씨개명(創氏改名)이 강제되어 많은 국민이 일본식 이름으로 개명했다.

1938년 3차 조선교육령을 발표하여 학교명·교과과정·수업시수 등 모든 교육제도를 일본과 동일하게 했다. 조선어를 선택 과목으로 변경하고 조선어 사용을 금지했으며, 일본어와 일본사를 수업하는 등 교육에서도 민족말살과 황국신민화정책이 그대로 반영되었다. 1941년 소학교의 명칭이 '황국신민의 학교'를 뜻하는 국민학교(國民學校)로 변경되었다. 태평양전쟁 중인 1943년 3월 4차 조선교육령을 발표하여 전시동원체제를 위해 교육기관의 수업 연한을 축소했고, 조선어 과목을 폐지하고 일본어 교육을 강화했다.

일제는 1938년 4월 국가총동원법을 제정하여 조선의 인적·물적 자원 수탈을 본격화했다. 1938년 육군특별지원병령, 1939년 국민징용령 등을 공포했다. 1943년 학도지원병(學徒志願兵)제도를 실시하여 조선인 학생들을 전쟁에 강제로 동원했다. 강제 징병된 조선인들은 전쟁터에서 희생당했고, 징용된 조선인들은 일본 각지로 끌려가 열악한 환경에서 강제 노동에 동원되었다. 1944년 여자정신근로령을 공포하여 군수공장에서 여성 노동력을 착취했다. 그 외 취업 사기, 강제 연행 등의 방식으로 여성들을 끌고 가 위안부로 삼았다. 위안부는 일본군 주둔지 위안소에 강제 배치되어 성을 착취당했다.

일제의 민족말살정책에 대항하여 우리 민족의 문화를 수호하기 위한 국학운동이 진행되었다. 1934년 안재홍(安在鴻)과 정인보(鄭寅普) 등이 주도한 조선학운동은 조선 후기에 대두한 실학사상에 주목했다. 우리 역사를 연구하기 위해 1934년 진단학회(震檀學會)가 조직되었으며, 기관지로 『진단학보(震檀學報)』를 발간했다. 조선어연구회는 1931년 조선어학회로 명칭을 고치고 한글 연구에 앞장섰으며, 한글 사전 편찬을 계획했다. 하지만 1942년 일제의 탄압으로 학회 회원들이 검거되면서 활동이 중단되었다[조선어학회사건].

1930~40년대 국내 독립운동은 일제의 무자비한 탄압으로 위축된 반면 국외에서는 적극적인 무장독립투쟁이 전개되었다. 지청천(池靑天)의 한국독립군과 양세봉(梁世奉)의 조선혁명군, 김원봉의 조선의용대 등이 중국과 연합하여 활발한 무장독립투쟁을 전개했다. 대한민국임시정부는 1940년 중국 충칭에 한국광복군을 창설하고 총사령에 지청천을 임명했다. 한국광복군은 미국전략정보처(OSS)의 훈련을 받으며 국내 진공작전을 준비했다. 하지만 일제의 갑작스러운 항복 선언으로 계획은 실행에 옮기지 못했다.

항일독립운동단체 중 대표적인 단체로 한인애국단(韓人愛國團)이 있다. 한인애국단은 대한민국임시정부에 의해 1931년 상하이에서 조직되었다. 한인애국단은 일본 수뇌부 암살을 목적으로 활동했다. 대표적인 사건으로 1932년 이봉창(李奉昌)의 도쿄 일왕폭살시도사건과 윤봉길(尹奉吉)이 홍커우공원(虹口公園)에서 열린 일본군 전승행사에서 폭탄을 투척한 사건 등이 있다. 윤봉길의 의

● 홍커우공원 내 윤봉길의거현창기념비

거는 중국 국민당이 대한민국임시정부를 인정하게 된 계기가 되었다.

2차 세계대전은 미국이 1945년 8월 6일 히로시마(廣島), 9일 나가사키(長崎)에 원자폭탄을 투하하자 15일 일본이 무조건 항복하면서 종식되었다. 이로써 조선은 35년간의 일제 식민지 지배에서 벗어나 광복을 맞이했다.

✿ 참고문헌

- 강창일, 「식민지 지배체제의 특질」, 『한국사』 47, 국사편찬위원회, 2013.
- 김헌주, 『후기의병의 사회적 성격에 관한 연구』, 고려대학교 박사학위논문, 2018.
- 柳永烈, 「애국계몽사상」, 『한국사』 43, 국사편찬위원회, 2013.
- 박찬승, 『한국근현대사를 읽는다』, 경인문화사, 2014.
- 愼鏞廈, 「3·1獨立運動의 歷史的 動因과 內因·外因論의 諸問題」, 『韓國學報』 58, 一志社, 1990.
- 연갑수·주진오·도면회, 『한국근대사』 1, 푸른역사, 2016.
- 김정인·이준식·이송순, 『한국근대사』 2, 푸른역사, 2016.
- 李廷銀, 「3.1운동」, 『한국사』 47, 국사편찬위원회, 2013.
- 한국근현대사학회, 『한국근현대사 강의』, 한울아카데미, 2020.
- 한영우, 『다시 찾는 우리 역사』 3, 경세원, 2017.

16

일제강점기 생활상

16강 일제강점기 생활상

① 경성의 모습

1. 도시의 형성

일제강점기 도시의 발달은 정치·경제·군사적 목적과 밀접한 관련이 있었다. 부산·원산·인천 등 개항장을 중심으로 형성된 도시들과 서울-인천을 잇는 경인선, 서울-부산을 잇는 경부선, 서울-신의주를 잇는 경의선, 서울-원산을 잇는 경원선 등 철도 부설에 따라 새로운 도시가 탄생했다. 철도역을 중심으로 행정기관 외에도 학교·박물관·극장·호텔·음식점·카페 등 문화시설과 여가시설이 들어섰다. 도시의 발달은 지역 간 격차를 야기했으며, 조선에 거주하는 일본인과 조선인의 격차, 조선인과 조선인 사이의 격차를 심화시켰다.

그러한 격차를 잘 보여주는 곳이 일제강점기 경성(京城)이다. 경성은 조선의 수도였으며, 행정구역상 조선시대 한성부로 불렸다. 1910년 〈조선총독부지방관관제〉에 따라 한성부는 경성부로 개칭되고 경기도에 속하게 되었다. 경성에는 1910년 경성우

◎ 일제강점기 경성역(공공누리 제1유형 서울역사아카이브 공공저작물 이용)

편국, 1912년 조선은행, 1914년 조선호텔, 1923년 경성역, 1924년 경성일보, 1925년 조선신궁, 1926년 경성부청사 등 식민통치를 위한 행정의 주요 건물과 편의시설이

건립되었다. 또 르네상스양식의 근대식 건물들과 일본식 가옥이 들어서면서 이국적인 풍경을 자아냈다.

청계천을 경계로 남쪽에 위치한 충무로·을지로·남산·명동 지역은 남촌으로 불렸는데, 이곳에 일본인들이 정착했다. 일제강점기 '최고의 거주지'로 불린 혼마치(本町)는 명동과 충무로 일대 일본인 거주지를 지칭하는 말로, 일본 상점 등이 들어오면서 화려한 모습을 자랑했다. 반면 청계천 북쪽은 북촌으로 불렸는데, 지금의 종로가 이곳이다. 북촌은 조선인들의 생활공간으로 조선의 전통 상권이 자리 잡은 곳이었다.

식민통치기관이 위치한 남대문로를 중심으로 도로가 정비되었다. 일제강점기 도로 정비는 우리의 전통과 역사적 공간을 파괴하기도 했다. 일제는 1932년 종묘관통도로[율곡로]를 만들면서 조선왕조를 상징하는 창경궁과 종묘를 잇는 길을 끊었다. 2022년 7월 창경궁-종묘 연결 역사복원사업이 마무리되어 90년 만에 창경궁과 종묘가 다시 이어졌다.

철도 부설·전차·버스·택시 등 대중교통의 등장, 전화선 구축 등 교통과 통신망이 정비되었다. 교통과 통신망의 진보로 편의성은 높아졌지만, 한국인에 대한 차별 또한 심각했다. 이것은 일제가 식민통치를 대내외에 과시하는 한편 수탈을 위한 수단으로서의 정비였기 때문이다. 당시 경성은 근대 모더니즘을 상징하는 공간이자 일제의 식민통치와 수탈을 상징하는 공간이었다.

2. 백화점의 탄생

근대 자본주의를 상징적으로 보여주는 장소 중 하나가 백화점이다. 전통시대 상품 거래는 시전과 장시를 중심으로 이루어졌다. 서구 물품의 유입은 시장유통구조를 변화시켰으며, 상인과 보부상의 활동에도 변화를 가져왔다. 기존 형태와는 차별화된 상품 판매처로 새롭게 등장한 백화점은 근대 소비문화를 대변하는 것이었다. 그러나 백화점의 등장은 주변 상인들의 생존권을 위협하는 문제를 야기하기도 했다.

1852년 프랑스 파리에 세계 최초의 백화점인 봉마르셰(Bon Marché)가 세워진 이래 국내에도 백화점이 들어섰다. 1906년 일본의 미쓰코시(三越)백화점이 경성출장대기소인 미쓰코시고후쿠텐(三越吳服店)을 설치했다. 1916년 미쓰코시고후쿠텐은 경성출장소로 승격되었고, 1929년 현재 신세계백화점 본점 자리에서 정식 백화점 지점으로 승격되었다. 1904년 혼마치에서 양복점을 경영하던 고바야시 겐로쿠(小林源六)는 1921년 양복점을 주식회사 체제의 조지야(丁子屋)로 개편하고, 1929년 남대문에 백화점을 개업했다. 조지야백화점은 해방 후 미도파백화점으로 모습을 바꾸었다. 1905년 나카에 카츠지로(中江勝治郎)는 대구에서 미나카이(三中井)상점을 열었다. 미나카이상점은 1911년 경성으로 옮겨왔고, 1922년에 미나카이고후쿠텐을, 1933년에는 미나카이백화점을 열었다. 1904년 경성에 진출했던 히라다(平田)상점은 1926년 주식회사로 변경하면서 히라다백화점을 설립했다. 일제에 의해 일본 자본으로 건립된 백화점은 모두 지금의 명동에 위치했다. 이것은 남촌을 중심으로 일제의 식민통치기관이 자리했고, 일본인들의 거주지가 형성되었기 때문에 일본인들의 편의성을 고려한 것이었다.

한국인에 의해 설립된 화신백화점의 전신은 신태화(申泰和)의 화신상회(和信商會)이다. 신태화는 1929년 세계대공황의 영향으로 경영난을 겪자 박흥식(朴興植)에게 돈을 빌렸다. 그 과정에서 박흥식은 화신상회 경영에 참여하게 되었고 이후 사장직에 올라 경영권을 장악했다. 박흥식은 1932년 맞은편에 위치한 동아백화점을 인수하며 규모를 확대했고 화신백화점은 조선 내 가장 큰 백화점으로 성장했다.

◆ 일제강점기 화신백화점과 주변 거리(공공누리 제1유형 서울역사아카이브 공공저작물 이용)

3. 근대화의 이면

일제가 추진한 근대화는 식민지 통치의 편의성과 수탈을 위한 측면에서 진행된 것이었다. 가장 대표적인 예가 철도 건설이다. 일본은 1910년 이후 철도망을 확대했는데, 그것은 대륙침략의 발판을 마련하기 위한 것이었다. 철도는 일제의 수탈 수단이었다. 철도의 건립은 표면적으로 이동의 편리함을 가져왔다. 하지만 그 실상은 우리 땅에서 물자의 이동을 수월하게 하여, 쌀과 군수품 등을 항구를 거쳐 일본으로 운송하는 데 목적이 있었다.

도시를 중심으로 한 근대화도 부작용을 가져왔다. 높은 소작료 등으로 빈농이 된 농민들이 농촌을 벗어나 도시로 이주하면서 도시인구가 크게 증가했고, 그 과정에서 도시빈민층이 형성되었다. 도시화 현상은 주거지 부족 문제를 야기했다. 도시빈민층은 흙이나 나뭇가지 등으로 만든 움막집 형태의 토막(土幕)을 짓고 살았다.

도시로 모인 농민들은 공장 노동자로 변신했다. 이들은 하루 12~14시간을 일하면서도 낮은 임금을 받았고, 노동환경 역시 열악했다. 이에 대한 반발로 1920년 경성에서 최초의 노동단체인 조선노동공제회(朝鮮勞動共濟會)가 조직된 것을 시작으로 전국적으로 노동조합이 만들어졌다. 이들은 노동자의 권리 보장과 근로 조건의 개선을 주장했다.

오늘날 남아 있는 근대 공간을 통해 근대화의 이면을 살펴볼 수 있다. 그중에서도 영등포는 일제강점기 경인선·경부선·경의선 등 철도의 주요지점으로 교통의 요충지였다. 경성방직·방림방적·닛싱(日淸)제분·다이닛폰(大日本)맥주·쇼와(昭和)기린맥주 등을 비롯한 많은 공장이 들어섰던 곳이다. 1930년대 일본의 병참기지화정책에 따라 군수물품을 생산하는 공장이 늘어났으며, 이들 공장은 조선인의 값싼 노동력으로 성장했다. 오늘날 경성방직 사무동은 원형을 유지하며 카페로 운영되고 있고 쇼와기린맥주공장이 있던 곳은 영등포공원으로 탈바꿈했다.

② 일상의 변화

1. 모단걸과 자유연애

일제강점기 여성의 혼인 연령은 15~19세였다. 평균 6명의 아이를 출산했지만, 이 중 4분의 1은 돌이 되기 전에 사망했다. 이 시기 여성노동에 대한 사회적 수요가 증가하면서 직업여성이 다양하게 나타났다. 1920년대부터는 새로운 도시문화가 형성되면서 여성으로 하여금 새로운 직업군을 형성하게 만들었다. 극장에서 표를 팔던 티켓걸, 차장인 버스걸, 엘리베이터걸, 바걸 등이 생겨났다. 특히 식모로 대표되는 가사사용인은 많은 여성이 진출한 직종이었다.

일제강점기 교육받은 여성의 증가와 자본주의화에 따른 직업여성의 등장으로 단발머리와 뾰족구두, 통치마로 상징되는 새로운 스타일의 '신여성'이 등장했다. 신여성은 전통적 삶의 방식을 그대로 유지했던 '구여성'과 대비되어 많은 관심을 끌었다. 이들은 신식교육을 통해 새로운 사상과 이념을 수용하고 여성으로서의 자아를 자각하여 봉건적 굴레와 억압, 구습으로부터 탈피할 것을 주장했다. 신여성은 사치와 허영에 들떠 육아와 가사노동을 게을리하는 부정적 존재로 비난받기도 했다.

1930년대 현모양처(賢母良妻)이데올로기가 일상에 침투하면서 신여성은 선구자라기보다는 가사의 합리화를 수행하는 사람으로서 가부장제 내로 흡수되고, 선구자로서의 의미도 퇴색했다. 그 자리를 대신하며 등장했던 것이 '모단걸(modern girl)'이다. 모단걸은 다방과 영화 등 서구 대중문화를 받아들이는 계층을 의미했고, 유행과 사치와 허영에 들뜬 존재일 뿐 의식의 선구자라는 의미는 사라졌다.

신사상이 등장하면서 자유연애와 자유결혼이 주창되었다. 하지만 기혼남과 연애에 빠진 상당수의 모단걸은 정식 결혼을 하지 못한 채 비극적인 결말을 맺거나, '제2부인'이라는 미사어구로 자신의 모습을 미화하지 않을 수 없는 곤경에 처하기도 했다. 자유연애가 널리 퍼지면서 정조관에도 변화가 생겨났다. 일부 사회주의 여성들은 동지애가 결핍되면 대상을 바꿀 수 있다는 연애관을 직접 실천하기도 했다.

2. 의식주의 변화

1920년대 영화와 음악 등으로 대표되는 대중문화의 발달과 도시를 중심으로 형성된 서구식 백화점, 카페, 음식점 등은 일상에 큰 변화를 가져왔다. 의복은 여전히 한복이 대세였지만, 모단걸과 모단보이 등이 서구식 복장의 유행을 선도했다. 모단걸은 블라우스에 스커트를 착용하고 구두를 신고 화장을 하고 단발머리를 했다. 모단보이는 상투를 자르고 면도를 하며 모자와 양복을 착용하고 구두를 신은 모습이었다.

양복은 일진회 회원들이 주로 입었던 만큼 인식이 좋지 않았다. 하지만 엘리트들이 점차 양복을 입게 되면서 양복에 대한 편견은 약화되어갔다. 우리는 전통적으로 흰옷을 입었는데, 일제는 흰옷이 비경제적이며 노동복으로 적합지 않다는 이유로 금지시켰다. 흰옷을 입은 사람은 관공서 출입을 금지시켰고, 벌금을 부과했으며, 먹물을 뿌리기도 했다. 또 일제 말기에는 전시의복 통제의 일환으로 국민복을 제정하여 남성들에게 착용시켰으며, 여성들에게는 일본식 노동복인 '몸뻬'를 권장했다.

개항 이후 외국의 음식이 들어오면서 1887년 일본 료리야(料理屋) '정문(井門)'이 개업했고, 1888년 '화월(花月)'에 게이샤(藝者)가 등장했다. 우리의 요릿집은 1890년에 개업한 것으로 여겨지는 '혜천관(惠泉館)'이 처음이다. 1900년 초반 송병준(宋秉畯)이 '청화정(清華亭)'을 열었고, 이곳은 친일파들의 집합소가 되었다. 1903년 안순환(安淳煥)은 '명월루(明月樓)'를 개업했고, 1908년 2층으로 증축하여 '명월관(明月館)'이라고 했다. 1918년 명월관이 화재로 소실되자, '태화관(太華館)'을 열었다. 태화관은 다시 한자를 '泰和館'으로 바꿨는데, 이곳이 바로 1919년 3월 1일 독립선언문이 낭독되었던 곳이다. 안순환은 궁중의 연회를 책임지는 전선사(典膳司) 장선(掌膳)을 지냈던 만큼 명월관에서 궁중음식이 판매되는 것으로 여겨졌다. 이것이 하나의 상차림으로 정착되어 한정식이라는 이름으로 판매되기 시작했다.

커피는 1880년대 외부를 통해 전래된 것으로 추정된다. 당시 조선에는 각국 공사관과 호텔이 들어섰고, 외국인들을 통해 서구의 문화가 들어왔다. 고종도 경운궁의 정관헌(靜觀軒)에서 커피를 즐겨 마셨다. 일제강점기 커피는 지식인들이 즐겨 찾는 음료가 되었으며, 호텔뿐만이 아니라 다방의 개념으로 음료를 판매하는 곳이 생겼다. 모단걸과 모단보이들은 호텔과 다방 등에서 커피를 즐겨 마셨다.

주거의 경우 개항장을 중심으로 형성되었던 일본식 가옥과 서구식 주택의 형태가 전통의 주거형태와 혼합되어 개량 한옥의 탄생으로 이어졌다. 근대 한옥을 대표하는 것 중 하나가 오늘날 북촌 가회동에 위치한 백인제가옥이다. 백인제가옥은 전통 한옥과 일본 가옥의 공존을 보여준다. 일제강

◑ 백인제가옥 대청

점기를 다룬 영화 〈암살〉을 촬영한 장소이기도 하다. 이 집은 벽돌·유리창·다다미 등 외래적 요소가 반영된 전통 한옥인데, 1913년 친일파 한상룡(韓相龍)에 의해 건립되었다. 이후 소유권은 한성은행에서 최선익(崔善益), 백인제(白麟濟)에게 넘어갔고, 2009년 서울시가 백인제의 가족으로부터 가옥을 매입했다. 현재는 박물관의 형태로 일반인들에게 공개되어 일제강점기 전통가옥의 변화 양상을 살펴볼 수 있다.

경성의 서구식 주택으로는 미국의 기업인이자 언론인 앨버트 테일러(Albert Taylor)와 부인 메리 테일러(Mary Taylor)의 주택 딜쿠샤(Dilkusha)가 있다. 앨버트 테일러는 조선에서 활동한 미국 출신의 언론인으로 제암리학살사건과 3·1운동을 세계에 알린 인물이다. 딜쿠샤는 페르시아어로 '기쁜 마음'을 뜻한다. 테일러는 1942년 일제에 의해 강제 추방당할 때까지 이곳에 거주했다. 이후 소유권 변화를 거치면서 건물의 훼손이 심각했다. 2005년 테일러 부부의 아들인 브루스 테일러(Bruce Taylor)에 의해 딜쿠샤의 존재가 알려졌고, 2016년 테일러 집안의 자료 1,026건이 서울역사박물관에 기증되었다. 딜쿠샤는 2016년 복원을 시작하여 2021년 전시관으로 개방되었다.

◑ 딜쿠샤 전경

③ 전염병과 의료

1. 전염병의 유행

조선시대에 전염병은 역병(疫病)으로 불렀다. 몸 전체에 붉은 반점이 나는 홍역(麻疹; 媽媽), 호귀마마(胡鬼媽媽)라고 해서 오랑캐에서 유래된 병으로 여겼던 천연두(痘瘡; 痘疫; 痘瘡; 瘡疹; 豌豆瘡; 痘疾), 여름에 유행했다가 추워지면 사라져서 윤질(輪疾) 또는 여질(沴疾)로 불렸던 콜레라[쥐병; 쥐통; 虎列刺; 怪疾; 虎疫]가 3대 역병이었다. 조선시대 유행했던 전염병은 일제강점기에도 지속되었다. 특히 일제강점기 철도 부설과 도로 정비, 전차 및 자동차, 버스 등 교통수단의 발달로 이동이 활발해지면서 전염병의 전파가 가속화 되었다.

일제는 조선물산공진회(朝鮮物産共進會)를 앞두고 1915년 6월 '전염병예방령'을 반포했고, 1924년에는 일부 내용을 개정했다. '전염병예방령'에서 지칭하는 전염병의 범위는 콜레라·홍역·장티푸스·페라티푸스·두창·발진티푸스·성홍열·디프테리아·유행성뇌척수막염·페스트 등이었다. 전염병 전파를 차단하기 위한 조처는 환자 격리와 청결 및 소독·검역·절차 등으로 이루어졌다. 전염병 방역과 관련된 업무는 경찰이 담당했다. 근본적으로 전염병을 차단하기 위해서는 제반 시설에 대한 인적·물적·재정적 투자가 필요했지만, 당시 일제는 강압적인 통제와 검역·격리 등 기본 방역활동에만 치중했다.

일제강점기에 유행한 전염병 중 가장 큰 피해를 미친 전염병은 스페인독감·콜레라·장티푸스 등이었다. 1918년 9월~1919년 1월까지 스페인독감이 유행했다. 무오독감(戊午毒感)으로도 불렸던 스페인독감으로 전 세계에서 수천만 명이 사망했는데, 우리는 750만 명 이상이 감염되었고 그중 14만 명이 사망했다.

콜레라는 인구 밀집, 주거 환경과 위생 문제, 상하수도 시설 미비 등이 원인이 되어 발생했다. 1919~20년에는 콜레라가 다른 시기에 비해 크게 유행했다. 이때 콜레라가 유행한 것은 1919년 3·1운동에 경찰력이 집중되었던 것이 원인이었다. 콜레라는 치사율이 높아 수만 명이 사망했다.

장티푸스와 결핵도 유행했다. 장티푸스는 매년 유행했는데, 공중위생 설비가 갖추어지지 않았기 때문이었다. 『동백꽃』의 저자 김유정(金裕貞), 『메밀 꽃 필 무렵』의 저자 이효석(李孝石)을 비롯하여 현진건(玄鎭健), 이상(李箱) 등의 문인이 폐결핵으로 사망했다. 그 외 성병·이질·말라리아 등의 전염병도 일제강점기 유행을 반복했다.

2. 의료와 위생

일제강점기 관공립병원 외 사립병원들이 전국에 설립되었다. 그러나 의료혜택은 소수 특권층만 누릴 수 있었다. 조선인에게 의료혜택을 베풀기 위해 설립했다고 선전했던 총독부의원이나 도립병원은 병원 직원 대부분이 일본인이어서 일본어를 모르는 조선

◐ 경성총독부의원(공공누리 제1유형 서울역사아카이브 공공저작물 이용)

인은 이용하기 힘들었다. 이뿐만 아니라 조선인들은 높은 의료비를 부담할 경제적 형편도 되지 못했다.

도시에서 서구식 의료가 자리를 잡아가는 동안, 농촌에서는 여전히 전통적 한방의료가 시행되고 있었다. 한의학을 무시하는 정책을 펼쳤던 일제는 한의사를 의생으로 격하시키고 한방교육의 길을 막아 한의학을 도태시키려 했다.

개항 이전 우리는 별도의 목욕시설이 없었다. 그런데 일본인들이 동래에 온천을 만든 이후 여러 곳에 온천이 개발되기 시작했다. 서양인을 상대하는 숙박업소에서 목욕시설을 갖추었고, 일본인들은 집에 간이욕조를 설치하여 목욕을 했다. 1924년 평양에 최초의 공중목욕탕이 만들어졌고, 이듬해에는 서울에도 공중목욕탕이 문을 열었다.

④ 일제의 문화재 반출과 수호

1. 문화재 반출

2022년 현재 국외에 소재하는 우리 문화재는 25개국에 21만 4,208점 이상이 있다. 그중 일본은 도쿄국립박물관을 비롯한 약 400여 곳에 9만 4,341점 이상을 소유하여 국가별 문화재현황에서 일본이 차지하는 비율이 가장 높다. 일본이 이렇게 많은 우리 문화유산을 소장하게 된 것은 우리가 일제의 강제 점령을 당했기 때문이다.

일제강점기 우리의 문화재는 일제에 의해 매매되거나 불법적으로 유출되었다. 대표적인 예가 경복궁 자선당(資善堂)이다. 자선당은 세자와 세자빈이 거처하던 곳이었는데, 1915년 일본의 재벌 오쿠라 기하치로(大倉喜八郎)가 일본으로 옮겨갔다. 자선당이 위치했던 자리에는 1915년 12월 총독부 박물관이 개관했

◎ 일제에 의해 불법 유출되었다가 돌아온 경복궁 자선당 기단과 주춧돌

다. 일본으로 반출된 자선당은 도쿄 오쿠라호텔 내 별채 건물인 조선관(朝鮮館)으로 사용되다가, 1923년 관동대지진 때 소실되었다. 타다 남은 기단은 일본에 방치되어 있다가, 1995년 경복궁 건청궁 앞으로 옮겨졌다. 오쿠라 기하치로는 자선당을 비롯해서 한국의 석탑과 불상 등 상당수의 문화유산을 불법으로 반출했고, 1917년 사립박물관인 오쿠라슈코칸(大倉集古館)을 건립하여 약탈문화재를 소장했다.

야마나카 테이지로(山中定次郎)가 이끈 야마나카상회는 아시아 고미술 관련 최대의 무역상이었다. 야마나카상회는 전관회(展觀會)를 주기적으로 개최하며 수집한 문화재를 판매했는데, 그중 한국문화재도 대량 포함되었다. 야마나카상회가 수집한 한국문화재 대부분이 출처가 명확하지 않다. 이는 야마나카상회가 매매한 문화재 대부

분이 도굴로 유출되었거나 약탈당한 것이었음을 말해준다. 야마나카상회는 도자기류, 무덤의 구성물인 장명등(長明燈)과 망주석(望柱石) 등의 석조 유물, 서화류 등 다양한 우리의 문화재를 매매했다.

2. 전형필의 문화재 수호

◆ 간송미술관

일제강점기 우리의 문화유산을 지킨 대표적인 인물이 간송(澗松) 전형필(全鎣弼)이다. 전형필은 선대부터 종로의 상권을 소유하며 막대한 자산을 축적한 대부호 가문에서 1906년 태어났다. 독립운동가 오세창(吳世昌)의 영향을 받아 민족문화수호를 위해 일본으로의 문화재 유출을 막고자 평생을 바쳤다. 1938년 그는 서울 성북구에 최초의 사립미술관인 보화각(葆華閣)을 설립했는데, 이후 보화각은 간송미술관(澗松美術館)으로 이름을 변경했다.

간송미술관에는 유네스코 세계기록유산으로 지정된 훈민정음해례본(訓民正音解例本), 12세기경 제작된 국보 68호 청자상감운학문매병(靑磁象嵌雲鶴文梅瓶), 일본에서 구입해온 국보 270호 청자모자원숭이모양연적(靑磁母子猿形硯滴), 국보 74호 청자오리모양연적(靑磁鴨形硯滴), 경매에서 구입한 국보 294호 백자청화철채동채초충문병(白磁靑畵鐵彩銅彩草蟲文瓶) 등을 소장하고 있다. 이 문화재들은 일본으로 유출될 뻔했거나 유출된 문화재를 거액을 주고 다시 구입해온 경우이다. 특히 백자청화철채동채초충문병은 1936년 경성미술구락부 경매에서 야마나카상회와의 입찰 끝에 당시 기와집 15채 값에 해당하는 1만 4,549원을 불러 낙찰받은 것이다.

일제강점기 불법 유출된 국외 한국문화재에 대한 관심이 필요하며, 문화재 반환에 지속적인 노력이 요구된다. 2020년, 2021년 간송미술관에서 경영난으로 인해 소장품인 국보와 보물을 경매에 내놓는 일이 있었다. 문화재에는 그 나라의 역사와 문화가 담겨 있다. 일제로부터 어렵게 지켜낸 우리의 소중한 문화재를 지속적으로 관리하고 보존하기 위한 진지한 고민이 필요하다.

✿ 참고문헌

- 김정인 · 이준식 · 이송순, 『한국근대사』 2, 푸른역사, 2016.
- 대한감염학회, 『한국전염병사』, 군자출판사, 2009.
- 박찬승, 『한국근현대사를 읽는다』, 경인문화사, 2014.
- 방기철, 『한국역사 속의 기업가』, 앨피, 2018.
- 방기철, 『한국역사 속의 음식』 1·2, 경진출판, 2022.
- 서울역사편찬원, 『서울 2천년사』 30, 서울역사편찬원, 2015.
- 신병주, 『우리 역사 속 전염병』, 매일경제신문사, 2022.
- 주홍규, 「야마나카 상회(山中商會)와 일본으로 유출된 한국문화재」, 『한국학논총』 47, 한국문학회, 2017.
- 한국근현대사학회, 『한국근현대사 강의』, 한울아카데미, 2020.

17

해방과 정부수립

17강 🔵 해방과 정부수립

① 건국 준비활동

1940년 대한민국 임시정부의 여당 역할을 하던 한국국민당은 조소앙(趙素昂)의 한국독립당, 지청천의 조선혁명당과 합당하여 한국독립당으로 확대·개편했다. 1941년 12월에는 김원봉(金元鳳)의 민족혁명당이 임시정부 참여를 결정했다. 이로써 임시정부는 좌우통합과 민족전선통일을 달성했다. 11월에는 광복을 염두에 두고 삼균주의(三均主義)에 기초한 '대한민국건국강령'을 발표했다.

삼균주의는 조소앙이 독립운동 내부의 좌익과 우익사상을 종합하여 독립운동의 기본방략 및 조국건설의 지침을 체계화한 민족주의적 정치사상이다. 중국 쑨원(孫文)의 삼민주의, 캉유웨이(康有爲)의 대동사상, 무정부주의와 사회주의 등으로부터 영향을 받은 삼균주의는 개인과 개인, 민족과 민족, 국가와 국가 간에 균등을 지향했다. 따라서 '대한민국건국강령'은 앞으로 건국할 국가이념으로 자유민주주의와 사회민주주의 요소를 포괄하는 형태를 제시한 것이라 할 수 있다.

1940년 9월 창설된 한국광복군은 1942년 7월 임시정부가 중국 정부와 군사협정을 체결하면서 편성을 새롭게 했다. 총사령관 이청천(李青天), 참모장 김홍일(金弘一), 부사령관 겸 1지대장 김원봉, 2지대장 이범석(李範奭), 3지대장 김학규(金學奎) 등이 임명되었다. 처음 창군 활동은 지지부진했지만, 일본

🔵 한국광복군총사령부성립전례식(1940년 9월 17일)

군에서 탈출한 학병들이 임시정부에 모여들면서 활기를 띠기 시작했다. 미국의 OSS는 중국에서 낙하산으로 광복군을 국내에 침투시키는 독수리작전(Eagle Project)과 잠수정을 통해 재미한인을 국내에 침투시키는 냅코작전(Napko Project)을 계획했다. 그러나 8월 15일 일본이 연합국에 항복함으로써 국내진공작전은 실현되지 못했다.

국내에서는 여운형·조동호(趙東祜)·현우현(玄又玄)·이석구(李錫玖)·김진우(金振宇) 등이 주축이 되어 1944년 8월 10일 조선건국동맹을 조직했다. 조선건국동맹은 일본의 패전과 민족의 독립에 대비하여 만든 비밀결사로, 중앙과 지방 조직을 갖추고 군사행동을 계획했다. 일제는 패전 후 한국에 거주하는 일본인의 안전한 귀국을 위해 여운형과 교섭했다. 여운형은 조선총독부 정무총감 엔도 류사쿠(遠藤柳作)에게 5가지 조건을 제시했다.

❖

첫째, 전 조선의 정치범·경제범을 즉시 석방하라.

둘째, 조선의 수도인 경성의 3개월분(8~10월) 식량을 확보하라.

셋째, 치안 유지와 건설 사업에 아무런 간섭도 말라.

넷째, 조선의 추진력인 학생들의 훈련과 청년의 조직화에 간섭을 하지 말라.

다섯째, 조선 내 각 사업장에 있는 일본 노무자들을 우리의 건설 사업에 협력시키라.

❖

류사쿠는 여운형의 조건을 수락했고, 여운형은 조선건국동맹을 확대·개편하여 조선건국준비위원회[건준]를 결성하고 치안 유지와 함께 건국 준비작업에 착수했다.

여운형을 위원장, 안재홍을 부위원장으로 한 건준은 완전한 자주독립국가 건설, 전체 민족의 정치적·사회적 기본 욕구를 실현할 수 있는 민주주의 정권의 수립, 일시적 과도기의 국내 질서를 자주적으로 유지해 대중 생활의 확보 등을 강령으로 삼았다. 건준은 치안 유지를 위한 모임을 지부로 개편하여 체계화했고, 그 결과 8월 말까지 전국에 145개의 지부를 설치하는 성과를 거두었다.

건준은 여운형을 중심으로 한 사회주의세력, 안재홍을 중심으로 한 민족주의세력, 장안파와 재건파의 공산주의세력 등이 집결된 연합전선적 정치단체였다. 각 세력이 서로를 견제하면서 건준의 내분이 심화되었다. 안재홍은 건준을 탈퇴한 후 국민당을 창당했고, 건준과 합작을 추진하던 우파는 8월 28일 조선민족당을 발기했다가, 9월 4일 한국민주당[한민당]을 발족시켰다.

안재홍 등 우파세력이 탈퇴한 후 건준은 사회주의세력이 주도했고, 1945년 9월 6일 건준을 해체하고 조선인민공화국[인공]을 선포했다. 인공의 조직은 임시정부 추대운동에 대한 대응이었다. 인공이 선포되면서 건준은 발전적 해체를 선언했고, 건준지부는 인민위원회로 개편되었다. 인공에는 사회주의자, 공산주의자, 온건파 민족주의자들까지 참여했다. 그러나 보수민족주의 계열의 비협조, 미군정의 탄압과 불승인, 주석으로 추대된 이승만(李承晩)의 취임 거부, 임시정부세력의 반대 등으로 출범 5개월 만에 좌초되었다.

② 소련군의 진주와 미군정의 실시

1945년 8월 9일 소련군은 만주에 있는 일본군을 공격하기 시작했고, 12일 웅기·나진·청진 등을 점령했다. 16일 소련은 미국의 38선분할점령안을 받아들였고, 24일 함흥, 26일 평양에 진주했다.

중국 공산당의 동북항일연군에서 활동하던 김일성(金日成)은 1940년 말 만주지역 항일 무장세력에 대한 일제의 토벌작전에 밀려 하바로프스크로 퇴각했다. 이후 김일성은 소련군 88독립보병여단에 편성되었다가, 9월 19일 원산을 통해 입국했다. 10월 13일 소련은 조선공산당북부조선분국을 세우도록 하고, 김일성을 집행위원회 위원으로 선출했다. 이튿날 소련군을 환영하는 평양시 군중대회에서 김일성은 '민족의 영웅 김일성 장군'으로 등장했다.

광복 직후 조만식(曺晩植)을 중심으로 평양에서 평남 건국준비위원회가 결성되었지만, 소련군은 이를 강제로 해체시켰다. 그리고 인민위원회를 조직하고, 각 도와 지방에 인민위원회를 설치했다. 북한에 진주한 소련군은 인민위원회를 통한 간접통치방식을 취했다. 인민위원회는 좌익이 상당 부분을 차지하고 있었던 만큼, 인민위원회를 통치기구로 인정하고 발전시키는 것이 소련에 우호적인 정부를 수립하는 데 유리하다고 판단했던 것이다.

1946년 2월 소련은 북조선임시인민위원회를 조직하여 정권수립을 이루었다. 3월에는 무상몰수 무상분배에 의한 토지개혁을 실시했다. 또 노동법령과 남녀평등권 법령을 발표하고, 중요 산업의 국유화를 실시했다. 9월에는 북조선공산당과 신민당이 통합되어 로동당이 창립되었다.

미군은 1945년 8월 18일 OSS가 선발대를 입국시켜 미군의 진주에 대한 준비작업을 수행케 했지만, 연락을 받지 못했다며 위협하는 일본군에게 쫓겨 시안(西安)으로 철수했다. 9월 2일 미8군 사령관 존 하지(John Hodge)는 포고문을 통해 남한과 북한의 미·소 분할점령을 공식화하고, 남한에 군정을 실시한다는 사실을 발표했다. 그러나 미군이 정식으로 입국한 것은 9월 6일 김포를 통해서였다. 9월 9일 조선총독 아베 노부유키와 항복문서 조인식을 가졌고, 19일 재조선미국육군사령부군정청(USAMGIK)을 설치했다. 이것이 미군정인데, 1945년 8월 대한민국이 건국될 때까지 2년 11개월에 걸쳐 미군정이 실시되었다[미군정기; 해방공간기].

1945년 9월 11일 박헌영(朴憲永)의 경성콤그룹을 중심으로 조선공산당[조공]이 결성되었다. '부르주아 민주주의혁명'을 당면과제로 내세운 조공은 토지의 무상몰수 무상분배, 주요 산업의 국유화, 국가주도의 계획경제 등을 제시했다. 노동자와 농민이 중심이 되고 진보세력이 참여한 민족통일전선을 바탕으로 하는 인민정부를 세우려 했지만, 미군정이 인공을 인정하지 않아 실패로 끝났다.

1945년 9월 16일 송진우(宋鎭禹)·김성수(金性洙)·장덕수(張德秀) 등은 인공타도와 임시정부 봉대를 내걸고 한국민주당[한민당]을 결성했다. 지주와 부르주아세력을 대변한 한민당은 임시정부 추대운동에 앞장섰고, 미군정의 지원을 받아 성장했다. 10월 16일 귀국한 이승만은 독립촉성중앙협의회를 발족시키고 한민당과의 관계를 유지했다. 11월 23일 김구 등 임시정부 요인 중 일부가 귀국했다. 미군정이 대한민국임시정부를 공식적으로 인정하지 않아, 임시정부 요인들은 개인자격으로 귀국할 수밖에 없었다. 그러나 임시정부의 핵심 정당이었던 한국독립당은 국내에서도 여전히 활동을 계속했다.

미군정은 1945년 12월 6일 법령 제33호를 공포하여 일본인 재산을 적산(敵産)으로 규정하여 군정청 소유로 삼았다. 1946년 3월에는 신한공사(The New Korea Company; 新韓公社)를 설립하여 동양척식주식회사 소속 토지를 관리했다. 신한공사가 관리하는 토지는 남한 경지면적의 13.4퍼센트로 남한 최대의 지주였다.

1945년은 대풍년이었지만, 민들은 배고픔에 시달렸다. 미군정은 미곡에 자유시장 체제를 도입했는데, 생필품 가격이 오르자 쌀을 시장에 내놓지 않았다. 그러자 미군정은 1946년 2월 일제강점기 때 행했던 미곡수집령을 부활시켜 농민에게서 쌀을 강제로 빼앗았다.

미군정의 미곡 정책에 항의하는 시위가 잇달았고, 이는 9월총파업으로 발전했다. 1946년 9월 23일 0시 부산 철도노동자 7천여 명의 파업을 시작으로 남한의 철도노동자 4만여 명이 파업에 들어갔다. 출판·섬유·체신 등 조선노동조합전국평의회[전평]에 속한 노동조합원 등을 중심으로 30만 명이 넘는 노동자도 파업에 동참했다. 30일 미군정은 무장경찰 2천여 명과 대한독립촉성노동총동맹, 대한민주청년동맹, 대한독립촉성국민회 청년회원 등을 동원하여 철도파업을 강제 해산시켰다. 그 과정에서 수백 명이 부상당하고, 3명이 사망했다. 검거된 노동자도 1,700명이 넘었다.

9월총파업은 실패로 끝났지만, 식량난에 몰린 농민들이 투쟁에 가세하면서 10월 인민항쟁으로 이어졌다. 9월 30일 대구에서 식량 배급을 외치며 집회를 가졌는데 경찰의 발포로 노동자 1명이 사망했다. 그러자 이튿날인 10월 1일 대구역 앞에서 다시 대규모 집회가 열렸고 또다시 경찰의 발포로 6명이나 죽었다. 2일부터 수만 명의 군중이 시위에 가담해 경찰서를 공격하여 구속자를 석방시키고 경찰관을 죽이는 사태까지 이르렀다. 미군정은 시위를 진압하기 위해 대구지역에 계엄령을 선포하고

경비사령부를 설치했다.[대구10월사건; 대구10월항쟁; 10월항쟁; 10월인민항쟁; 대구폭동]

대구에서 시작된 항쟁은 전국으로 확대되었다. 미군정은 경찰·국방경비대·미군을 동원했고, 민족청년당·서북청년회·백의사(白衣社) 등의 우익청년단체까지 개입시켜 피해를 더욱 키웠다. 그 결과 1만 5천 명이 체포되었고 300명이 사망했으며, 6천여 명이 부상당했다. 12월 8일 전주에서의 항쟁으로 종료된 인민항쟁에는 100만 명 이상 참가했지만, 전국적 계획 없이 고립된 투쟁을 벌이다 실패했다. 한편 미군정은 이를 계기로 지방인민위원회를 분쇄하고 좌익의 모든 활동을 불법으로 규정하고 탄압했다.

미군정은 임시정부는 물론 인민공화국 등을 인정하지 않고, 일본의 통치기구를 그대로 존속시켰다. 1946년 2월 14일 미군정은 자문기구로 남조선대한국민대표민주의원[민주의원]을 개설했다. 그러나 의장 이승만이 남한 단독정부 수립을 주장하고, 김구와 김규식이 좌우합작운동을 추진하면서 민주의원의 기능이 정지되었다. 12월 미군정은 남조선과도입법의원을 설립했다. 1947년 6월에는 미군정의 이름을 남조선과도정부로 바꾸고 안재홍을 행정부의 최고책임자인 민정장관으로 임명하는 등 간접통치의 성격을 보이기도 했다.

미군정의 목표는 남한의 공산화 방지였다. 이를 위해 친일관리와 경찰을 등용했고, 식민지통치기구를 그대로 이용했으며, 일본인의 재산을 귀속재산으로 관리하면서 친일기업인들에게 불하했다. 정치적으로는 대한민국임시정부를 인정하지 않고 한국민주당 등 우익세력을 지원하면서 공산당 활동을 통제했다. 일제의 치안유지법과 사상범예방구금법은 철폐했지만, 신문지법과 보안법을 존속시켜 군정통치를 강화했고 영어를 공용어로 채택하여 서양식 제도와 문화를 도입했다.

③ 신탁통치와 좌우합작운동

남과 북에서 미군과 소련군의 군정이 실시되는 가운데, 미국·소련·영국은 모스크바에서 회의를 열어 한반도 문제를 협의했다. 모스크바삼상회의(The Moscow Conference of Foreign ministers)에서는 한국에 임시민주정부 수립을 위해 미소공동위원회를 설치하고, 최고 5년 동안 미국·영국·중국·소련의 신탁통치(International Trusteeship; 信託統治)하에 두기로 결정했다.

미국은 신탁통치를 통해 우리나라를 어느 한 나라가 독점치 못하도록 하여 자국의 이익을 확보하고, 소련에 대한 우위권을 실현하려 했다. 소련은 신탁통치가 미국의 영향력 보장을 위한 것임을 인식했고, 당시 국내에서 좌익세력이 월등히 우세했던 만큼 즉각 독립을 주장했다. 하지만 미국이 강하게 반발하자 소련은 신탁통치에 참여하여 친소적 정부를 성립하기 위해 노력하고, 우리나라에 소련군이 진출한다는 방침을 결정했다.

신탁통치와 관련된 사항이 국내에 처음 알려진 것은 1945년 10월 23일이었다. 〈매일신보〉는 미 국무성 극동부장 존 빈센트(John Vincent)의 신탁통치 실시 결정을 전하면서, 신탁통치는 독립에 반하는 것이라며 반대할 것을 호소했다. 그런데 12월 25일 한민당의 기관지라 할 수 있는 〈동아일보〉는 소련이 대일참전의 대가로 우리나라를 차지하려 한다는 근거 없는 기사를 실었다. 이튿날 이승만은 소련이 신탁통치안을 주장하고 있다고 밝혔다. 27일 〈동아일보〉는 미국이 한국의 즉시 독립을 주장하는 반면, 소련은 남북 전체에 일국 신탁통치를 주장한다고 보도했다. 〈동아일보〉의 잘못된 보도는 소련이 우리나라 전체를 신탁통치하려는 것으로 인식되어 반소·반공 분위기를 고양시켰다.

1945년 12월 28일 임시정부세력은 '신탁통치반대국민총동원위원회'를 조직했고, 여기에 한민당·국민당·조선공산당·인민당 등도 참여했다. 일제의 식민통치를 경험했던 국민들은 '외세개입 반대'와 '즉각 독립'을 주장하는 반탁에 호의적 반응을 보였다. 임시정부 요인들은 반탁운동을 임정법통론에 입각한 정부수립운동으로 연결시키려 했고, 미군정은 이를 쿠데타로 규정했다. 한편 1946년 1월 2일 조선인민공화국 중앙인민위원회가 친탁을 주장하면서 좌익세력은 모스크바삼상회의의 결정을 지지한다는 입장을 표명했다. 이후 반탁은 애국과 독립, 찬탁은 매국과 식민지화라는 등식이 성립되었다. 이제 신탁통치가 좌익과 우익의 대립으로 나타나게 되었던 것이다.

신탁통치를 둘러싼 의견 대립은 미국 내부에서도 있었다. 신탁통치를 제안한 것은 미국 국무부였다. 하지만 더글러스 맥아더(Douglas MacArthur)와 미군정은 신탁통치 실시를 반대했다. 그

◎ 신탁통치반대전국대회(1945년 12월 31일)

이유는 한국민 대다수가 신탁통치에 반대하고, 현실에 적합하지 않으며, 소련이 참여하는 신탁통치는 공산화의 위험을 안고 있다고 생각했기 때문이었다.

신탁통치를 둘러싼 대립이 극에 이르자 미국은 이 문제를 미소공동위원회를 통해 해결키로 결정했다. 1946년 1월부터 1947년 7월까지 지속된 미소공동위원회에서 미국은 인구비례에 의한 정치일정을 제안했지만, 소련은 이에 반발했다. 당시 인구 비율이 남 2천만:북 1천만이었던 만큼 소련으로서는 이를 받아들일 수 없었다. 결국 미소공동위원회는 결렬되었고, 1947년 9월 26일 소련은 미·소 양군의 철군을 제안했다. 당시 북한은 2개 보병사단과 1개 혼성여단이 갖춰진 만큼 굳이 소련군이 잔류할 필요가 없었다. 하지만 미국은 소련의 철군안을 받아들이지 않았다.

미소공동위원회의 무기한 휴회로 좌우익의 대립이 심화되었고, 남한과 북한에서 각각 단독정부를 수립하는 움직임이 나타나고 있었다. 분단의 가능성이 높아지자 우익과 좌익의 중도파세력을 중심으로 합작의 필요성이 제기되었다. 미군정은 조공과 극우세력을 견제하면서 중도파를 친미세력으로 끌어들이기 위해 좌우합작운동을 지지했다.

1946년 7월 25일 우익의 김규식·원세훈(元世勳)·김붕준(金朋濬)·안재홍·최동오(崔東旿), 좌익의 여운형·허헌(許憲)·김원봉·정노식(鄭魯湜)·이강국(李康國) 등을 중심으로 좌우합작위원회가 구성되었다. 좌우합작위원회는 민주주의 임시정부 수립, 미소공동위원회 속개 요청, 주요 산업의 국유화와 토지의 체감 매상, 입법기관을 통한 친일파 및 민

족반역자 문제 처리, 정치운동자 석방과 테러적 행동 제지, 입법기구 운영방안 모색, 언론·집회·결사·출판·교통·투표의 자유 보장 등 좌우합작7원칙을 발표했다. 좌우합작7원칙은 무상몰수 무상분배의 좌익의 토지개혁 원칙을 무시했을 뿐 아니라, 친일파와 민족반역자 처리를 입법기관 설치 이후로 미룸에 따라 좌익의 반대에 부딪혔다. 또 모스크바삼상회의 및 미소공동위원회 관련된 내용은 우익에서 받아들일 수 없는 내용이었다.

좌우합작운동은 조선공산당 등 좌익과 한국민주당 등 우익이 불참했고, 1947년에는 극우세력에 의해 여운형이 암살되는 사태가 발생했다. 미군정이 좌우합작을 지지한 것은 좌우를 통일시키기 위한 것이 아닌 반공전략의 일환이었다. 합작이 진행되자 공산당을 탄압하는 모순된 행동을 보였고, 결국에는 좌우합작운동 지지를 철회했다. 이뿐만 아니라 이승만 등이 단정운동을 펼치는 등 좌우익의 극심한 대립으로 좌우합작운동은 결국 실패로 끝나고 말았다.

④ 4·3항쟁과 여순사건

1947년 제주도민 3만여 명은 제주북초등학교에서 3·1절 기념식을 거행하고 관덕정(觀德亭)까지 시위를 하며, "미군 철수, 삼상회의 절대 지지, 3·1정신의 계승" 등을 주장했다. 당시 제주도는 일본과의 교역 금지로 경제 상황이 최악이었고, 전염병이 창궐하고 있었다. 미군정의 미곡 수입 정책으로 인플레이션과 부정부패도 극심했다. 이런 이유로 제주도민들은 시위를 벌였다.

시위대가 해산한 상태에서 말에 아이가 깔렸음에도 기마 경관이 그대로 지나가자 이를 본 군중이 돌팔매질을 했다. 경찰이 발포하여 6명의 사상자가 발생했지만, 경찰은 정당방위를 주장했다. 그러자 학생들은 동맹휴학을 시작했고 3월 10일 공무원과 일부 경찰까지 포함하여 도민들은 총파업을 벌였다. 이튿날에는 제주읍공동투쟁위원회가 조직되었다. 미군정은 2천여 명을 검거하여 200여 명을 구속시켰다.

또 도지사를 교체하고 서북청년단을 제주도에 파견했다. 서북청년단은 제주도에 들어와 도민의 90퍼센트 이상이 빨갱이라며 도민에게 폭력을 행사하기 시작했다.

1948년 4월 3일 새벽 1시 89개의 오름에 봉화가 오르면서 1,500여 명의 민중자위대가 10개의 경찰지서를 습격했다[4·3항쟁; 4·3사건; 4·3봉기; 4·3반란; 4·3폭동]. 이들은 경찰과 서북청년단에 의한 탄압중지와 단선·단정 반대, 통일정부 수립 등을 촉구했다.

제주도 방위를 맡은 국방경비대 제9연대는 도민과 경찰의 충돌로 보고 개입하지 않으려 했다. 하지만 미군정은 제주도를 '빨갱이들의 섬'·'작은 모스크바' 등으로 명명하고, 4월 17일 진압작전 동참 명령을 내렸다. 연대장 김익렬(金益烈)은 귀순선무작전을 시도한 후, 실패하면 토벌하겠다고 미군정을 설득했고, 인민해방군 사령관 김달삼(金達三)과 협상을 펼쳐 무장해제에 동의했다. 하지만 경찰은 사후 책임을 두려워해 합의를 어기고 제주도민을 공격했다.

5월 1일 서북청년단 30여 명이 오라리(吾羅里) 연미(淵味)마을에 불을 질렀다. 유격대원이 청년들을 추격했지만 이들은 사라졌고, 청년들의 신고를 받은 경찰이 총을 난사하며 마을로 진입했다. 제9연대가 출동하자 경찰은 마을을 빠져나갔다. 김익렬은 사건의 원인이 경찰의 강경탄압에 의한 것이라고 여겼지만, 경찰은 공산주의자들의 선동에 의한 것이라고 주장했다[오라리방화사건].

5월 2일 김익렬은 방화사건의 주모자를 체포했다. 그런데 이튿날 평화협정에 따라 산에서 내려오는 도민들에게 경찰이 총을 쏘았다. 6일 김익렬은 경찰총장 조병옥(趙炳玉)에 의해 공산주의자로 몰려 해임되었고, 후임으로 일본군 장교 출신 박진경(朴珍景)이 임명되었다. 박진경은 취임 10일 만에 6천여 명을 체포했고, 미군정은 그를 대령으로 진급시켰다. 박진경은 진급 축하 파티 후 부하들에게 암살당했다.

◎ 4·3항쟁 당시 학살당한 어린이들의 시신이 묻혀 있는 너븐숭이 애기무덤

박진경의 후임으로 부임한 송요찬(宋堯讚)은 "해안선에서 5킬로미터 이상 지역에 출입하는 자는 무조건 사살한다"는 포고령을 내리고, 중산간마을을 초토화하는 대대적인 강경 진압작전을 전개했다. 1949년 7월 17일 이승만은 제주도 전역에 계엄령을 선포했다. 그런데 계엄법은 1949년 11월 24일 제정·공포되었다. 즉, 이승만은 법에도 없는 계엄령을 선포했던 것이다. 계엄령 선포 후 진압군은 중산간마을뿐 아니라 해안마을 주민들까지 집단으로 살상했다.

1949년 3월 제주도지구전투사령부가 설치되면서 진압과 선무를 병용하는 작전이 전개됐다. 귀순하면 용서하겠다는 사면정책이 발표되었고, 많은 주민이 하산했다. 6월 무장대 사령관 이덕구(李德九)가 사살됨으로써 무장대는 사실상 궤멸되었다. 그러나 1950년 한국전쟁이 발발하자 입산자 가족 등은 예비검속되어 죽임을 당했다. 전국 형무소에 수감되어 있던 4·3항쟁 관련자들도 즉결 처분되었다. 한편 한라산에 있던 무장대는 인민군이 제주도에 상륙할 것이라는 희망에서 서귀포발전소를 전소시키는 등 활동을 전개했다. 그러나 군경의 토벌작전에 의해 궤멸되었고, 1957년 4월 2일 마지막 무장대원 오원권(吳元權)이 체포됨으로써 9년간의 항쟁은 끝이 났다.

1948년 10월 15~16일경 육군본부는 4·3사건 진압을 목적으로 여수에 있던 14연대의 파병을 결정했다. 이 사실이 알려지면서 14연대 내 남로당 조직원들은 반란을 일으키기로 결정했다. 19일 오전 7시 출동명령이 내려지자 지창수(池昌洙) 상사는 부대원들을 모아놓고 "동족상잔 강요하는 제주도 출동을 거부한다"는 명분을 내걸고 봉기했다[여순사건; 여순반란사건; 여순항쟁; 여수14연대반란사건; 10·19사건].

14연대가 봉기할 때 남로당과 직접 관계를 가진 것은 아니었고, 다른 연대나 군 수뇌부와도 연계되지 않았다. 즉, 14연대 내 남로당 하부조직 또는 동조세력이 독자적으로 일으킨 사건이었다. 당시 경비대는 친일경찰이 자신들보다 높은 대우를 받는 것에 불만이 있었고, 물가상승과 식량난 등의 민생고를 겪고 있었다. 이 때문에 많은 병사가 참여했던 것이다. 물론 반대하는 병사들도 있었는데, 이들은 사살되었다.

지창수는 연대장으로 추대되었고, 10월 20일 새벽 1시 반군은 여수읍 내 좌익단체 및 학생단체 600여 명에게 무기를 지급했다. 새벽 3시경 여수경찰서를 점령한 데 이어, 새벽 5시경에는 여수읍 내 관공서 등 중요기관을 모두 점거했다. 오전에 반군들은 순천으로 향했다. 당시 순천의 경비를 맡고 있던 14연대 2개 중대가 반군에 합류했고, 오후 3시경 순천은 반군에 의해 완전 점령당했다. 이어 21일 벌교경찰서와 광양경찰서를 접수하고, 다음 날에는 보성·구례·고흥·곡성·장흥·화순 등 전남 동부지역을 장악했다.

10월 22일 정부는 여순지구에 계엄령을 선포했다. 23일 진압군은 순천을 점령했고, 이 과정에서 22일 보성과 벌교 등 주변 지역이 평정되었다. 27일에는 여수를 탈환했지만, 반군은 지리산·백운산 등에서 유격전을 전개했다. 이 때문에 11월 1일 계엄령을 전라남·북도 일원으로 확대해서 선포해야만 했다. 지리산을 중심으로 한 게릴라들의 활동은 1950년 초까지 계속되었다.

여순사건은 군에 남로당이 가세하여 대한민국을 분쇄하려 했다는 점에서 엄청난 충격을 주었다. 군 내부의 좌파세력을 색출하고자 하는 숙군사업이 강화되고 국가보안법이 제정되는 직접적 계기가 되었는데, 이는 이승만의 권력을 강화하는 요소로 작용했다.

⑤ 남북한 단독정부 수립

미소공동위원회가 결렬되자 1947년 9월 미국은 한국 문제를 UN에 이관했고, 그 결과 오스트레일리아·캐나다·중국·엘살바도르·프랑스·인도·필리핀·시리아·우크라이나 등 9개국으로 국제연합 한국임시위원단(UNTOCK)이 구성되었다. 우크라이나는 구성 국가들이 친미적이라는 이유로 참석을 거부했고, 오스트레일리아·캐나다·인도·시리아 대표는 남한만의 단독선거에 반대했다. 그러나 1948년 2월 6일 한국 문제를 UN소총회에서 다루기로 결정함으로써 남한만의 단독선거가 확실시되었다. 이튿날 남로당은 단독선거를 반대하는 전국적 규모의 파업과 폭동을 일으켰다[2·7투쟁; 2·7사건;

2·7파업; 2·7폭동; 2·7구국투쟁]. 파업에는 30만
여 명의 노동자들이 참여했는데, 경찰
은 좌익을 대규모로 검거했고, 그 결
과 남로당은 상당한 타격을 입었다.

1948년 2월 26일 UN소총회는 미
국이 제안한 '가능한 지역에서만의
총선거안'을 찬성 31, 반대 2, 기권 11
로 통과시켰다. 좌파, 중도진영의 민독

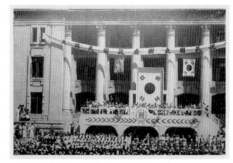
● 1948년 대한민국정부수립 기념식

당·근로민주당·김규식, 우파의 김구는 단독선거를 반대했지만 이승만·한민당·조선
민주당 등은 단독선거를 지지했다. 김구와 김규식 등은 단선·단정반대와 북한과의
남북연석회의를 추진했다. 1948년 4월 이들은 평양을 방문하여 김일성과 대면했지
만 뚜렷한 성과를 거두지 못하고 돌아왔다. 이러한 혼란 속에 미군정이 주관하고
UN한국임시위원단이 참관한 가운데 1948년 5월 10일 남한에서 총선거가 실시되
었다.

1948년 5월 31일 제헌국회가 열려 국호를 대한민국으로 정했고, 7월 17일 헌법을
공포했다. 7월 20일 국회에서 대통령 이승만, 부통령 이시영을 선출했고, 8월 15일
정부수립을 선포했다.

북한은 1946년 11월 도·시·군인민위원회 선거를 실시했다. 1947년 2월 도·시·군
인민위원회는 북조선인민위원회로 개편되었고, 위원장에 김일성이 선출되었다.
1948년 2월 8일 조선인민군을 창건했고 4월 29일 북조선인민회의 특별회의에서 헌
법을 통과시켰다. 9월 2일에는 최고인민회의를 열어 국가원수인 상임위원회 위원장
김두봉(金枓奉), 최고인민회의 의장 허헌, 내각 수상 김일성, 부수상 박헌영·홍명희(洪命
熹)·김책(金策)을 선출했다. 9월 9일 조선민주주의인민공화국을 수립하여 남과 북은
분단의 길로 내닫기 시작했다.

✳ 참고문헌

- 고창훈, 「4·3민중항쟁의 전개와 성격」, 『해방 전후사의 인식』 4, 한길사, 2016.
- 도진순, 『한국민족주의와 남북관계』, 서울대학교 출판부, 1997.
- 박태균, 「우익세력의 재편과 민족주의세력의 약화」, 『한국현대사』 1, 풀빛, 1991.
- 朴璨杓, 「대한민국의 수립」, 『한국사』 52, 국사편찬위원회, 2003.
- 서중석, 『한국현대 민족운동연구』, 역사비평사, 1998.
- 沈之淵, 「미군정기 정치세력들의 노선과 활동」, 『한국사』 17, 한길사, 1994.
- 윤덕영, 「해방 직후의 민족통일전선운동」, 『한국현대사』 1, 풀빛, 1991.
- 이완범, 「해방 직후 국내 정치세력과 미국의 관계, 1945~1948」, 『해방 전후사의 재인식』 2, 책세상, 2006.
- 전상인, 「해방 공간의 사회사」, 『해방 전후사의 재인식』 2, 책세상, 2006.
- 정병준, 「朝鮮建國同盟의 조직과 활동」, 『韓國史硏究』 80, 韓國史硏究會, 1993.
- 한국역사연구회 현대사연구반, 『한국현대사』 1, 풀빛, 1991.
- 황남준, 「전남지방정치와 여순사건」, 『해방 전후사의 인식』 3, 한길사, 2016.

18

이승만 정부와 4·19혁명

18강 ● 이승만 정부와 4·19혁명

① 제1공화국

해방을 맞아 이승만이 귀국하려 하자 미 국무부는 그의 귀국을 막았다. 미국은 소련과의 합의를 통해 우리나라에 좌우합작연립정부를 세우려는 계획을 가지고 있었다. 따라서 이승만의 극단적인 반공주의와 파당성이 한국 문제를 복잡하게 할 것으로 판단했다. 하지만 연합군 최고 사령관 맥아더는 좌익을 억누르기 위해 이승만이 필요하다고 판단했다. 그 결과 1945년 10월 12일 이승만은 미군용기 편으로 도쿄에 도착했고, 다시 미군용기를 타고 10월 16일 김포공항을 통해 귀국했다.

이승만 귀국 전인 1945년 9월 14일 조선인민공화국[인공]은 이승만을 주석으로 선출하고 임시정부의 주석인 김구를 내정부장, 부주석 김규식을 외교부장으로 발표했다. 이는 인공이 임시정부를 격하시키고 미군정으로부터 호감을 받기 위한 것이었다. 그런데 인공이 이승만을 주석으로 선출함으로써 그의 정치적 성가가 높아지게 되었다.

이승만의 귀국은 임시정부 요인들보다 한 달 이상 빨랐다. 이는 이승만이 해방 정국에서 우익 진영을 장악하는 데 큰 도움을 주었다. 귀국 후 국내 기반이 없던 그는 한국민주당[한민당]과 손을 잡았다. 그는 미국 민주주의를 모델로 하고 기독교정신을 이상으로 삼는 국가체제를 지향했고, 사회주의를 배격하는 반공노선을 내걸었다.

김구 등 임시정부 요인들이 귀국하면서 이승만은 입지가 축소되는 정치적 위기를 맞았다. 그러나 신탁통치를 둘러싼 정국에서 우익세력의 주도권을 장악해나가기 시작했다. 대한독립촉성국민회와 대한독립촉성국민회청년회는 그의 정치세력 확장에 큰 역할을 했다. 1946년 6월 3일 이승만은 정읍에서 남한만의 단독정부 수립을 천

명했다[정읍발언]. 그의 단독정부 수립 구상은 국내에서 많은 반대에 부딪혔고, 좌우합작을 지원했던 미군정 역시 이승만을 적으로 간주했다. 1947년 12월 이승만은 미국으로 가서 미군정의 좌우합작정책을 공개적으로 비난하고 단독정부 수립의 지원을 요청했다. 이승만은 통일정부가 수립될 경우 자신이 정부수반이 될 수 없다는 것을 잘 알고 있었기 때문에 단독정부 수립에 정성을 쏟았다.

1948년 5월 10일 남한에서 총선거가 실시되었다. 이승만은 동대문갑에 입후보했다. 동대문갑에는 최능진(崔能鎭)도 입후보하려 했다. 독립운동 경력이 있는 최능진은 친일경찰 처벌 등을 요구하여 인기가 높았다. 서북청년단이 최능진의 등록서류를 날치기하는 일이 발생했고, 최능진은 군정장관에게 이승만의 등록 방해 사실을 항의하여 후보 등록을 마쳤다. 그러자 이승만은 경찰을 동원해

◎ 이승만의 대통령 취임을 전한 〈동아일보〉 기사(국사편찬위원회 한국사데이터베이스 활용)

추천인 27명으로부터 본인이 날인하지 않았다는 진술을 받아내어 등록을 취소시켰다. 그 결과 이승만은 동대문갑에 단독 입후보해 당선되었다.

제헌국회가 구성되면서, 최고령자인 이승만은 임시의장에 선출되었다. 임시준칙이 통과된 후에는 초대국회의장에 선출되었다. 제헌국회에서 제정한 헌법은 내각책임제였는데, 이승만은 강력하게 반대했다. 내각책임제하에서는 한민당을 주도하는 김성수가 국무총리가 될 가능성이 높았기 때문이다. 7월 17일 이승만의 주장대로 대통령중심제의 헌법이 마련되었다. 제헌헌법은 기본권의 보장, 3권 분립을 통한 권력 간 견제와 균형, 지방자치, 자유경제체제를 원칙으로 하면서 민주사회주의적 요소까지 내포한 선진적인 것이었다.

서재필을 대통령으로 옹립하려는 움직임이 있었지만 서재필은 거절했고, 김구는 단정에 참여하지 않을 것임을 발표했다. 7월 20일 국회에서 재석의원 196명 중 180

명의 지지로 73세의 이승만이 초대 대통령으로 선출되었다. 부통령 이시영, 국무총리 이범석 등 초대 내각은 주도적 정파가 없는 연립내각의 성격을 띠었다. 이는 이승만이 한민당·임정계·중도진영 등을 배제한 결과였다.

② 삼선개헌과 장기집권

1950년 5월 30일 실시된 2대 국회의원 선거에서 이승만 지지세력은 전체 의석 210석 중 30여 석만을 차지했을 뿐이다. 반면 무소속이 126석이나 당선되었다. 이들은 모두 반이승만세력이었다.

1950년 6월 25일 북한군이 침략하자, 27일 이승만은 서울을 떠나 피난했다. 그러면서도 녹음방송을 통해 국군이 북진하고 있음을 선전했고, 28일 새벽에는 한강 다리를 폭파하여 서울시민들의 피난을 차단했다. 1951년 2월 11일 육군 11사단 9연대가 거창군 신원면

◆ 이승만대통령(공공누리 제1유형 국립중앙박물관 공공저작물 이용)

주민 500여 명을 공산게릴라라며 집단학살했다[거창양민학살사건]. 3월에는 국민방위군 간부들이 보급품을 착복하여 5만여 명이 굶주림과 질병으로 죽었다[국민방위군사건]. 실정이 거듭되면서 이승만의 재선은 불가능한 것으로 여겨졌다.

1951년 11월 30일 부산에 피난 중이던 이승만은 대통령직선제 개헌안을 발의했다. 자신을 반대하는 세력이 국회를 장악한 상황에서 재집권이 불가능하다고 판단했던 것이다. 1952년 1월 18일 표결에 부친 개헌안은 가 19, 부 143, 기권 1로 부결되었다. 그러자 이승만은 국회의원 93명을 중심으로 자유당을 창당했다. 그리고 대한청년단·대한노총 등을 동원하여 '정부개헌안부결반대 민중대회'를 개최하고, '국회의원 소환운동'을 전개토록 했다. 여기에는 경찰과 백골단·땃벌떼·민족자결단 등의 정치깡패들이 긴밀히 협조했다.

이승만의 움직임에 맞서 4월 17일 123명의 국회의원이 내각제 개헌안을 상정했다. 그러자 이승만은 5월 14일 부결된 직선제 개헌안을 다시 국회에 제출했다. 그리고 25일 계엄령을 선포했다. 계엄령 발포와 함께 이승만은 내각책임제 개헌을 추진하던 반대파 국회의원 47명을 국제공산당이라며 검거했다. 이승만의 헌정유린에 항의하여 5월 26일 김성수는 부통령직을 사임했다[5·26부산정치파동]. 6월 21일 이승만은 대통령직선제를 골자로 한 발췌개헌안을 상정했다. '개헌안은 국회 30일간 공고해야 한다'는 법적 절차가 무시되었고, 7월 4일 발췌개헌안은 기립표결로 통과되었다.

7월 18일 대통령 선거일을 공고하고, 26일 후보등록을 마감했다. 8월 5일에는 투표가 실시되었다. 이는 선거운동 기간을 최소화하여 경쟁자들이 맞설 수 있는 시간을 가지지 못하게 한 것이었다. 선거 결과 이승만은 523만여 표를 얻어 79만여 표를 얻은 조봉암(曺奉岩)을 제치고 재선에 성공했다.

1953년 9월 이승만은 이범석과 조선민족청년단[족청]계를 자유당에서 추방했다. 광복군을 이끌었던 이범석은 정부수립 후 초대 국무총리와 국방장관을 겸임했다. 1952년에는 자유당 부당수와 내무장관직을 맡아 자유당의 주도권을 쥐고 있었다. 이승만의 발췌개헌과 2대 대선에서 이승만을 당선시키는 데 결정적인 역할을 한 것도 바로 이범석과 족청계였다. 그러나 이범석의 세력이 커지자 그를 제거한 것이다. 이범석 제거에 앞장섰던 이기붕(李起鵬)은 자유당의 2인자로 부상했다.

1954년 이승만은 자신의 종신집권을 보장받기 위한 개헌안을 주도했다. 국회의원 선거를 앞두고는 초대 대통령 중임금지 조항 개헌을 지지하는 서약서를 쓴 자에 한해 공천을 주었다. 선거 결과 자유당은 203명 중 과반수가 넘는 114석을 차지했다. 하지만 5·20선거에서도 이승만은 경찰력을 총동원하여 반대세력의 선거운동을 방해했다. 그 결과 경찰의 곤봉이 당락을 결정했다고 해서 '곤봉선거' 또는 '경찰선거'라는 말이 유행했다.

1954년 11월 27일 초대 대통령에 한해 중임제 제한을 철폐한다는 법안은 재적 203명 중 찬성 135, 반대 60, 기권 7로 부결되었다. 가결이 되려면 3분의 2인 136명을 확보해야 하는데 1명이 부족했던 것이다. 그런데 이승만과 자유당은 서울대학교

수학과 교수 최윤식(崔允植) 등을 동원해 203명의 3분의 2는 135.3명인데, 사사오입하면 135명이라며 29일 다시 가결로 번복했다. 이처럼 그는 자유민주주의의 정치규범을 스스로 파괴하는 행위로 장기집권을 위한 기반을 구축해갔다.

3대 대통령 선거에는 자유당 이승만-이기붕, 민주당 신익희(申翼熙)-장면(張勉), 진보당 조봉암-박기출(朴己出) 등이 입후보했다. 민주당이 내세운 "못 살겠다 갈아보자"라는 구호는 선풍적인 인기를 끌었다. 자유당이 "갈아봤자 별 수 없다", "갈아봤자 더 못 산다", "구관이 명관이다" 등을 내걸었지만 민심을 돌리지 못했다. 신익희의 한강 백사장 유세에는 30만 명이 운집할 정도였다.

선거를 열흘 앞둔 5월 5일 신익희는 호남 유세를 위해 열차로 이동 중 뇌출혈로 사망했다. 15일 선거에서 이승만은 52퍼센트의 득표율로 당선되었지만, 부통령에는 민주당의 장면이 당선되었다. 그런데 이 선거에서 무효표가 185만 표나 되었다. 이 표 대부분은 신익희를 지지한 추모표였다. 한편 진보당의 조봉암은 30퍼센트에 이르는 216만 표를 획득했다. 3·15부정선거 당시 내무장관이었던 최인규(崔仁圭)는 조봉암이 우세했다고 회고한 바 있다. 이승만에게 조봉암은 큰 부담으로 작용했던 것이다.

1958년 2월 8일 육군특무대는 북한의 지령과 자금이 조봉암에게 전달되었다며, 조봉암을 간첩죄로 검찰에 송치했다. 한국전쟁 이후에도 북진통일을 외치던 이승만은 평화통일론을 주장하고 사회민주주의 경향을 가진 진보당과 조봉암에게 간첩혐의를 뒤집어씌웠다[진보당사건]. 1심에서 5년형을 언도받았던 조봉암은 2심과 3심에서 사형을 선고받았다. 1959년 7월 31일 조봉암은 서대문형무소에서 사형되었다. 이로써 이승만은 강력한 라이벌을 또 한 명 제거했다.

③ 3·15부정선거

1958년 5월 2일 4대 총선이 치러졌다. 이때 3인조 투표·5인조 투표, 개표 도중 전기를 끄고 부정으로 표를 올리는 올빼미투표, 여당표 중간에 야당표나 무효표를 끼

위놓은 샌드위치투표, 야당 참관인에게 수면제를 먹이고 임의 개표한 닭죽개표, 개표 종사자가 야당표에 인주를 묻혀 무효표로 만드는 빈대잡기표 등이 행해졌다. 부정선거의 결과 자유당은 232석 중 126석을 차지할 수 있었다. 그러나 자유당은 3대 국회에 비해 4명이 준 반면 민주당은 33명이 늘어났다.

대선을 앞두고 위기감을 느낀 이승만 정부는 공안 정국을 조성했다. 1958년 11월 8일 신국가보안법을 국회에 제출했는데, 이는 반여당세력에 대한 탄압과 언론기관 통제를 위한 것이었다. 함께 제출된 지방자치법 개정안은 시장·읍장·면장 등을 임명제로 바꾸는 것이었다. 야당의 격렬한 반대에 부딪히자, 12월 24일 무술 경관을 국회에 투입하여 야당 의원을 지하실에 감금하고 국회의사당의 정문을 폐쇄한 채 자유당 의원만 출석한 국회에서 국가보안법과 지방자치법 개정안 등 10개 법안을 2시간 만에 통과시켰다[24보안법파동]. 신국가보안법에 의거해 자유당은 1959년 4월 30일 야당에 우호적이었던 〈경향신문〉을 폐간하는 등 언론탄압을 가중시켰다. 1960년에는 기존의 청년단체를 해체하고 대한반공청년단에 통합시킴으로써 자유당의 원외 조직기반을 확대하여 대선을 준비했다.

건국 이래 대선은 5월에 치러졌는데, 이승만은 농번기를 피한다는 명목으로 4대 대통령 선거를 3월 15일에 실시한다고 발표했다. 당시 민주당은 대선 후보를 두고 신파와 구파 간 치열한 파벌 싸움이 전개되고 있었다. 이승만은 이를 부추겨 신파와 구파가 힘을 합칠 시간을 주지 않으려 했다. 또 민주당 대통령 후보로 유력한 조병옥(趙炳玉)의 병세가 심상치 않았기 때문에 선거를 앞당긴 것이었다. 대통령 후보를 수락하면서 이승만은 1956년처럼 타당 후보가 부통령에 당선되면 자신은 피선을 받아들이지 않겠다며 노골적으로 부정선거를 지시했다.

◐ 1960년 2월 7일 서울운동장에서 열린 대통령 후보 이승만 박사, 부통령 후보 이기붕 선생 출마 환영 대강연회(공공누리 제1유형 서울특별시 공공저작물 이용)

민주당 경선 결과 구파의 조병옥이 대통령 후보, 신파의 장면이 부통령 후보로 선출되었다. 그런데 선거를 앞두고 조병옥이 쓰러졌다. 1960년 1월 29일 조병옥은 미국으로 건너가 월터리드병원(Walter Reed Hospital)에서 치료를 받던 중 2월 15일 사망했다. 민주당은 선거 연기를 요구했지만, 이승만은 받아들이지 않았다. 민주당은 등록기간이 지나 대통령 후보를 포기해야만 했다. 이로써 이승만은 단독 후보로 대통령당선이 확정되었다.

1960년 이승만의 나이는 만 85세였다. 대통령 유고시 부통령이 직을 승계하는 만큼 관심은 부통령 선거에 집중되었다. 선거 결과 이기붕이 부통령에 당선되었다. 그런데 이 선거는 관권과 금권을 동원한 부정선거였다. 경찰과 반공청년단이 투표소를 포위했고, 야당 참관인들은 매를 맞고 투표소에서 쫓겨났다. 이승만을 기표한 40퍼센트를 미리 투표함에 넣은 4할 사전투표, 조장의 지휘와 감시하에 투표하는 3인조·9인조 공개투표, 대리투표, 투표함 바꿔치기와 표 바꿔치기 등이 행해졌다. 그 결과 자유당 표가 유권자보다 많이 나와 중앙선거관리위원회는 득표율을 깎아 내리기도 했다.

④ 4·19혁명

이승만 정권에 대한 저항은 3·15부정선거 전인 1960년 2월 28일 대구에서 고등학생들의 시위로 시작되었다. 이날은 일요일로 민주당의 장면 부통령 후보가 대구에서 유세를 할 계획이었다. 이승만 정권은 민주당 집회에 학생들의 참여를 원천적으로 봉쇄하기 위해 일요일임에도 불구하고 학생들을 강제로 등교시켰다. 그러자 경북고·경북여고·대구고 학생들이 등교 조치에 항거하며 시위를 시작했다. 이튿날에는 대구여고와 대구상고 학생들도 학원자유화와 부정선거 규탄을 부르짖으며 시위를 벌였다. 고등학생들의 시위는 서울·부산·수원·대전·광주·인천·원주·포항 등 전국으로 확대되었다.

선거 당일인 3월 15일 마산에서는 민주당이 오전 10시 30분 선거무효를 선언하고 부정선거를 폭로했다. 마산의 시민과 학생들은 부정선거를 규탄하는 시위를 벌였고, 경찰이 시위대를 향해 발포하여 8명이 사망하고 80여 명이 부상을 입었다. 마산에서 일어난 시위를 계기로 서울·청주·진해·부산 등에서도 시위가 일어나기 시작했다. 〈런던타임스(The Times of London)〉·〈뉴스위크(Newsweek)〉·〈워싱턴포스트(The Washington Post)〉·〈뉴욕타임스(The New York Times)〉·〈이코노미스트(The Economist)〉 등 세계 언론은 3·15부정선거와 학생 및 시민들의 시위를 상세히 보도했다.

4월 11일 마산 중앙부두 앞바다에서 17살 김주열(金朱烈)의 시체가 발견되었다. 왼쪽 눈에 최루탄이 박힌 처참한 상태였다. 〈부산일보〉에 김주열의 사진이 실렸고, 마산에서 다시 시위가 일어났다. 이승만 정부는 마산폭동의 배후에 공산세력이 개입했다고 주장했다.

부정선거 규탄시위는 서울까지 확대되었다. 4월 18일 국회의사당에서 시위를 벌이고 귀교하던 고려대생들을 임화수(林和秀)의 종로구단, 유지광(柳志光)의 화랑동지회 등의 정치깡패들이 습격하는 사건이 발생했다. 그러자 이튿날 서울에서만 3만 명의 대학생과

△4·19혁명 당시 경무대 앞

고교생들이 거리로 쏟아져나왔다. 오후 1시 서울 일원에 경비계엄이 선포되었다. 계엄령에도 불구하고 시위는 더욱 확산되고 격화되어 악명을 떨치던 서울신문사와 반공청년단이 있는 반공회관이 불길에 휩싸였다.

서울뿐 아니라 부산·광주·대구·인천·대전·전주·청주 등에서도 학생과 시민들의 시위가 있었다. 경찰은 시위대에게 발포했고, 서울에서만 186명이 사망하고 6,260여 명이 부상당하는 사태가 벌어졌다[피의 화요일]. 이어 오후 5시경 전국에 비상계엄령을 선포했다.

미국은 한국전쟁 중 정전협정을 진행할 때 이승만이 단독으로 북진을 주장하자 그를 제거하려는 에버레디 계획(Everready Plan)을 수립한 바 있다. 부산정치파동 무렵에도 미국은 이승만을 제거하려 했다. 육군 작전교육국장 이용문(李龍文)은 차장 박정희(朴正熙)와 함께 쿠데타를 시도했다. 이후 이종찬(李鐘贊)은 주한미군과 함께 2개 대대를 동원하여 이승만을 제거하려 했지만, 미 국무부가 승인하지 않아 무산되었다. 이승만을 대신할 반공주의자가 없다고 판단했기 때문이다.

3·15부정선거 이후 국민의 반대가 민중항쟁으로 발전해가자 미국은 신속하게 개입했다. 더 이상의 사태 악화를 보고 있을 수만은 없었던 것이다. 4월 19일 월터 매카나기(Walter McConaughy) 주한 미국대사가 경무대(景武臺)를 방문해 이승만에게 사태의 심각성을 설명했다. 당시 미국은 만성적인 재정적자와 공산권과의 체제 경쟁에 맞서 동북아시아지역에서 한국-미국-일본을 잇는 지역통합전략을 현실화해야만 했다. 따라서 이승만의 감정적 반일은 큰 장애로 여겨졌기에 미국의 안보와 이익을 지키기 위해 이승만에게 대통령직에서 물러날 것을 요구했다. 그러자 이승만은 4월 21일 전국무위원의 총사퇴, 23일 이기붕의 하야를 고려한다고 발표하고 자유당과의 절연을 선언했다. 미국의 하야 요구를 거절한 것이다.

4월 23일 임기가 남아 있던 장면이 부통령직을 사퇴하면서 이승만의 하야를 압박했다. 다음 날 이기붕은 부통령 당선 사퇴와 함께 모든 공직에서 물러날 것을 발표했다. 하지만 이승만은 물러날 의사가 없음을 명백히 했다. 그러면서 부통령을 없애고 국무총리를 두는 방안, 내각제 개헌 등을 모색했다. 이승만은 대통령 후보로 단독 입후보한 만큼 자신의 대통령의 지위는 확고하며, 모든 책임은 부정선거 당사자인 이기붕에게 있다고 여겼다.

4월 25일 27개 대학 258명의 교수들이 "학생들의 피에 보답하라"라는 플래카드를 들고 서울 시내를 행진했다. 학생들이 뒤를 따랐고 시민들 역시 동참하여 시위대는 4~5만 명을 넘어섰다. 그러자 이승만은 비상계엄을 경비계엄으로 완화하고 구속학생 전원 석방 등 타협적 조치를 통해 사태를 무마하려 했다.

4월 26일 10만 명이 넘는 사람들이 모였다. 특히 동급생을 잃은 수송초등학교 학생 100여 명은 "국군 아저씨들, 부모 형제들에게 총부리를 대지 말라"라는 플래카드를 걸고 시위를 벌였다. 육군참모총장을 지냈던 정승화(鄭昇和)는 회고록에서 이승만이 하야하지 않을 경우 군이 나설 계획이었음을 밝혔다. 즉, 초등학생과 군마저도 이승만에게 등을 돌린 것이다. 시민들은 이기붕의 집을 파괴하고, 탑골공원과 남산에 세워진 이승만 동상의 목에 줄을 걸어 쓰러뜨렸다. 계엄사령관 송요찬(宋堯讚)은 사태의 심각성을 깨닫고 대학생·고등학생·시민대표 등 14명과 함께 경무대로 가서 이승만에게 사임을 요구했다. 10시 20분 이승만은 결국 하야 성명을 발표했다[승리의 화요일].

4월 27일 비서들이 사임서 초안을 작성해서 이승만에게 주었다. 이승만은 자신이 사임하면 혼란이 일어날 것이라는 이유로 서명을 거부하며 버텼다. 하지만 허정(許政)이 설득하여 국회에 사표를 제출하고, 경무대를 떠나 이화장(梨花莊)으로 향했다. 이튿날 새벽 이기붕과 부인 박마리아, 이기붕의 아들이자 이승만의 양아들 이강석(李康石) 등이 자살했다. 29일 3·15부정선거 당시 내무부장관 최인규와 국무위원과 자유당 간부들이 구속되었다. 3·15부정선거 원흉이 구속되기 시작하자 이승만은 신변에 불안을 느꼈던 것 같다. 5월 18일 이승만은 미국 대사관을 방문했고, 29일 미국 대사관의 주선으로 하와이로 망명했다.

⑤ 제2공화국

1960년 4월 26일 이승만이 사임한 후 외무부장관 허정이 대통령 권한을 대행했다. 당시 미국은 비상계획(Contingency Plan)이라는 이름으로 송요찬을 수반으로 하는 군사정부를 수립하려 했다. 4월 28일 미8군사령관 매카나기와 허정의 만남이 이루어졌고, 이 자리에서 허정은 "미국과 긴밀하고 완전하게 협조하겠다"는 뜻을 밝혔다. 이후 미국은 허정 과도정부를 승인하고 지원했다.

국민들은 3·15선거 무효화와 정부통령 선거 재
실시를 요구했다. 그러나 허정 과도정부는 참의
원과 민의원의 양원제 국회를 바탕으로 한 내각
책임제로 권력구조를 변경하는 헌법안을 제안했
다. 1960년 6월 23일 새로운 헌법이 제정되었고,
7월 29일 실시된 총선거에서 민주당은 233석 중
175석을 차지했다. 그러나 민주당 후보의 당선이
불투명한 지역에서는 투표함이 불태워졌고, 자유
당 후보가 당선된 지역에서는 선거무효 선언을
강요하는 등의 불법이 행해졌다. 이 때문에 과도
정부는 서울지역에 군대를 출동시키기도 했다.

○ 제2공화국 출범을 알리는 〈동아일보〉
1960년 8월 23일 기사(국사편찬위원회
한국사데이터베이스 활용)

8월 12일 개정헌법에 따라 대통령 윤보선(尹潽善), 국무총리 장면이 선출되었고, 8월
23일 제2공화국이 출범했다.

　장면이 이끄는 민주당 정부는 민간주도형 경제건설, 관용과 대화의 정신, 합리적
통일방안 제시 등을 위해 노력했다. 그러나 14명의 국무위원 중 7명 이상이 친일논
란이 있었다. 친일내각이라는 비판을 듣던 정부는 반민주행위자처벌과 부정축재처
리 문제를 형식적으로 처리했다. 따라서 자유당 정부의 부정축재, 부정선거 원흉의
처벌 요구가 계속되었다.

　장면 내각은 이승만 정부의 각종 규제를 해산했는데, 그 결과 지금까지의 불만이
한꺼번에 터져나왔다. 통일을 대한 논의와 진보노선을 표방하던 정치단체들은 활동
을 재개했다. 제3세계에 대한 정보가 알려지면서 민족주의 열풍도 크게 일었다. 그
러자 극우 반공이데올로기를 벗어난 통일 논의를 탄압하기 위해 반공임시특별법,
집회와 결사의 자유를 제한하기 위한 데모규제법을 제정하는 등 국민의 염원과 다
른 길을 걷기 시작했다.

　국민적 기반이 취약했던 장면 정부는 미국의 정책에 순응하며 경제제일주의를 내

세웠다. 구체적으로는 농어촌 고리채정리, 환율 현실화 등을 진행했다. 실업자구제를 위해서는 국토개발사업에 착수했다. 1960년 10월부터 경제개발 5개년계획을 추진하고, 실행을 위한 재원확보에 나섰다. 1961년이 되면서 경제·사회적 혼란은 점차 안정을 찾기 시작했다. 그러나 민주당 내부에서 대통령 윤보선을 중심으로 한 구파와 장면을 중심으로 한 신파의 갈등이 지속되었고, 결국 구파가 1961년 10월 신민당을 결성하여 분당하는 등 정치는 혼란스럽기만 했다.

장면 정부는 경제제일주의에 따라 국방비를 20퍼센트 줄이고, 10만 명의 군사를 축소하려는 정책을 펼쳤다. 이는 한국을 반공의 보루로 삼으려는 미국의 반발을 가져왔고, 군을 크게 자극했다. 박정희를 중심으로 한 군부세력은 5·16군사쿠데타를 일으켰고, 쿠데타 이틀 후 내각이 총사퇴하면서 제2공화국은 9개월 만에 역사에서 사라졌다.

✿ 참고문헌

- 김동춘, 「4월혁명」, 『한국사』 18, 한길사, 1994.
- 김삼웅, 『'독부' 이승만평전』, 책보세, 2012.
- 김충남, 「건국의 아버지 이승만 대통령」, 『대통령과 국가경영』, 서울대학교 출판문화원, 2012.
- 柳永益, 「李承晚의 建國思想」, 『韓國史市民講座』 17, 一潮閣, 1995.
- 류정임, 「이승만 정권의 권력기반과 성격」, 『한국현대사』 2, 풀빛, 1991.
- 민주화운동기념사업회연구소, 『한국민주화운동사』 1, 돌베개, 2008.
- 박찬호, 「4월민중항쟁과 민족민주운동의 성장」, 『한국현대사』 2, 풀빛, 1991.
- 서중석, 『이승만과 제1공화국 - 해방에서 4월혁명까지』, 역사비평사, 2007.
- 유영익, 「이승만, 독립과 부강의 기반을 다진 국가창건자」, 『한국사 시민강좌』 50, 2012.
- 이주영, 『이승만평전』, 살림, 2014.
- 이혜영, 「4·19 직후 정국수습 논의와 내각책임제 개헌」, 『이화사학연구』 40, 이화여자대학교 이화사학연구소, 2010.
- 정병준, 「이승만 - 반공 건국과 분단 독재의 카리스마」, 『한국사 인물열전』 3, 돌베개, 2003.
- 한국역사연구회 현대사연구반, 「민주당 정권의 기반과 성격」, 『한국현대사』 2, 풀빛, 1991.
- 허동현, 「제2공화국의 역사적 성격에 관한 연구」, 『한국민족운동사연구』 41, 한국민족운동사연구회, 2004.

19

5·16군사정변과 **10월유신**

19강 ● 5·16군사정변과 10월유신

① 5·16군사정변

1961년 5월 16일 새벽 박정희 등 일부 군인들이 쿠데타를 일으켰다. 이에 앞서 박정희는 여러 차례 쿠데타를 모의한 바 있었다. 1952년 육군본부 작전국 차장 재직 중 국장 이용문과 쿠데타를 계획했다. 그러나 미국 군부가 이승만을 지지하고, 이용문이 헬기 추락사고로 사망하면서 무산되었다. 1959년 11월 20일 쿠데타를 기도했으나, 군수기지사령관으로 전출되자 포기한 바 있다. 1961년 4·19혁명 1주년을 맞아 대규모 학생시위가 일어날 것으로 예상하고 시위 진압을 위해 군부대가 출동하면 쿠데타를 일으킬 계획도 세웠다. 그러나 쿠데타 음모설이 파다했기 때문에 학생들이 침묵시위 등 행동을 자제하며 조용히 1주년을 보내자 그의 계획은 무산되었다.

1961년 4월 하순 미 정보기관과 장면 정권은 쿠데타 음모가 있다는 정보를 입수했다. 박정희는 5월 12일을 거사일로 정했는데, 이종태(李鍾泰) 대령이 동지를 포섭하다 체포되는 등 기밀이 누설되어 중지했다. 5월 6일 민주당 국회의원 윤병한(尹炳漢)이 쿠데타 음모를 국무총리 장면에게 제보했다. 장면과 국방장관 현석호(玄錫虎)는 육군참모총장 장도영(張都暎)을 불러 물었지만 장도영은 "박정희는 그런 위인이 못 된다"는 답변으로 안심시켰다. 장도영은 4월 10일 박정희로부터 쿠데타에 대한 언질을 받았지만 자신의 의사를 밝히지 않았다. 하지만 그는 이 사실을 말하지 않음으로써 박정희에게 도움을 주었다.

박정희 등 군부세력은 수사가 이루어질 것을 염려하여 계획을 앞당겼다. 1961년 1월 12일 육군본부는 방첩부대의 정보를 토대로 과거 사상과 근무실적을 심사하여 군인 부적격자 153명을 선정했고, 박정희는 여기에 포함되어 있었다. 심사결과 박정희는 5월 하순 예편토록 결정되었다. 따라서 박정희로서는 더 이상 늦출 수 없는 상황이었다.

16일 0시 해병 제1여단장 김윤근(金潤根) 준장의 지휘로 해병대가, 박치옥(朴致玉) 대령의 지휘로 공수단이 출동했다. 홍종철(洪鍾哲) 대령이 6군단 포병

▲ 5·16쿠데타 당시 박정희(왼쪽)와 차지철(오른쪽)

대, 구자춘(具滋春) 대령이 933대대, 백태하(白泰夏) 중령이 822대대, 김인화(金仁華) 중령이 911대대를 출동시켰다. 한강대교에 도달한 해병대와 공수부대는 장도영의 지시로 출동한 헌병 제7중대 병력과 약간의 총격전 끝에 무난히 서울 시내로 진입했다.

새벽 5시 2분 남산의 KBS를 점령한 혁명군은 '혁명공약' 6개 항을 발표했다.

❖

혁명공약 6개 항

❶ 반공을 국시의 제1의로 삼고 지금까지 형식적이고 구호에만 그쳤던 반공체제를 재정비 강화한다.

❷ UN헌장을 준수하고 국제협약을 충실히 이행할 것이며 미국을 위시한 자유우방과의 유대를 더욱 공고히 한다.

❸ 이 나라 사회의 모든 부패와 구악을 일소하고 퇴폐한 국민도의와 민족정기를 바로 잡기 위하여 청신한 기풍을 진작한다.

❹ 절망과 기아선상에서 허덕이는 민생고를 시급히 해결하고 국가자주경제재건에 총력을 기울인다.

❺ 민족적 숙원인 국토통일을 위하여 공산주의와 대결할 수 있는 실력 배양에 전력을 집중한다.

❻ 이와 같은 우리의 과업이 성취되면 참신하고 양심적인 정치인들에게 언제든지 정권을 이양하고 우리들 본연의 임무에 복귀할 준비를 갖춘다.

❖

위 공약을 보면 반공, 부패척결, 경제건설, 통일, 우방과의 외교 등을 언급하고 있지만 민주주의에 대해서는 어떤 제시도 하지 않고 있다. 민주주의에 대한 비전은 가지고 있지 않았던 것이다.

쿠데타가 발발하자 장면은 카멜수녀원에 몸을 숨겼다. 주한미군은 장면 정권의 합법성을 인정하며 즉각적인 쿠데타군의 원대복귀를 요구하려 했지만, 장면은 행방불명 상태였다. 대통령 윤보선에게 진압을 요청했지만 윤보선은 반대했다. 이뿐만 아니라 윤보선은 쿠데타세력에 대항하고 있던 1군사령관 이한림(李翰林)에게 군사행동 자제를 요청했다. 윤보선은 쿠데타세력이 자신을 옹립할 것으로 생각했던 것 같다.

쿠데타세력은 서울 주변 여러 부대를 동원할 계획이었지만, 실제 동원한 군사는 2천500~3천 명에 불과했다. 하지만 이를 진압할 책임이 있는 정치지도자와 국군의 지휘권을 쥐고 있던 미국의 군부는 서로 책임을 미루었다. 주한미군 사령관 카터 매그루더(Carter Magruder)와 주한미국대사 마셜 그린(Marshall Green)은 장면 정권의 지지를 선언했지만, 미국 정부는 군사정권을 인정하는 정책을 취했다. 미국은 한국이 공산화될 것을 걱정했고, 장면 정권이 한계에 이르렀다고 판단한 것 같다. 미국은 쿠데타 발발 직후 박정희의 좌익 경력 때문에 신중한 입장을 보였지만, 혁명공약 등을 통해 반공노선을 확인했다. 미국은 안정적이고 강력한 정권을 창출하는 것이 자신의 세계지배체제 강화에 도움이 된다고 생각하고 있었던 만큼 쿠데타에 적극적으로 개입하지 않았다.

② 군정기

박정희는 쿠데타가 성공하자 군사혁명위원회를 설치했다. 장도영을 의장으로 추대하고, 자신은 부의장을 맡았다. 쿠데타 발발 55시간 동안 잠적했던 장면은 5월 18일 중앙청에 나타나 내각총사퇴를 발표하고 정권을 군사혁명위원회에 이양했다. 이튿날 군사혁명위원회의 명칭은 국가재건최고회의로 개칭되었다. 20일 혁명내각을 발표했는데 모든 구성원이 군인으로 채워졌다.

국가재건최고회의는 5월 23일 모든 정당과 사회단체의 해체를 선언하고, 6월 6일 국가비상조치법을 공포했다. 10일에는 김종필(金鍾泌) 주도로 중앙정보부를 발족했다. 박정희는 반대세력을 통제하고 정책결정 과정에 중앙정보부를 개입시키는 구조를 창출했다. 21일 혁명재판소 및 혁명검찰부 조직법을 공포하여 구정치인들을 검거했고, 정치활동정화법을 제정하여 모든 정치활동을 금지했다.

박정희는 장도영을 전면에 내세웠다. 장도영은 국가재건최고회의 의장, 내각 수반, 국방부장관, 계엄사령관 및 육군참모총장 등의 직책을 모두 장악했다. 그러나 6월 3일 국가재건최고회의 의장은 겸직할 수 없다는 국가재건비상조치법이 통과되었다. 장도영은 국가재건최고회의 의장 외 모든 자리에서 물러났고 7월 3일 새벽 중앙정보부 요원들에 의해 체포되었다. 9일 장도영 일파 반혁명사건이 발표되고 헌병감 문재준(文載駿), 공수단장 박치옥 등 44명의 군인이 체포되었다.

장도영의 제거로 박정희는 입법·사법·행정을 총괄했다. 정치·사회단체에 대한 활동금지 성명을 통해 정치인들의 활동을 제한했고, 쿠데타의 정당성과 국민적 지지 확보를 위해 1차 경제개발5개년계획을 실행했다. 화폐개혁, 구법령 정리 및 통폐합, 깡패·축첩공무원·병역기피자 소탕 등의 조치를 단행했다. 특히 전 국민의 70퍼센트 이상을 차지하고 있는 농민의 지지를 얻기 위해 농가부채와 고리채를 탕감하는 정책도 실시했다.

미국의 케네디 정부는 박정희에게 민정이양, 주한미군과 군사원조 감축, 한일관계정상화 등을 주문했다. 이뿐만 아니라 국군의 감축까지 요구하여 박정희를 곤혹스럽게 했다. 박정희는

◑ 국가재건최고회의의장 박정희(공공누리 제1유형 충청남도 공공저작물 이용)

케네디 정부로부터 인정받기 위해 반공을 강조했다. 미국을 방문해서 군정을 연장하지 않을 것을 약속했고, 베트남참전을 통해 정권의 안전보장을 확보하려 했다.

1962년 3월 16일 박정희는 '정치활동 정화법'을 공포하여 정치인 4,374명의 정치활동을 금지시켰다. 19일 박정희는 이듬해 민정이양을 하겠다고 발표했다. 10월 31일 대통령제를 골자로 한 헌법안이 최고회의를 통과했고, 11월 17일에는 쿠데타 세력의 민정참여 의사를 밝혔다. 12월 6일 계엄령이 해제되었고 17일 새 헌법이 국민투표를 통과했다.

1963년 1월 1일 정치활동 재개를 허용했다. 박정희가 대통령 출마의 뜻을 보이자 군의 여러 인사뿐 아니라 최고위원들도 민정참여를 반대했다. 2월 18일 박정희는 군의 정치적 중립과 민정지지, 5·16의 정당성 인정, 한일 문제에 대한 정부 방침에 협력할 것 등 9개 항의 요구를 제시하고, 이 요구가 충족되면 민정에 참여하지 않겠다고 선언했다[2·18선언]. 27일에는 박정희가 대선 출마 포기를 발표했다. 그러자 3월 15일 수도방위사령부 장교 80여 명이 최고의회 앞에서 군정연장을 요구하는 시위를 벌였고, 이튿날 박정희는 4년간 군정연장안을 국민투표에 붙이겠다고 제안했다. 정치인들은 즉각 반발했고, 22일부터 군정연장 반대를 요구하는 전국적인 시위가 있었다. 새뮤얼 버거(Samuel Berger) 주한미국대사와 미 국무부가 유감을 표명했고, 케네디 대통령은 민정이양을 당부하는 친서를 보냈다. 국내외 여론이 악화되자 박정희는 군정연장 보류와 정치 활동 허용을 허락하는 긴급조치를 발표했다[4·8성명].

1963년 5월 27일 공화당은 박정희를 대통령 후보로 지명했다. 이에 앞서 박정희는 민정참여를 위해 2월 26일 민주공화당을 창당시켜놓은 상태였다. 박정희는 7월 27일 민정이양 발표와 함께 자신의 출마를 선언했다. 8월 30일 박정희는 철원의 5군단 지포리비행장에서 육군대장으로 전역하고 대통령 후보에 출마했다.

1962~63년 중앙정보부가 증권회사를 설립하고 대한증권거래소를 직접 장악하여 주가조작을 통해 부당이득을 취한 증권파동, 주한미군의 휴양지 마련과 외화획득 목적을 빙자하여 정부자금으로 종합위락시설인 워커힐을 마련하면서 상당한 액수

를 횡령한 워커힐사건, 일본의 닛산(日産)자동차를 불법 반입한 뒤 시가의 2배 이상으로 판매하여 거액의 폭리를 취한 새나라자동차사건, 법적으로 금지되어 있는 파친코 880대를 면세로 들여와 서울 시내에 도박장을 개설한 파친코사건 등 4대 의혹사건이 발생했다. 이는 중앙정보부가 공화당 창당 과정에서 정치자금 확보를 위해 저지른 비리였다. 김종필은 비리를 책임지기 위해 정계에서 은퇴하고 외국으로 도피했다. 또 선거를 앞두고 민주공화당이 설탕·밀가루·시멘트산업의 재벌에게 불법이득을 취하게 해주는 대가로 3,800만 달러 상당의 뇌물을 받은 삼분폭리사건도 있었다.

1963년 10월 대통령 선거에는 박정희 외에 민정당의 윤보선, 국민의당의 허정, 자유민주당의 송요찬, 추풍회의 오재영(吳在泳), 정민회의 변영태(卞榮泰), 신흥당의 장이석(張履奭) 등이 출마했다. 10월 2일 허정, 7일 송요찬이 윤보선 지지를 표명하고 사퇴했다. 15일 선거 결과 박정희는 44.6퍼센트를 얻어 윤보선을 15만 1,595표, 1.5퍼센트 차이로 힘겹게 이겼다.

선거 당시 윤보선은 박정희의 좌익전력과 불투명한 사상을 문제 삼았다. 하지만 사상투쟁 과정에서 박정희는 민족주의자라는 인상을 강하게 주면서 진보 지식인들의 지지를 받았다. 이미 박정희는 2년 6개월에 걸친 군정 동안 정치기반을 구축한 상태였다. 4대의혹사건과 삼분폭리사건을 통해 긁어모은 돈을 무차별적으로 살포했고, 태풍 '셜리'로 대흉년이 든 점을 적극 활용하여 수재민구호라는 명목하에 밀가루를 무상으로 나눠주었다. 그 결과 그는 대통령 당선 후 '밀가루 대통령'으로 불리기도 했다. 이 선거에서 주목할 점은 호남지역에서 박정희가 윤보선을 29만여 표 차이로 압승한 것이 승리의 결정적 요인이었다는 점이다.

③ 제3공화국

1963년 12월 17일 박정희는 5대 대통령에 취임하면서 제3공화국의 통치권자가 되었다. 정권기반이 불안정했던 박정희는 경제성장을 우선 정책으로 추진했다. 당시 미국은 한국을 안정시켜 자국의 경제부담을 경감하려 했고, 일본은 잉여자본을 해외로 진출해야 할 단계였다. 이러한 이해관계가 맞아떨어져 일본과의 국교정상화를 위한 한일회담이 추진되었다. 이승만 정부도 한일회담을 추진하면서 대일청구권을 요구했다. 그런데 박정희 정부는

◉ 6·3사태 당시 계엄령 선포를 보도한 〈마산일보〉 1964년 6월 4일 기사(국사편찬위원회 한국사데이터베이스 활용)

청구권이 아닌 무상·유상의 차관제공이라는 용어를 사용했다. 한일회담 과정에서 보인 저자세는 전국민적인 반대에 부딪혔다.

1964년 3월 24일 서울대학교와 고려대학교 학생들이 '굴욕적인 외교'를 반대하는 시위를 벌였다. 25일에는 고등학생들도 시위에 참가했다. 시위는 계속되었고, 6월 3일 1만 5천여 명의 학생들이 거리에서 시위를 벌였다. 그러자 박정희는 비상계엄을 선포하고 군대를 동원해 시위를 탄압했다[6·3사태].

전국민적인 반대에도 불구하고 1965년 8월 14일 한일협정 비준 동의안이 국회를 통과했고, 12월 26일 주한일본대사관이 서울에 설치되었다. 김종필은 일본 외상 오히라 마사요시(大平正芳)와 청구권 문제를 타결 지었다. 청구권 내용은 한국이 청구권을 포기하는 대신 일본은 무상 3억 달러를 10년간 지불하고, 경제협력 명목으로 차관 2억 달러를 연리 3.5퍼센트로 제공하며, 무역차관 1억 달러를 제공한다는 것이었다. 일본의 사죄는 없었고 독립축하금 명목의 무상 3억 달러로 배상 문제를 마무리했다. 3억 달러는 이승만 정부가 요구한 36억 달러, 장면 정부가 요구한 28억 5천만 달러와 비교하면 터무니없이 적은 액수였다. 어업권은 일본의 주장대로 전관어업수역 12해리 밖에 한일공동규제수역을 설정했고, 독도를 한국의 영토로 명문화

시키지도 못했다. 한일관계는 정상화되었지만, 일본은 과거의 침략행위를 사죄하지 않았다. 재일교포의 법적 지위 및 영주권 문제는 일본의 임의적 처분에 맡겼고, 강탈해간 한국의 문화재는 일본 소유로 인정했다. 위안부나 징용 문제도 국가 차원에서 논의할 수 없었다.

박정희의 경제개발은 초반에는 성과가 없었지만, 한일회담으로 일본의 자금이 들어오고 베트남전에 참전하면서 성과를 거두기 시작했다. 1967년 5월에 실시된 대통령 선거에서는 경제개발의 성과를 바탕으로 51.44퍼센트를 얻어 윤보선에게 무려 116만 표 차이로 승리했다. 이 선거에서 박정희는 경상도에서 윤보선보다 136만 표를 더 얻었다. 즉, 경상도에서의 승리로 대통령이 되었던 것이다.

재선 이후 박정희는 장기집권 의지를 보이기 시작했다. 당시 헌법은 대통령의 중임만을 허용하고 있었다. 삼선을 위해서는 개헌이 필요했고, 개헌을 위해서는 의석을 확보해야만 했다. 1967년 6월의 국회의원 선거에서 박정희는 선거법 시행령을 고쳐 정당의 대표자인 대통령이 선거운동을 할 수 있도록 했고, 전국을 돌며 지역개발 공약을 내놓았다. 국무위원들도 선거운동에 참여했고, 정보기관과 검찰은 야당의 선거운동을 노골적으로 방해했다. 선거 당일 괴한들이 참관인들을 밀어내고 미리 기표해놓은 투표용지를 투표함에 넣었고, 야당 후보를 찍은 투표용지는 무효표로 만들었다. 그 결과 개헌을 위해 필요한 117석을 넘은 129석을 차지했다.

총선 다음 날인 6월 9일부터 전국적으로 부정선거 규탄시위가 일어났다. 12일 대학생들이 시위를 벌이기 시작했고, 고등학생까지 시위에 참여했다. 그러자 박정희는 31개 대학과 163개 고등학교에 휴교령을 내렸고, 조기방학을 실시했다. 1967년 '동백림(東伯林)사건'과 '민족주의비교연구회사건', 1968년 '서울대독서회사건'과 '통일혁명당사건' 등의 간첩단사건을 조작하여 반대시위를 잠재우려 했다.

1968년 5월 박정희는 한국복지연구회라는 사조직이 김종필을 옹립하려 한다는 사건을 조작했고, 김종필은 정계은퇴를 선언했다[한국복지연구회사건]. 1969년 4월 8일 신민당이 제출한 문교부장관 해임안에 공화당 내 개헌반대파들이 찬성표를 던지자, 4월 15일 국회의원 5명과 당원 93명을 제명했다. 삼선개헌을 위해 공화당 내 친위세력을 구축하기 시작한 것이다.

1969년 전국에서 삼선개헌 반대시위가 펼쳐졌다. 그러자 박정희는 7월 7일 대부분 대학에 휴교령을 내렸고, 고등학교도 조기방학에 들어갔다. 휴교령과 조기방학에도 불구하고 학생들은 개헌 반대시위를 이어갔지만 언론은 이러한 사실을 보도하지 않았다.

1969년 9월 14일 1,200여 명의 기동경찰이 국회 주변의 통행을 차단한 가운데, 새벽 2시 30분 공화당 의원들만 참석하여 국회의장 이효상(李孝祥)의 사회로 단 6분만에 삼선개헌안이 통과되었다. 10월 17일 국민투표에서는 65.1퍼센트가 개헌에 찬성했다. 비록 관권이 극심하게 개입된 국민투표였지만, 국민 상당수가 경제개발을 기치로 권력 연장을 요구한 박정희의 개발독재론에 공감했던 것이다.

1971년 4월 대통령 선거에서 민주당 대통령 후보 김대중(金大中)은 박정희가 종신총통제를 획책하고 있다며, 대통령 선거는 이번이 마지막이 될 수 있다고 주장했다. 반면 박정희는 "더 이상 여러분에게 표를 달라고 하지 않겠다"며 마지막임을 강조했다. 하지만 민심이 불리하게 흐르자 지역감정을 부추겼다. 민주당 대통령 후보인 김대중의 집에서 폭발물이 터졌고, 선거대책본부장 정일형(鄭一亨)의 집에는 화재가 일어났다. 김대중·이희호(李姬鎬) 부부가 투표한 동교동 제1투표소에서는 선관위원장이 사인(私印)이 아닌 직인을 찍어 1,690표를 무효로 만들었다. 관권에 의한 언론 통제, 행정 조직과 공무원 선거 동원, 야당 선거원들의 의문사 등 조직적인 부정선거를 자행했다. 박정희는 95만 표 차이로 승리했다. 그런데 영남에서만 150만 표 이상을 획득하여 사실상 영남의 대통령이 되었다.

대선 한 달 후 8대 국회의원 선거가 치러졌다. 1971년 5월 25일 선거에서 신민당은 개헌저지선인 65석을 훨씬 넘긴 85석을 차지했다. 특히 서울의 17개 선거구 중 공화당은 단 1곳만 차지했을 뿐이었다. 공화당 내부에서도 항명이 일어나는 등 박정희의 정치적 위상은 흔들리고 있었다.

④ 유신체제

1970년대 초반부터 박정희 정권은 위기 국면에 휩싸였다. 1970년 11월 평화시장 피복 노동자 전태일(全泰壹) 분신사건, 1971년 8월 서울의 판자촌이 철거됨에 따라 광주로 밀려난 3만여 명의 주민들이 토지불하가격에 불만을 품고 일으킨 광주대단지 사건 등이 일어났다. 9월 15일 베트남에 파견된 한진상사 소속 노동자들이 체불임금 지불을 요구하며 KAL빌딩을 점거하고 농성을 벌였다. 1971년 한 해 동안 일어난 노사분규만 1,656건이나 되었다. 경제개발에서 소외된 계층들의 저항이 일어나기 시작했던 것이다. 8월 23일에는 북한 침투를 목적으로 훈련받다 버려진 특수부대원들이 실미도를 탈출하여 서울에서 격렬한 총격전 끝에 모두 숨진 사건이 일어났다.

1971년 7월 28일 국가보안법과 반공법위반사건에 대한 영장을 기각하거나 무죄를 선거한 서울지법 판사 이범렬(李範烈)을 뇌물수수혐의로 구속영장을 신청하자, 서울지법 판사 37명과 지방판사 153명이 사표를 냈다.[사법파동] 10월 2일 백남억(白南憶)·길재호(吉在號)·김성곤(金成坤)·김진만(金振晩) 등이 내무부장관 오치성(吳致成) 해임안을 야당과 동조하여 가결시켰다. 박정희는 중앙정보부장 이후락(李厚洛)을 통해 이들을 제거했고, 공화당은 박정희의 친정체제로 구축되었다. 하지만 이러한 일들은 박정희 체제가 흔들리고 있음을 보여주었다. 대외적으로 미국은 '닉슨 독트린(Nixon Doctrine)'을 선포하면서 중화인민공화국과 국교를 수립했다. 또 한국에서 미군을 철수시킨 후 한국군의 자주방위력을 강화시키고 남북한의 화해를 추진하여 남북의 긴장을 완화시키려는 '두 개의 한국' 정책을 추진했다. 미국의 정책은 반공을 통해 정권 유지를 해왔던 박정희에게는 큰 위협이 되었다.

박정희는 국내외적 수세를 독재의 강화로 해결하려 했다. 1971년 10월 학생들이 교련 반대운동을 벌이자, 위수령을 발동하여 10개 대학에 무장 군인을 진주시켰다. 12월 6일에는 국가비상사태를 선언했다.

1972년 7월 4일 남북 양측은 밀사를 교환한 끝에 '남북공동성명서'를 발표했다.

이는 냉전체제의 이완과 데탕트(détente)체제로 이전됨에 따라 미국이 남북대화를 통해 남북한의 긴장완화를 요구했기 때문이었다. 그런데 군사정권에 남북한의 긴장완화는 정권 유지를 위협하는 것으로 다가왔다. 박정희는 남북대화를 위해 내부 체제 정비가 필요하다며 10월 15일 서울에 위수령을 발동했고, 17일 국회를 해산하고 전국에 비상계엄을 선포했다[10월유신]. 12월 27일에는 자신의 영구집권을 보장하는 유신헌법을 통과시켰다.

유신헌법은 1972년 5월부터 준비된 것이었다. 이후락은 '풍년사업'이라는 암호명 하에 입법·사법·행정의 삼권이 박정희에게 집중되는 계획을 마련하여 10월에 실행에 옮겼다. 김기춘(金淇春)을 중심으로 만들어진 유신헌법은 대통령 중임 조항을 폐지하여 종신집권을 가능케 했고, 대통령 선거는 2,560명의 통일주체국민회의 대의원들이 행하는 체육관 선거로 대체하는 것이었다. '유신정우회의원'이라는 이름으로 국회의원의 3분의 1을 대통령이 지명하고, 국회의원을 한 선거구에서 2명씩 뽑도록 하여 여당의원이 의원 정수의 3분의 2가 되도록 했다. 대통령에게 국회해산권을 부여하면서도 국회는 대통령을 탄핵할 수 없었다. 대법원장과 헌법위원회 위원장도 대통령이 임명했고, 대통령에게 각종 법의 효력을 정지할 수 있는 긴급조치권 등의 초헌법적 권한을 부여했다. 국회의 국정감사권이 사라졌고, 지방의회도 폐지되었다. '한국적 민주주의'로 포장된 유신헌법은 박정희 개인에게 모든 권력이 집중되고, 집권을 영구화할 수 있는 체제였다. 박정희는 유신헌법에 따라 12월 23일 단독으로 대통령에 출마하여 2,357명 중 찬성 2,355표, 무효 2표로 대통령에 선출되었다.

1973년 8월 8일 도쿄에서 반유신투쟁을 벌이던 김대중이 납치되었다. 김대중 납치사건이 한일외교마찰로 번지자 박정희 정부는 김종필을 통해 일본 총리 다나카 카쿠에이(田中角榮)에게 사과와 재발방지를 약속했다. 하지만 대외신뢰도는 급격히 추락했고, 대미관계도 악화되었다. 김대중 납치사건을 시작으로 재야정치세력의 민주화운동은 성장해갔고, 지속적이고 조직적인 탄압 속에서 학생운동 역시 한층 더 가열되어갔다. 노동자와 농민, 언론과 종교인 역시 반독재운동에 동참했다. 박정희는 민청학련사건·인혁당사건·동아일보 광고탄압·인혁당 및 민청학련 관련자에 대한 사형집행 등 억압을 강화하는 것으로 대응했다.

1975년 4월 8일 박정희는 긴급조치 7호를 선포하여 고려대학교에 휴교령을 내리고, 군인들을 캠퍼스에 상주케 했다. 5월에는 유신헌법의 부정·반대·왜곡·비방·개정 및 폐기 주장·선동·보도의 일제 금지를 골자로 한 긴급조치9호를 발령했다. 국민의 기본권을 제약하는 '긴급조치의 시대'가 계속된 것이다. 7월에는 사회안전법을 제정했는데, 이는 일제강점기의 조선사상범보호관찰령과 조선사상범예방구금령 등을 그대로 계승한 것이었다. 이로써 유신헌법에 반대하는 일체의 활동을

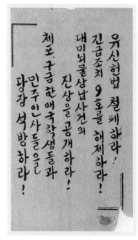

❂ 유신헌법철폐와 긴급조치9호 해제를 촉구하는 전단(공공누리 제1유형 전쟁기념관, 한국문화정보원 저작물 이용)

금지했다. 10월에는 반유신활동을 펼친 대학교수들을 해직했고, 1976년에도 460여 명의 교수들을 파면 또는 해직했다. '전 국토의 감옥화', '전 국민의 죄수화'라는 유행어가 말해주듯이 유신은 인권탄압과 독재의 암흑시대였다.

1976년 10월 〈워싱턴포스트〉는 박정희가 독재 유지를 위해 박동선(朴東宣)을 통해 연간 50~100만 달러로 미국 상·하원 115명을 매수한 사건을 폭로했다[코리아게이트]. 1977년 미국 대통령에 당선된 지미 카터(Jimmy Carter)는 한국의 인권 문제와 주한미군 철수를 천명했다. 1977년 6월 중앙정보부장을 지낸 김형욱(金炯旭)이 미국 의회 청문회에서 박정희의 치부를 밝히는 증언을 했다. 이로써 한미관계는 경색되었고 박정희는 곤경에 처했다.

1978년 7월 6일 박정희는 통일주체국민회의에서 대의원 2,578명 중 찬성 2,577표, 무효 1표로 9대 대통령에 당선되었다. 그러나 이해 치러진 국회의원 선거에서 신민당 32.8퍼센트, 공화당 31.7퍼센트, 무소속 28.1퍼센트로 유신체제를 부정하는 모습이 뚜렷이 나타났다.

1979년 유신체제에 대한 항거는 YH무역농성사건에서 시작되어 신민당 총재 김영삼(金泳三)의 정권타도투쟁선언, 신민당 의원들의 무기농성 등으로 이어졌다. 그러자 박정희는 야당 총재인 김영삼을 국회의원직에서 제명했고, 이는 10월 부산과 마산에서 일어난 항쟁으로 이어졌다[부마민주항쟁; 부마사태]. 박정희는 10월 8일 부산지역에 계엄령을 선포하고, 군대를 동원하여 정권을 유지했다. 하지만 10월 26일 궁정동 만찬 석상에서 중앙정보부장 김재규(金載圭)가 쏜 총탄을 맞았다[10·26사태].

❀ 참고문헌

- 권보드래 외,『박정희 모더니즘』, 천년의상상, 2015.
- 김삼웅,『박정희평전』, 앤길, 2017.
- 김충남,「조국 근대화의 지도자 박정희 대통령」,『대통령과 국가경영』, 서울대학교 출판문화원, 2012.
- 김형아, 신명주 옮김,『박정희의 양날의 선택』, 일조각, 2005.
- 박세길,「인간 박정희, 변절과 권력욕의 화신」,『역사비평』 21, 역사비평사, 1993.
- 류정임,「유신체제의 성립과 전개」,『한국현대사』 3, 풀빛, 1991.
- 서중석,『지배자의 국가 민중의 나라』, 돌베개, 2010.
- 손호철,「박정희정권의 정치적 성격」,『역사비평』 23, 역사비평사, 1993.
- 이국영,「박정희정권의 지배구조」,『역사비평』 21, 역사비평사, 1993.
- 이병천,『개발독재와 박정희시대』, 창비, 2003.
- 임영태,『국민을 위한 권력은 없다』, 유리창, 2013.
- 전인권,『박정희평전』, 이학사, 2006.
- 정경모,「박정희 – 권력부상에서 비극적 종말까지」,『역사비평』 13, 역사비평사, 1991.
- 정창현,「5·16군사쿠데타의 배경과 성격」,『한국현대사』 3, 풀빛, 1991.
- 조희연,『박정희와 개발독재시대 – 5·16에서 10·26까지』, 역사비평사, 2007.
- 한국정치사학회,『5·16과 박정희 근대화 노선의 비교사적 조명』, 선인, 2012.
- 한배호,「박정희, 경제강국을 이룩한 혁명적 정치가」,『한국사 시민강좌』 50, 일조각, 2012.
- 홍석률,「1960년대 한미관계와 박정희 군사정권」,『역사와 현실』 56, 한국역사연구회, 2005.

20

신군부세력의 집권과 6월민주항쟁

20강 신군부세력의 집권과 6월민주항쟁

① 12·12쿠데타

1979년 10월 26일 박정희는 중앙정보부 궁정동 안전가옥에서 중앙정보부장 김재규가 쏜 총탄을 맞았다. 27일 0시 30분경 국군보안사령관 전두환(全斗煥)은 김재규를 체포했다. 2시 비상국무회의가 소집되었고, 국무총리 최규하(崔圭夏)가 대통령 권한대행을 맡았다. 4시 부분계엄이 선포되었다. 계엄사령관으로 임명된 육군참모총장 정승화(鄭昇和)는 27일 오후 10·26사태를 수사하기 위해 합동수사본부를 설치하고, 본부장에 전두환을 임명했다.

10월 27일 휴교했던 대학들도 11월 19일부터 다시 학업을 시작했고, 사회적 혼란도 없었다. 11월 17일 공화당의 김종필과 신민당의 김영삼이 만나 평화적 정권교체의 기틀 마련에 합의했다. 19일 통일주체국민회의 대의원 안보보고 리셉션에서는 최규하를 대통령으로 추대해야 한다는 의견이 있었다. 이에 반발하여 24일 윤보선·김대중 등 재야인사들은 계엄령으로 집회가 금지되어 위장결혼식 형태로 반정부집회를 열었다[YWCA 위장결혼식사건]. 이 자리에서 대통령직선제, 유신헌법폐지, 양심수 석방 등과 함께 문민정부 수립을 촉구했다. 계엄사령부는 140명을 연행하여 96명을 검거했다. 이 사건을 계기로 민주세력은 계엄사령부와 정면충돌하기에 이르렀다.

12월 3일 통일주체국민회의 대의원들은 최규하를 대통령 후보로 추천했고, 6일 장충체육관에서 대통령 보궐선거를 통해 최규하가 10대 대통령으로 선출되었다. 최규하의 임기는 박정희의 잔여임기인 1984년 12월 26일까지였지만, 그는 잔여임기를 채우지 않고 헌법 개정을 통해 대통령 및 국회의원 선거를 실시하겠다고 밝혔다.

최규하가 대통령에 선출된 후 김종필·김영삼·김대중 등은 대권경쟁을 위한 준비를 하고 있었다. 그러나 전두환을 중심으로 한 신군부세력은 쿠데타를 준비하고 있었다. 박정희는 영남 출신 장교들을 자신의 친위세력으로 양성하기 위해 전두환이 만든 하나회를 특별히 보호했다. 하나회는 육사 11기와 12기가 장성이 되면서 군내에서 막강한 영향력을 행사하기 시작했다. 그런데 하나회의 강력한 후계자였던 박정희의 사망으로 그들은 군 권력 중심에서 배제될 가능성이 높아졌다. 실제로 계엄사령관 정승화는 비육사 출신 장성들을 중용하면서 전두환을 동해방위사령관으로 좌천시키려 했다. 이 때문에 전두환 등 하나회는 정승화를 제거했던 것이다.

1979년 12월 12일 전두환 등은 장군 진급 심사가 발표되는 날 '생일집 잔치'라는 암호명으로 쿠데타에 착수했다. 보안사령부 인사처장 허삼수(許三守)와 육군본부 헌병감 성환옥(成煥玉) 등은 참모총장 공관에서 정승화를 강제 연행했고, 전두환은 대통령에게 정승화 연행 재가를 요청했다. 그러나 최규하는 재가를 거절했다. 한편 보안사령관 비서실장 허화평(許和平)은 수도경비사령관 장태완(張泰玩)·특전사령관 정병주(鄭炳宙)·육군본부 헌병감 김진기(金晉基) 등 쿠데타에 방해가 될 인물들을 불러 술을 대접하고 있었다. 이들은 총장 공관에서 총성이 울렸다는 보고를 받자 부대로 복귀했다.

정승화 연행사실을 보고받은 육군 참모차장 윤성민(尹誠敏)은 '진돗개 하나'를 발령했다. 그런 가운데 특전사 3공수여단장 최세창(崔世昌)은 자신의 상관인 정병주를 연행했다. 육군본부가 전두환의 행위를 반란으로 규정해 진압하려 하자 제1공수여단장 박희도(朴熙道)는 13일 새벽 1,500명을 이끌고 육군본부를 점령했다. 2시 30분에는 9사단장 노태우(盧泰愚)가 29보병연대를 중앙청으로 출동시켰다. 한편 전두환은 수도경비사령부 헌병단장 조홍(趙洪)에게 장태완의 체포를 지시했고, 조홍은 부헌병단장 신윤희(申允熙)로 하여금 장태완을 연행케 하여 보안사령부로 압송했다. 총소리를 듣고 몸을 숨겼던 국방부장관 노재현(盧在鉉)은 새벽에야 대통령 앞에 나타났다. 상황이 이렇게 되자 새벽 5시 10분 최규하는 정승화 연행을 재가하는 문서에 서명했다.

12월 12일 신군부세력이 정권장악 목표를 명확하게 표출하지 않았던 만큼, 이들의 행위를 쿠데타가 아닌 예비쿠데타로 보기도 한다. 또 신군부세력의 행위는 계획된 정치사건이지만, 정권을 모두 장악하지 않았던 만큼 통상적 의미의 쿠데타와는 다르다는 견해도 있고, 1979년 12월 12일에 시작되어 1980년 5월 17일에 마무리된 '긴 쿠데타(Long Coup d'état)'로 보기도 한다.

전두환 등 신군부세력의 행위는 계엄지역에서 육군의 정식지휘계통의 사전 승인을 밟지 않은 것이었다. 또 대통령의 재가 없이 무장 병력을 동원했고, 법률에 규정한 체포절차를 밟지 않고 정승화 총장을 강제 연행했다. 쿠데타 이튿날 전두환은 주한미국대사 윌리엄 글라이스틴(William Gleysteen)을 만나 "나는 정치에 관심이 없다. 군대로 돌아갈 것이다"라고 밝혔고, 1980년 2월 주한미군사령관 존 위컴(John Wickham)에게도 "부정부패를 척결하고 군대로 돌아가겠다"라고 말했다. 하지만 이후 그의 행보는 박정희의 그것을 그대로 답습하는 것이었다.

② 1980년 '서울의 봄'

18년 6개월 11일 동안 권력을 독점했던 박정희가 사망하자, 국민들은 민주화가 이루어질 것으로 기대했다. 정승화 체포 등으로 전두환에게 권력이 집중되었지만, 이것이 신군부세력의 집권으로 이어질 것으로 생각하지는 않았다. 그래서 1968년 체코슬로바키아의 '프라하의 봄(Prague Spring)'에 비유하여 이때를 '서울의 봄'으로 일컫는다. 하지만 서울의 봄은 전두환의 봄이 되었다.

서울의 봄 당시 최규하 등 유신인사들은 자신들의 기득권을 유지하려 했다. 한편 여당이라 할 수 있는 김종필 등 공화당은 민주화 과정을 통해 대통령 선거에 참여하려 했다. 김영삼을 중심으로 하는 신민당, 김대중을 중심으로 하는 재야세력 등도 개헌논의를 벌이며 집권을 꿈꾸고 있었다. 하지만 신군부세력의 집권을 위한 시나리오는 순서대로 진행되고 있었다.

1980년 2월 18일부터 특전사령관 정호용(鄭鎬溶), 수도경비사령관 노태우 등이 주도하는 충정훈련이 실시되었다. 충정훈련은 외견상 시위진압 훈련이었지만, 실제로는 쿠데타를 염두에 둔 군사동원 훈련이었다. 이와 함께 'King'의 첫 글자를 딴 K-공작계획을 실시했다. 보안사 정보처장 권정달(權正達)·인사처장 허삼수(許三守)·대공처장 이학봉(李鶴捧)·사령관비서실장 허화평 등이 주도한 이 계획은 언론 통제를 위한 것이었다.

1980년 4월 14일 전두환은 중앙정보부장서리를 겸임했다. 이로써 전두환은 군과 민의 정보를 모두 장악하게 되었다. 신군부세력의 정권장악이 현실화되면서 민주화투쟁이 전개되어나갔다. 1980년 4월 9일 청계천피복노동조합의 임금인상 요구농성, 21일 강원도 사북읍 동원탄좌광업소의 탄광 노동자들의 사북항쟁이 있었다. 이후 전국에서 719건의 노사분규가 발생했다.

1980년 4월 중순부터 대학생들은 병영집체훈련 거부투쟁을 시작했다. 5월 2일 서울대가 '민주화 투쟁'을 선포했고, 13일 연세대가 가두시위를 전개했다. 14일 드디어 "계엄철폐"와 함께 "전두환 퇴진"을 외치기 시작했다. 14일 신군부세력은 육군본부에 소요진압본부를 설치하고 전국적인 군 투입 준비를 지시했다. 15일 서울의 35개 대학에서 10만 명이 넘는 학생들이 서울역에 집결하여 시위를 벌였다. 그런데 학생지도부 간 투쟁방법을 놓고 의견이 엇갈렸고, 결국 학생들은 자진 해산했다[서울역회군]. 학생들이 해산했던 이유는 군이 투입된다는 소문이 있자 유혈사태를 막기 위해서였고, 다른 한편으로는 자신들의 의사가 충분히 전달되었다고 생각했기 때문이었다. 16일 이화여대에 59개 대학 총학생회장단이 모여 22일까지 계엄해제와 평화적으로 민주정부에 정권을 이양할 것을 요구했지만, 신군부세력은 이들을 연행하고 휴교령을 내렸다.

전두환 등 신군부세력은 5월 17일 오전 10시 30분 전군 주요지휘관회의를 열어 비상계엄의 전국 확대 등을 논의했다. 이후 회의장 주변 계단과 복도에 군인이 배치되고, 전화선을 차단하여 외부와 연락을 단절시킨 가운데 비상국무회의가 열렸다. 비상국무회의는 24시 '북괴의 동태와 전국적으로 확대된 소요사태' 등을 이유로 비상계엄을 전국으로 확대했다.

계엄이 확대되면서 전국 31개 대학에 계엄군이 배치되었다. 신군부세력은 공화당 총재 김종필, 국회의원 이후락·김진만(金振晚), 전내무부장관 김치열(金致烈) 등을 권력형 부정축재 혐의자로 구속했다. 또 김대중·목사 문익환(文益煥)·국회의원 예춘호(芮春浩)·시인 고은(高銀) 등은 '사회불안 조성 및 학생 및 노조 소요의 배후조종 혐의자'로 연행했다. 신민당 총재 김영삼에 대해서도 연금조치를 취했다.

③ 5·18민주화운동

1980년 5월 18일 광주에서 계엄확대와 휴교령에 반대하는 대학생들의 시위가 일어났다. 대학생들은 전남대학교 안으로 진입하려 했지만, 전남대에 주둔하던 7공수여단의 제지로 실패했다. 이후 대학생들은 시내 곳곳에서 산발적인 시위를 계속했다. 신군부세력은 3공수여단과 11공수여단을 증파했고, 계엄군의 과잉진압에 분개한 시민들도 가담하면서 학생시위는 시민항쟁으로 발전했다.

학생시위에서 시작해 민중항쟁으로 모습을 바꾼 5·18민주화운동[5·18광주민주화운동: 광주민중항쟁: 광주시민항쟁: 광주사태]은 5월 20일 택시운전사들의 차량시위를 계기로 시민들이 폭넓게 참가했다. 21일 10만 명이 넘는 시민들이 금남로를 매웠고, 오후 1시 애국가가 울려 퍼지면서 계엄군은 발포를 시작했다. 이때 최소 54명 이상이 숨지고 500명 이상이 부상을 입었다. 그러자 광주 시민들은 무기고에서 소총을 탈취했고, 화산탄광 광부들의 협조로 화약과 뇌관을 확보했다. 그러자 계엄군은 "광주사태는 북괴의 간첩 또는 불순분자들의 소행이고 터무니없는 악성 유언비어 유포 때문"이라고 천명하고, 오후 4시경 광주 시내에서 철수하여 주변의 외곽도로를 차단하여 광주를 봉쇄했다.

계엄군이 광주 외곽을 봉쇄하자 22일 오전 관료·목사·신부·기업가 등으로 구성된 '시민수습대책위원회'가 구성되었다. 시민수습대책위원회는 전남북 계엄분소를 방문해, 무기 반납·과잉수습책 방지·연행자 석방·사후보복 금지 등을 제안했다. 23일 시민대책위원회 일부가 개편되었고, 이들은 회수된 200정의 무기를 가지고 다시 계엄분소를 찾았다. 이들은 훈방된 34명의 시민들과 함께 돌아왔다. 이를 계기로 총기를 무조건

◆ 광주시민을 연행하는 계엄군

반납하자는 온건파와 이에 반대하는 강경파 사이의 갈등이 표면화되었다. 25일 저녁 온건파를 대신하여 정상용(鄭祥容)과 윤상원(尹祥源) 등 광주의 청년운동권을 중심으로 하는 항쟁지도부가 등장했다. 이들은 계엄군에 맞서 싸우는 투쟁의 길을 선택했다.

1980년 5월 27일 새벽 1시 계엄군은 상무충정작전을 개시했다. 새벽 3시 공수부대 3,400여 명을 포함한 2만여 명의 군을 투입하여 진압작전을 감행했고, 진압작전은 약 4시간 만에 끝났다. 진압작전으로 사망자 154명, 행방불명자 74명, 상이 후 사망자 95명, 부상자 3,310명, 구속·구인 1,430명 등 총 5,603명의 막대한 인명피해를 낳았다. 5월 18일부터 27일 새벽까지 10일 동안 전개된 5·18민주화운동을 진압함으로써 전두환은 보다 확실한 세력으로 등장했다.

5월 31일 신군부세력은 국가보위비상대책위원회^{국보위}를 설치했다. 위원장은 대통령 최규하가 맡았지만, 상임위원장 전두환이 사실상 입법·사법·행정의 3권을 장악했다. 국보위는 김대중 내란음모사건 관련자 24명을 군법회의에 기소하고 국회의원 210명, 정당인 245명, 고위관리 347명의 정치활동을 규제했다. 7월에는 대학교수·공무원·언론인 등 8,500여 명을 강제 해직시켰고, 사회정화의 일환이라며 172개의 정기간행물과 617개의 출판사 등록을 취소했다.

8월 4일 국보위는 '사회악 일소 특별조치'를 발표하고, 계엄령 포고 제13호를 통해 불량배 일제검거에 나섰다. 11월 27일까지 불량배와 폭력배를 단속하여 6만 755명을 연행했다. 심사위원회는 연행된 이들을 분류작업을 통해 4등급으로 분류했다.

A급 3,252명은 군사재판에 회부했고, D급 1만 7,017명은 서약 후 훈방되었다. 사회악 사범으로 분류된 B·C급 3만 9,786명은 삼청교육대에 강제 입소되어 정화교육을 받았다. 삼청교육대는 국보위 사회정화분과위원회가 삼청동에 위치해 삼청계획 5호라는 이름을 붙인 데에서 유래한 것이다.

삼청교육대 입소자 중에는 미성년자도 있었고, 심각한 인권침해가 자행되었다. 신군부의 발표에도 가혹행위로 인한 사망자가 54명이나 되었다. 2002년 의문사진상규명위원회 조사에 따르면 후유증으로 인한 사망자가 339명, 불구가 된 사람은 2,700여 명에 이른다. 삼청교육대 입소는 박정희가 쿠데타 직후 사회악 일소를 명분으로 깡패들을 국토개발사업장에 동원한 것을 그대로 모방한 것이었다. 하지만 시행 과정에서 나타난 모습은 훨씬 야만적이었다.

④ 제5공화국

1980년 8월 5일 전두환은 육군대장으로 진급했다. 8월 13일 신민당 총재 김영삼은 정계은퇴를 선언했고, 16일 최규하가 대통령직에서 사임했다. 18일부터 각 지역 통일주체국민회의 대의원 안보보고회의에서 전두환을 대통령으로 추대하는 운동이 시작되었다. 21일 '전군주요지휘관회의'에서 전두환을 국가원수로 결의했고, 이튿날 전두환은 전역했다. 25일 전국 대의원 737명에 의해 전두환은 단독으로 대통령 후보에 추대되었다. 27일 유신헌법에 의해 총투표자 2,525명 중 찬성 2,524명, 기권 1명의 결과로 전두환은 11대 대통령에 선출되었다.

대통령에 선출된 전두환은 곧바로 헌법 개정에 착수했다. 개정헌법에서 대통령 선출은 선거인단에 의한 간선제, 임기는 7년단임제였다. 부칙을 통해 기존 국회와 정당을 해산시켰고, 새로 국회가 구성될 때까지 국가보위입법회의가 국회 역할을 대신토록 했다. 또 국가보위입법회의는 정치활동을 규제할 수 있는 법을 제정할 수 있는 권한을 가졌다. 개정헌법은 유신헌법의 골간을 유지한 것으로 전두환 등 신군부세력의 집권을 보장하면서 기존의 정당체제를 재편할 수 있는 길을 열어주었다.

헌법개정과 함께 신군부세력은 방해가 될 만한 요소들을 제거해나갔다. 1980년 9월 4일 계엄포교령 위반자 64명을 집단 입영시키면서 강제 징집을 시행했다. 병역의무를 학생운동 탄압수단으로 악용한 것이다. 또 전국민주학생연맹과 전국민주노동자연맹 관련자 26명을 불법감금하고 고문과 가혹행위를 하여 받은 거짓 자백으로 국가보안법 혐의로 기소했다[학림사건]. 11월 14일 신문사는 28개에서 14개, 방송사는 29개에서 3개, 통신사는 7개에서 1개로 강제 재편성했다. 언론통폐합은 정무비서관 허문도(許文道)가 중심이 되어 추진했고, 보안사령관 노태우가 실무를 맡았다. 언론통폐합 이후에는 보도지침을 통해 기사 내용을 모두 통제했다.

조계종 총무원장인 송월주(宋月珠) 스님은 신군부세력에 부정적 입장이었다. 신군부세력은 불교계가 민주화세력과 연합해 저항세력으로 성장할 우려가 큰 것으로 생각했다. 그래서 사회정화라는 명분으로 군인과 경찰 3만 2천여 명을 투입하여 전국의 사찰과 암자 5,731곳을 수색하여 승려 등 불교계 인사 153명을 강제 연행했다[10·27 법란].

1981년 1월 15일 신군부세력은 민주정의당[민정당]을 창당하고 전두환을 총재로 선출했다. 17일 구신민당계 의원들을 중심으로 민주한국당이 창당되고 유치송(柳致松)이 총재로 선출되었다. 20일 고정훈(高貞勳)을 총재로 한 민주사회당, 23일 구민주공화당과 유정회 의원들이 김종철(金鍾哲)을 총재로 한 한국국민당을 창당했다. 그런데 민주한국당·민주사회당·한국국민당의 창당은 신군부가 기획하고 지원한 것이었다. 즉, 신군부세력은 관제 야당을 만들어 겉으로는 정당 정치를 펼치는 것처럼 하면서 실제로는 일당 독재를 펼쳤던 것이다. 모든 준비가 갖추어지자 24일 전국에 내려진 비상계엄이 해제되었다.

1981년 2월 25일 개정된 헌법에 의해 대통령 선거가 치러졌다. 전두환 외 유치송·김종철·김의택(金義澤) 등이 입후보했지만, 이들은 들러리에 불과했다. 전두환은 대통령 선거인단 5,271명 중 4,755표를 얻어 90.2퍼센트의 지지로 12대 대통령에 선출되었다. 12·12쿠데타, 5·18민주화운동을 유혈진압한 후 제5공화국이 탄생한 것이다.

1981년 3월 3일 대통령에 취임한 전두환은 민주주의 토착화, 복지사회 건설, 정의사회 구현, 교육혁신과 문화창달 등 국정의 4대 지표를 밝혔다. 5월 28일부터 6월 1일까지 5일 동안 여의

◎ 12대 대통령취임기념우표

도에서 '국풍 81'을 개최했다. 이 행사는 대학생 등 자신에 대한 불만세력의 시선을 다른 곳으로 옮기기 위해 기획된 것이었다. 12월 1일 TV의 컬러 방영을 허용했다. 1982년 1월 6일 자정 야간 통행금지를 해제했다. 1982년부터 중고생의 두발자유화, 이듬해에는 교복자율화를 시행했다. 1983년부터는 만 50세 이상 국민의 해외여행을 허용했다. 이러한 조처는 서울올림픽 개최를 앞두고 사전작업의 일환으로 진행되었다.

⑤ 6월민주항쟁

1983년 5월 2일 김영삼은 구속인사의 전원 석방, 전면해금, 해직교수 및 근로자·제적학생의 복직·복교·복권, 언론자유, 개헌 및 국가보위입법회의제정 법률개폐 등을 요구했고, 18일 단식투쟁을 시작했다. 미국에 망명 중이던 김대중은 김영삼의 단식투쟁 사실을 〈뉴욕타임스〉에 기고했고, 워싱턴의 교민들과 함께 지지시위를 벌였다. 국내에서 야당 정치인들이 결집하기 시작했다. 1984년 5월 18일 민주화추진협의회[민추협]가 결성되었고, 1985년 1월 18일 신한민주당이 창당되었다. 2월 12일 총선에서 신한민주당은 관제 야당인 민한당을 밀어내고 제1야당으로 부상했다.

1975년 박정희는 대학의 총학생회를 해체하고 대신 학도호국단을 조직했는데, 학

도호국단 간부는 대학의 총장이 임명했다. 그런데 1984년 대학에서 학생들의 직접선거로 선출된 총학생회가 구성되기 시작했다. 학생들은 학내 투쟁에 머물지 않고 민주화를 요구하는 정치투쟁을 시작했다. 2·12총선 결과에 고무된 학생들은 4월 17일 전국학생총연합을 결성하고, 산하에 민족통일·민주쟁취·민중해방을 위한 투쟁위원회[삼민투위]를 설치했다. 5·18민주화운동 5주년을 맞아 각 대학은 5월투쟁을 전개했고, 17일에는 전국 80개 대학에서 3만 8천여 명의 학생들이 5·18민주화운동의 진상규명과 책임자 처벌을 요구하며 시위를 전개했다.

1986년 2월 4일 15개 대학 1천여 명의 학생들이 모여 '파쇼헌법 철폐투쟁 대회 및 개헌서명운동 추진본부 결성식'을 거행했다. 12일에는 신한민주당과 민주화추진협의회가 '1천만 명 개헌서명운동'을 벌이는 등 민주화운동이 확산되었다. 개헌서명운동은 3월 23일 부산대회에 4만여 명, 30일 광주대회에 10만여 명, 4월 5일 대구대회에 2만여 명의 시민들이 결집하는 등 확산되어나갔다. 그러자 전두환은 4월 말 국회의 합의가 이루어지면 개헌하겠다는 입장을 표명했다. 그러면서 내각제 개헌에 관심을 나타냈다. 직선제로 대통령을 선출하는 것이 민정당에 불리한 반면, 내각제가 이루어지면 영구집권이 가능하다고 여겼던 것이다. 7월부터 민정당과 신민당 사이에 개헌협상이 벌어졌다. 신민당은 대통령직선제 개헌안을 제출했지만, 민정당은 내각책임제를 주장했다. 양측이 합의에 이르지 못하자 김영삼과 김대중은 개헌특위 활동 불참을 선언했다.

전두환은 공안정국으로 정치적 위기를 극복하려 했다. 1986년 10월 18일 운동권 학생들이 전국노동자연맹추진위를 구성하여 노동투쟁 등을 배후 조종했다며 7명을 구속하고, 107명을 지명수배했다[전노추사건]. 24일에는 북한의 노동당과 같은 성격의 마르크스·레닌주의당을 결성하려 했다는 혐의로 학생과 근로자 27명을 검거하고, 74명을 지명수배했다[마르크스·레닌주의당사건; ML당사건]. 28일 27개 대학 2천여 명의 학생들이 건국대학교에서 전국 반외세 반독재 애국학생 투쟁연합[애학투] 발대식을 가졌다. 건국대 측은 학생들의 귀가를 위해 경찰의 철수를 요구했지만, 경찰은 학생들을

공산혁명분자로 몰아 진압작전을 펼쳤다. 건국대
를 빠져나가지 못한 학생들은 교내에서 농성에
들어갔다. 29일 경찰은 건물의 물·전기·전화선을
끊었다. 31일 헬기에서 최루탄을 쏘고 소방차에
서 물을 뿌리며 7,950명의 무장 경찰 병력을 투입
하여, 1,525명의 학생을 검거하고 1,288명을 구
속시켰다. 단일 사건으로는 세계 최다 구속자 기
록을 세운 것이다. 연행된 학생 중 53명은 부상과
화상 등으로 경찰병원으로 후송되었다[건국대사태].
건국대사태 이튿날인 10월 30일 북한이 금강산
댐을 건설하여 서울을 물바다로 만들려 한다며

◉ 10·28건대항쟁기림상

위기감을 조성하고, 평화의 댐 건설을 위한 국민운동을 벌여 716억 8,528만 원의
성금을 모았다. 긴장고조를 통해 민주화운동을 잠재우려 했던 것이다.

　1987년 1월 12일 전두환은 국정연설에서 개헌에 관한 여야합의가 이루어지지 않
으면 중대 결단을 내리겠다고 선언했다. 이틀 후인 14일 치안본부 남영동 대공분실
에서 참고인 자격으로 조사받던 서울대학교 언어학과 3학년 박종철(朴鐘哲)이 경찰의
물고문으로 사망하는 사건이 발생했다. 부검을 주도한 황적준(黃迪駿)은 "고문에 의한
흉부경부압박질식사"라고 보고했지만, 15일 치안본부장 강민창(姜玟昌)은 "책상을 탁
하고 치니깐 억 하고 죽더라"고 발표했다. 경찰은 가족의 반대에도 불구하고 시신을
화장했다. 전두환은 박종철의 죽음에 대해 자동차 사고와 같은 것으로 치부했지만,
최초의 목격자인 의사 오연상(吳演相)이 고문으로 사망했을 가능성이 있다고 양심선
언을 했다. 이를 계기로 민주화운동은 급격히 고양되었다. 2월 7일 개최된 '故박종
철 범국민추도회'에는 경찰의 원천봉쇄에도 불구하고 전국 16개 지역에서 6만여 명
의 국민이 참여했다. 국민의 분노가 한창인 가운데 전두환은 임기 중 개헌이 불가능
하다며 현행 헌법에 따라 정부를 이양하겠다고 발표했다[4·13호헌조치].

전두환의 호헌발표 당일 대한변호사협회와 전북인권선교협의회가 반대성명을 발표했다. 4월 14일 전국목회자정의평화실천협의회가 전두환 정권 퇴진을 요구했고, 16일부터 전국의 대학생들이 호헌 반대시위를 벌였다. 19일 재야민주화운동단체 회원과 대학생들이 시위를 벌였고, 민주언론운동협의회·민중문화운동협의회·자유실천문인협회 등이 호헌 획책 분쇄와 장기집권 저지투쟁에 나설 것을 선언했다. 21일 천주교 사제들이 단식투쟁에 들어갔고, 22일 대학교수들이 시국선언문을 발표했다. 5월 15일 연극인 105명과 미술인 33명, 이튿날에는 대한불교 조계종 승려 751명 등이 호헌반대성명 의사를 밝혔다.

5월 18일 명동성당에서 정의구현사제단은 박종철 고문치사사건이 조작되었음을 발표했다. 영등포교도소에 수감 중인 이부영(李富榮)이 박종철 고문치사 혐의로 구속된 조한경(趙漢慶)과 강진규(姜鎭圭)의 진술을 외부에 알려 밝혀진 것이었다. 22일 전국 18개 대학에서 5,800여 명이 호헌철회와 고문축소 조작 규탄시위를 벌였고, 25일에도 24개 대학 7,500명의 학생들이 시위를 벌였다. 민심이 악화되자 26일 국무총리 노신영(盧信永)·검찰총장 서동권(徐東權)·안기부장 장세동(張世東) 등이 경질되는 등 대폭적인 개각이 이루어졌고, 29일 치안감 박처원(朴處源) 등 3명이 구속되었다.

5월 27일 통일민주당과 민통련은 호헌철폐를 위한 범국민적 연합전선인 '민주헌법쟁취국민운동본부'를 결성했다. 6월 9일 6·10국민대회 참가 결의대회에서 연세대생 이한열(李韓烈)이 경찰이 쏜 최루탄을 맞아 혼수상태에 빠졌고, 7월 5일 끝내 숨졌다.

6월 10일 전두환은 노태우를 간선제 대통령 후보로 지명했는데, 이날 전국 18개 도시에서 학생과 시민들을 중심으로 6·10국민대회가 열렸다. 전국의 교회와 성당에서는 42년간의 독재를 끊고 민주주의의 새날을 열자는 염원으로 42번 종을 울렸고, 차량에서는 3분간 경적을 울리며 동참했다. 학생들은 4·13호헌조치 철폐, 군사독재 타도, 민주헌법 쟁취, 미국의 내정간섭 반대 등을 주장하면서 운동을 전국적으로 확산시켜나갔다. 시민들은 음료수와 먹을거리를 제공하며 힘을 보탰고, 넥타이부

대도 적극 참여했다. 이날 시위는 전국 22개 지역에서 24만여 명이 참여하였는데, 경찰은 3,831명을 연행했다.

6·10국민대회는 명동성당투쟁으로 이어졌다. 시위를 벌이던 학생들은 경찰에 밀려 명동성당에 들어가 시위를 계속했고, 김수환(金壽煥) 추기경이 학생지지 선언을 했다. 11일 경찰은 명동성당에 최루탄을 쏘았고, 명동성당 밖에서 학생들이 합류를 위한 시위를 벌였다. 넥타이부대는 점심시간 기습시위를 벌였다. 명동성당과 마주한 계성여고생들은 자신들이 먹을 도시락을 성당에서 시위를 벌이는 언니·오빠들에게 양보했고, 시민들도 의료품과 음식을 전달했다. 명동성당 시위는 15일 시민들의 박수와 환호 속에 해산했다.

민주헌법쟁취국민운동본부가 주최한 6·18최루탄추방대회에는 전국 18개 도시에서 150만 명이 참가했고, 1,487명이 경찰에 의해 연행되었다. 이날 인천에서 전두환 화형식이 거행되었고, 곳곳에서 전두환의 사진을 불태우는 등 항쟁이 점점 더 확산되어갔다. 그러자 전두환은 군을 투입하여 문제를 해결하려 했다. 19일 오전 10시 국방부장관·3군참모총장·보안사령관·수방사령관·안기부장 등을 소집하여 다음 날 오전 4시까지 전투태세 준비와 병력의 배치를 명령했다. 하지만 19일 오후 4시 30분경 군 병력의 동원 명령을 중단했다. 국무위원과 군 내부의 반대가 있었고, 미국 역시 군 투입에 부정적 입장을 표명했기 때문이었다.

군 투입을 중지한 후 전두환은 전임 대통령 윤보선·최규하, 야당정치인 김영삼·이민우(李敏雨)·이만섭(李萬燮), 종교지도자 김수환 추기경·강원용(姜元龍) 목사, 서의현 조계종총무원장 등을 만났다. 이들은 모두 직선제 개헌을 받아들일 것을 촉구했다. 미국에서는 6월 24일 한국에서 민주화가 이루어질 때까지 한국 상품에 대한 무관세 혜택 철회 등 경제보복 조치를 취하기로 한 '87년 한국 민주화 법안'을, 이튿날 '한국의 민주주의 및 안보 증진을 위한 결의안'을 통과시켰다. 6·26국민평화대행진에는 전국 38개 지역에서 130만여 명이 참가했다. 경찰이 3,467명을 연행했지만, 경찰관서 29개소, 시청 등 관공서 4개소, 민정당 당사 4개소, 경찰 차량 20대가 불타거나 파손되었고, 경찰 573명이 부상당했다. 시위는 27일과 28일에도 이어졌다.

6월 29일 노태우는 여야합의에 의한 대통령직선제 개헌, 평화적 정부 이양, 언론 자유 보장, 지방자치제 및 교육자율화 실시, 정당 활동 보장, 사회정화조치 실시, 지역감정 해소 등을 선언하고, 이러한 내용이 받아들여지지 않으면 대통령 후보직을 사퇴하겠다고 밝혔다[6·29선언]. 7월 1일 전두환은 노태우의 건의를 받아들일 것을 천명했다. 그 결과 직선제 개헌이 이루어졌고 1987년 12월 16일 대통령 선거에 의해 제6공화국이 탄생했다.

❋ 참고문헌

- 고성국, 「1980년대의 정치사」, 『한국사』 19, 한길사, 1994.
- 김행선, 『1980년대 전두환 정권의 수립 - 국가보위비상대책위원회와 국가보위입법회의를 중심으로』, 선인, 2015.
- 노영기, 『그들의 5·18』, 푸른역사, 2020.
- 노태우, 『노태우 회고록』 上·下, 조선뉴스프레스, 2011.
- 민주화운동기념사업회 한국민주주의연구소, 『한국민주화운동사』 2, 돌베개, 2009.
- 민주화운동기념사업회 한국민주주의연구소, 『한국민주화운동사』 3, 돌베개, 2010.
- 박철언, 『바른 역사를 위한 증언』 1·2, 랜덤하우스중앙, 2005.
- 서중석, 『6월항쟁』, 돌베개, 2011.
- 유기홍, 「1980년대 민족민주운동」, 『한국사』 20, 한길사, 1994.
- 이순자, 『당신은 외롭지 않다』, 자작나무숲, 2017.
- 전남사회운동협의회, 황석영 기록, 『죽음을 넘어 시대의 어둠을 넘어』, 풀빛, 1985.
- 張泰玩, 『12·12쿠데타와 나』, 명성출판사, 1995.
- 전두환, 『전두환 회고록』 1·2·3, 자작나무숲, 2017.
- 정해구, 『전두환과 80년대 민주화운동 - '서울의 봄'에서 군사정권의 종말까지』, 역사비평사, 2011.

저자소개

주홍규　　도쿄대학(東京大學) 인문사회계연구과에서 박사과정(문학박사)을 졸업했고, 현재 한국연구재단 인문사회학술연구 교수로 재직 중이다. 대표적인 글로는『동북아시아 고고학 개설 Ⅱ - 역사시대 편』(공저),『조선고고학 75년』(번역서),「고구려의 왕릉 조영 인식에 관한 연구 - 집안(集安)지역 소재 고구려 왕릉을 중심으로」(논문) 등이 있다.

김인경　　건국대학교 사학과에서 박사과정(문학박사)을 졸업했고, 현재 선문대학교 사학과 초빙교수로 재직 중이다. 대표적인 글로는『조선의 학문의 정치를 주도한 명가』(공저),「18~19세기 月城尉 金漢藎 가문의 기반 확보와 정치적 동향」(논문),「月城尉 金漢藎 家門의 공간이 갖는 역사적 의미」(논문) 등이 있다.

방기철　　건국대학교 사학과에서 박사과정(문학박사)을 졸업했고, 현재 선문대학교 사학과 교수로 재직 중이다. 대표적인 글로는『한국 역사 속의 음식』1·2(저서),『朝日戰爭과 조선인의 일본인식』(저서),「조선시대 대일사신의 傳命儀 연구」(논문) 등이 있다.

대학생을 위한 **한국사 강의**

초판 1쇄 발행　2023년　3월　2일

저 자	주홍규·김인경·방기철
펴낸이	임순재
펴낸곳	(주)한올출판사
등 록	제11-403호
주 소	서울시 마포구 모래내로 83(성산동 한올빌딩 3층)
전 화	(02) 376-4298(대표)
팩 스	(02) 302-8073
홈페이지	www.hanol.co.kr
e-메일	hanol@hanol.co.kr
ISBN	979-11-6647-321-0